마음거울

마음거울

—

· 그림자와 떠나는 치유 여행 ·

대화(大和) 지음

민족사

대화 스님은 영성교육의 대마스터이다.

나와 함께 영성프로그램, 동사섭을 최초창기부터 지금까지 함께 개척해 온 분이다. 스님은 내 제자임과 동시에, 40년 도반이요, 동지요, 지극한 은인이다. 스님은 진정 진지한 구도자였다. 영특한 두뇌에 수없이 놀랐고, 기지 어린 언변에 수없이 감탄했으며, 지침 없는 자비행에 수없는 자극을 받곤 했다.

스님은 타고난 교육자다.

최근 스님의 상담 사례를 연이어 접하게 되었다. 스님의 탁월하고 예리하고 정성스런 카운셀링을 관찰하면서 그 안내와 지도 재능에 놀라움을 금할 수 없었다. 이 상담 사례 중심의 책, 『마음거울』은 읽는 이로 하여금 깊고 넓은 치유와 정화를 경험하게 할 것이며, 뭇 상담자나 상담에 관심 있는 이들에게는 가히 필독서가 되리라고 믿는다. 나 자신도 거듭 읽으면서 치유와 정화의 공덕을 얻고 상담의 지혜를 배우고 싶다.

이 책이 만인에게 필독서가 되어 마음의 평화 수위가 높아지기를 빈다.

• 용타(동사섭 행복마을 이사장)

대화 스님은 나의 오랜 스승이다. 심리학 공부의 기초에서부터 심층 심리의 피안에까지 이끌어 주신 큰 스승이다. 근 30년 모시고 개인 상담, 집단 상담, 여타 마음공부 과외지도를 받으며 나는 스스로 믿어지는 어른이 되어 왔다. 그리고 스님께 삶의 모든 순간에 모범답안이다 싶은 지혜의 안목을 배우며 명료하고 든든한 나침판을 얻었다.

나는 대학에서 심리학을 가르치는 교수로서, 내 제자들도 내 스승의 그늘에서 내가 받은 은혜를 입으며 성숙하게 하고 싶은 간곡한 염원이 있었고, 스님께 조심스레 청을 올렸던 것이 10년 전 일이다. 스승께서는 잠시 고려하시고 흔쾌히 들어주시어, 내 제자들에게까지 많은 가르침을 나누어 주셨다. 그렇게 하여 전무후무한 문화가 하나 만들어졌으니, 대학원 생도들의 과외수업이었다.

우리는 매주 만났다. 물리적인 만남을 넘어서 깊은 마음들을 교류하는 시간을 가졌다. 그 곳에서 자아가 만들어 낸 거짓의 껍데기들은 벗어던졌다. 마음속에 있는 두려움과 욕구, 그 욕구가 만들어 낸 착각들을 걷어내고 참나로 바로 서게 되었다. 그것은 아픔과 성장의 과정이었고, 진정한 어른이 되는 참만남 수행과정이었다.

스님은 참 특별한 분이시다. 삶 속에서 진정한 관심과 사랑이 무엇인지를 보여 주신다. 어떻게 교류를 하고 살아야 하는지를 실천하신다. 대화 스님이 이끄는 참만남의 과정에서 사람들은 영혼을 이해받는 것 같았고, 시들시들한 생명에 활기가 도는 듯하였다. 나 또한, 내 제자들과 함께 스승 대화 스님을 모시고 수업을 받아오기를 강산이 한 번 크게 변할 세월인 10년이 지난 것이다.

이러한 참만남의 과정들이 이 책에 고스란히 담겨 있는 듯하다. 이 책에는 상담 사례뿐만 아니라 참만남의 교류의 필요성과 그것의 효과에 대한 생생한 체험담들이 들어 있다. 많은 사람들이 참만남을 통해 거듭나는 자리에 긴 시간 동안 함께한 상담자인 나로서는 이 체험들이 얼마나 가치 있으며, 얼마나 큰 변화인지 참으로 감동스럽게 와 닿는다.

이 책에 나와 있는 분들의 마음에 가만히 마음의 귀를 대 보라. 그들의 아픔과 슬픔, 변화의 기쁨 가득 찬 소리들이 전해질 것이다. 또 내 마음을 들여다보라. 나의 아픔과 기쁨이 보일 것이다. 또 주변 사람들과 참만남을 하고 싶어질 것이다. 그러길 바란다. 이 책이 그렇게 활용되기를 바란다.

• 이영순(전북대학교 심리학과 교수)

우리 마음속에는 이야기가 담긴 여러 개의 상자가 있고, 그중 몇 개에는 열어 보여 주고 싶지 않은 크기만큼의 자물쇠를 걸어 두었습니다. 잘 가두어 두었으니 아무도 모르겠지요. 하지만 '나'는 그 이야기 속에 갇혀 있습니다. 스스로 가둔 그 이야기 속에서 더러 길을 잃습니다. 누구보다 그것을 크게 듣고 절망하며, 길을 잃습니다. 불가피한 삶의 카오스입니다. 누군들 피할 수 있겠는지요.

길이 보이지 않는 삶 속에 등장하는 등불처럼, 이곳에서의 비결은 스님의 은밀한 귀였군요. 듣고 묻기만 하시니, 스님이 되묻는 것이 곧 답입니다. 그 답이 선명합니다. 명쾌한 정언입니다. 그것 따라 덩달아서 '나'의 삶이 홀가분해집니다. 남의 이야기 속에서도 덩달아 가벼워지니 이게 비결이 아닐까, 싶습니다.

반갑고, 고마운 스님의 귀!

• 이명행(소설가)

이 책의 원고를 미리 읽으면서 모든 참여자들의 삶의 경험의 희로애락을 함께 했다. 하루는 이 사례자가 되었다가 하루는 저 참가자가 되었다. 우리 모두 삶의 덫으로 인해 그림자를 가지고 있고, 그림자를 외면하려고 한다. 참만남 장에서의 상담 경험은 그림자를 수용하고, 행복으로 이끄는 상상할 수 없는 환희의 과정이다.

대화 스님의 상담은 진정한 사람 사랑의 존중의 의미를 알려주고 이 사람의 현재와 미래에 대한 지혜의 공감과 수용으로 본디 모습으로 되돌아가게 한다. 참으로 참사랑이 어떤 것인지를 알려주신다. 책을 읽는 동안 나 자신도 해결하지 못한 미해결 과제들을 의식화하여 치유 경험을 하였다. 그리고 마음의 평화와 행복을 느꼈다. 이 책을 읽는 모든 분들이 그런 경험, 환희와 치유의 경험을 하리라 장담한다.

- 전은주(전 경성대학교 학생상담센터 전임상담원,
  전 울산시 울주군 청소년 상담복지센터 센터장)

　영화 굿 윌 헌팅(Good Will Hunting, Mixramax Films)에서 숀 맥과이어 교수의 심리상담과정을 참 인상 깊게 보았던 기억이 있습니다.

　주인공 윌 헌팅은 어릴 적 양아버지의 학대와 빈곤으로 인한 정신적 트라우마로 마음의 문을 닫은 채, 어두웠던 과거에 매몰되어 살아가는 젊은이입니다. MIT의 수학교수가 질투할 정도의 천재적 능력을 가식적인 지적 유희로 허비하고, 막노동으로 의미 없는 삶을 살아가는 범법자입니다. 윌 헌팅의 마음의 문을 열고 진정한 삶의 길로 안내하는 숀 교수의 모습에서 대화 스님이 많이 오버랩 되었습니다.

　스님께서는 전문가의 지식과 풍부한 경험, 인간에 대한 깊은 이해와 사랑으로 과거 상처에서 벗어나지 못하고 스스로 가치 없는 존재로 살아가는 사람들에게 명품 인생을 선물하셨습니다. 자신을 찾아가는 과정을 한 편의 스토리로 풀어낸 내담자들의 용기와 노력에 박수를 보냅니다. 품격 있는 인격체로 당당하게 세상과 맞서고 행복한 삶을 영위하길 축원합니다.

　이토록 건강한 마음의 소유자들이 자신의 역할에 더욱 충실하여, 자라나는 청소년들과 우리 사회의 행복도가 높아지고, 정신문화운동으로 자리매김하기를 소망합니다.

• 정진영(서울영상의학과의원 원장)

차례

 1부 ## 그림자와 마주하기
　　　　　　 – 상담으로 만나는 치유의 심리학

2부 참만남, 행복 여행
– 참만남 집단 상담 후기

들어가는 말

'참만남 행복 여행'이라는 이름의 개인 및 집단 상담을 해온 지 약 40여 년쯤 되었다. 최근 10여 년 정도는 상담심리학 전공 대학원생들, 그리고 상담 전선에서 현직으로 있는 분들과 초중고 교사들을 집중적으로 해 왔다. 그중에는 '대화 스님 가풍의 참만남 집단 상담' 지도자 양성 코스에 있는 분들이 꽤 많다.

이즈음 참만남 개인 및 집단 상담을 수 차례, 십수 차례, 혹은 수 년 동안 경험한 수강자들의 체험담을 모아 작은 책자로 엮어야겠다는 마음을 냈다. 무엇보다 오랜 세월 함께 수학·정진해 온 제자님들의 공(功)을 기리는 뜻에서다. 나아가 마음 건강에 눈뜬 젊은 학도들이 얼마나 치열하게 자신의 참마음 알기를 원하고, 세상과 참만남의 교류를 하기 원하며 수행하고 있는지를 보여주고 싶어서다. 아울러 관계 속에서의 마음 태도 및 바람직한 교류가 우리의 행복한 삶에 미치는 영향이 어떠한지를 세상 사람 모두가 알았으면 하는 간곡한 기도에서다.

상담심리 전공자들뿐만 아니라 세상의 일반인들에게 마음 나누기 즉 교류의 가치를 은근히 설득하고, 최선의 교류를 위해서는 자신과 상대방의 마음 알기에 얼마나 깨어 있어야 하는지, 상대방의 마음에 가닿으려고 얼마나 노력해야 하는지, 그 필요성과 필연성을, 체험자들의 육성 같은 생생한 수기를 통해 자상하고 애틋하게 호소해 보자는 취지도 담겨 있다. 끝내 공동체를 벗어나지 못하는 우리네 삶의 바탕에 교류 미학의 덕성이, 관계 인격의 기술이 도탑게 스며들 수 있었으면 하는 바람에서다.

아무리 강조해도 지나치지 않을 만큼 중요하게 생각하는 것 중 하나가 관계 인격의 필요성 자각과 그 원리적 기술의 숙련이다! 인생길에서 기대하는 모든 복락이 사람을 통하여, 관계 속의 덕성을 통하여 온다고 굳게 믿는 까닭에서이다. 아니 그 이전에, 그 자체로서 얼마나 좋은 일인가 말이다. 평생 사람 숲속에서, 사람과 부대끼다 가는 게 인생이라 할 적에, 사람과의 관계를 소중히 여기면서 잘 해 낼 수 있는 인품이 된다는 것! 행복의 가장 중요한 조건이다. 이는 '대화 스님의 집단 상담 수업 과정'에서 얻어가는 아름다운 수확이요, 이 일을 강산이 몇 회나 바뀌는 세월 동안 해 오게 한 이유이기도 하다.

1부에서는 개인 상담 사례 모음을 실었다. 각각 본인들의 허락을 받았으며, 실명으로 공유해도 좋다고 할 정도로 모든 분이 적극적으로 함께해 주었다. 자신들의 사례가 이 세상 행복에 기여하는 작은 작선(作善)이 된다면 기쁨과 영광이 될 것이라는 모든 사례자분들께 심심한 감사와 존경을 표한다. 그 정도로 자신들이 받은 은혜가 크다는 뜻이요, 수행력이 깊다는 것을 말한다.

이 책의 사례들을 읽어보면 알겠지만, 자신과의 참만남을 통하여 가족 및 세상 사람들과 참만남을 해 가고, 세상사에 건강하게 대처해 가게 됨으로써 행복해졌으며, 삶의 질이 달라지고 있다고들 한다. 상담가로서 참으로 보람을 느끼며 숙연해지게 하는 말씀들이다. 다시금 모든 사례자분의 세상 사랑과 용기에 깊은 감사와 축복을 드린다.

1부 개인 상담 사례, 2부 참만남 집단 상담 후기 모음으로 구성된 이 작은 책자는 일반인들에게는 은근히 삶의 방향 제시를, 상담 심리를 공부하고 있는 후학들에게는 개인 혹은 집단 상담에 더 구체적인 길라잡이 역할을 하는 큰 선물이 될 것이라 믿기에 매우 기쁘다.

　　집단 상담 후기를 기꺼이 써 주신 많은 분들에게 감사드리며, 이 원고들은 오탈자를 수정하는 정도 외에는 본인들의 작품 그대로임을 알린다. 이 책을 만드는 데 여러 분의 정성이 모아졌다. 특히 설렘과 감동으로 초기원고 교정을 함께해 준 제자 전은주에게 감사를 보낸다. 이 책과 인연하는 모든 분에게 마음 모아 축복 드린다.

2019년 새해
힐링캠프 명상의 집
촌장 대화(大和) 드림

그림자와
마주하기

상담으로 만나는 치유의 심리학

생활 속에서 반복적으로 나타나는 습관 중, 별로 이로움을 주지 않거나 관계를 불편하게 하는데도 계속되는 속 모습(심리) 혹은 겉모습(생리 혹은 언행)이 있다면 그 그림자를 살펴보면 참 좋다. 그림자를 탐색하여 그 실체를 알아차리고 온전히 받아들이고 나면 마음이 평온해지면서, 신기하게도 고통을 주었던 일이 풀리고 자유로워지며 한결 창조적이고 행복한 삶이 열린다.

그림자의
호소

그림자는 사물에 빛이 통과하지 못하여 그 반대편에 나타나는 어두운 형상을 말한다. 심리학에서 말하는 그림자의 의미는 수용하지 못한 내면의 어두운 부분으로, 살아가면서 어떤 식으로든 영향을 미치고 있는 자신의 내밀한 속 모습이다. 삶의 모든 순간 100% 온전한 자기수용은 어려운 일이기에 누구나 그림자들은 있게 마련이다. 과거에 수용하지 못한 까닭에 현재 그와 관련된 상황에 접할 때에도 거듭 수용하지 못하고 어떤 구실을 대면서 저항하기 일쑤다. 따라서 어두움은 또 쌓여 가면서 스스로 감당하기 어려워질 때쯤이면 우울증이나 신체적인 병을 통해 호소하곤 한다.

생활 속에서 반복적으로 나타나는 습관 중, 별로 이로움을 주지 않거나 관계를 불편하게 하는데도 계속되는 속 모습(심리) 혹은 겉모습(생리 혹은 언행)이 있다면 그 그림자를 세심히 살펴보는 게 좋다. 그림자를 탐색하여 그 실체를 알아차리고 온전히 받아들이고 나면 마음이 평온해진다. 신기하게도 고통을 주었던 일이 풀리고 자유로워지면서 창조적이고도 행복한 삶이 열린다. 현재 사소하게 보이는 아주 미세한 크기의 갈등이라도 경우에 따라서는 엄청난 무게의 고통스런 과거가 원인일 수도 있다. 그림자에 면밀히 마음 기울일 필요 있음의 이유이다.

그림자의 호소는 늘 간곡하다. 그런데도 우리는 그 호소를 너무 쉽게 간과하곤 한다. 그것이 그림자의 호소인지 몰라서이기도 하고, 어렴풋이 짐작했다 해도 게으르거나 용기 부족으로, 더러는 구체적인 방법을 몰라서 그냥저냥 흘러 보내는 경우가 많다. 게다가 상식·통념·윤리·도덕 등 당위에 숨어 있어서 알아차리기 쉽지 않다.

철학적 사유의 기초 틀만 잡혀도 소박실재론에 사정없이 떨어져 살아가지 않을 수 있다. 그와 같이 심리학 지식의 기초만 있어도 마주하는 현실에서 그림자에 휘둘리는 카오스로부터 자신을 어느 정도 보호·구제가 가능하다. 그림자 이론과 투사, 전이 개념만 선명하게 알아도 자신의 삶의 질을 한층 높일 수가 있다. 그림자의 호소는 더러 꿈을 통해서도 나타난다.

좌우지간 그림자가 빚어내는 그 어떤 현실도 그림자로 향하게 하는, 그림자 수용을 호소하는 것이라고 보면 맞다. 고로 갈등의 현실들은 우리의 마음과 삶을 더욱 건강하게 관리해 갈 수 있는 고마운 단서이자 자료가 될 수 있다. 또한 그림자는 스스로에게 소외된 자신이므로, 반드시 수용해야 함은 지극한 순리이다.

그림자 수용의 핵심은 〈이해-인정-존중-사랑〉이 정답에 가까운 모범적 process다. 일단 어떤 그림자와 연관한 갈등인지 그 심리적 구조를 선명히 이해하고, 이해한 내용을 정직하게 인정하며, 시비 판단을 내려놓고 소중한 생명현상으로 존중하여, 끝까지 보듬고 사랑하며 토닥일 일이다. 이 과정은, 개인 명상이나 상담을 하면서 늘 경험하고 있는데, 경이롭고 경건한 마음이게 한다. 사람이, 사람의 심리가, 얼마나 신비하며 얼마나 조심스럽게 사랑으로 다루어 가야 하는 기민한 존재인지 깨달으면서 거듭 놀란다.

이런 경험의 축적은, 사람과 삶을 대하는 태도를 더욱 달리하게 한다. 매우 섬세하게 깨어 있게 한다. 개인의 삶과 함께하는 삶을 보다 안정되고 풍성하게, 자유롭고 창조적이게 함은 그 무엇으로도 부정할 수가 없다. 그런 의미에서 인류의 행복에 끼치는 심리학의 영향은 대단하다. 나는 이를 매우 찬양하고 감사해하는 사람이다. 심리학에 갓 입문한 20대 초 대학 1년생만 되어도 벌써 그림자론에 눈뜨며, 자신의 마음 다루기가 삶 다루기의 기본이요, 핵심이라는 것을 자각하니, 이 어찌 예쁘지 아니할꼬!!!

여기서 배우는 학생이나 가르치는 선생이나 상담자가 절대 깨어 있어야 할 중대 사안 하나는, 우리네 마음과 삶의 갈등 원인이 되는 그림자를 탐색할 때에, 현재의 고통의 원인을 과거 탓으로 돌리지 않아야 한다는 점이다. 현재와 과거의 인과관계를 명확히 인식하여 미래의 삶과의 인과관계를 지향점으로 두게 하면서, 미래설계의 장애는 과거 경험과 관계하는 주변 사람들이 아니라, 과거의 정서와 왜곡된 사고에 배어 있는 무거운 에너지라는 것을 확실히 하는 것이다. 더 정확하게 말하면, 어둡고 무거운 에너지로 얼룩져 있는 정서와 사고 때문이라는 것!

이는, 강조하고 강조해야 할, 결코 잊어서는 안 될 중요 포인트이다. 그러나 이를 선명히 아는 이가 드문 것도 사실이다.

그림자의 호소, 사례를 들어본다.

만두만 ──────── 먹으면 체해요

A는 40대 중반의 여인이다. 고등학교 윤리교사이며 명상의 집 큰 학교에 정기적으로 다니며 꾸준히 마음공부를 하고 있는 재가수행자이다. 그녀는 주기적으로 심도 있는 개인분석도 받으며 교사로서의 인격 함양에 힘쓰는 모범시민 중 한 사람이다. 더러 그녀와 함께 식사할 때가 있었는데 우연히 만두에 대한 한 가지 식습관을 듣게 되었다. 그녀는 만두만 먹으면 잘 체해서 만두가 먹고 싶은데도 참고 잘 먹지 않는다고 한다.

사실 그다지 문제될 만한 일도 아니다. 주변에서 흔히 접할 수 있는 현상 하나 아닌가! 그러나 나는 그동안 오랜 사례 경험이 있기에 그냥 지나칠 수 없었다. 그때의 개인분석 공부 과제로 삼고 탐색해 들어갔다. 문답을 통해 살금살금 심리 심부로 접근해 가본 즉, 아뿔싸!!!

A는 다섯 살 어린 나이에 부모님의 이혼으로 할머니 댁에서 자라다가, 중학교에 입학하면서 재혼하여 떨어져 살던 읍내의 아버지 집으로 들어갔다고 한다. 아버지 집에 온 지 얼마 안 된 어느 날 저녁, 지인들과 회식이 있어 좀 느지막이 한잔 하시고 귀가하신 아버지 손에 들려진 고급 나무 상자 속에 든 만두~ 저녁 식후 소화가 다 되었을 무렵 야식이 청해지는 딱 그쯤의 시간임에도 A는 그 만두를 먹을 수가 없었다고 한다. 한 생각이 일어났던 것이다.

"당신들은 이렇게 살고 있었나 보지요?"

서운하고, 화나고, 슬퍼서 그 만두를 받아들일 수 없었던 것이다. 어린 나이에 엄마, 아빠 떨어져 시골에서 조부모와 함께 살았던 A. 자신은 외롭고, 그립고, 슬퍼하면서, 그다지 가난하지는 않았지만, 오이나 토마토 외에 이렇다 할 간식거리도 없는 단조롭고도 허한 시골 생활을 해 왔는데, '읍내에 살던 아버지는 새어머니랑 의붓동생들이랑 이렇게 고급 상자에 든 만두를 사 먹으며 살고 있었구나.' 하는 마음 깊이 서러웠던 감정이 기억의 표면으로 올라온 것이다.

이러한 점을 이끌어내자, 본인도 깜짝 놀라며 신기해했다. 정말 놀랍지 않은가! 그 시절로 돌아가서 그때의 그 슬픔, 배신감, 화, 섭섭함 등을 충분히 알아주고 안아주며 한참을 울고 나니, 마음도 쾌청 가뿐하고 만두에 대한 거부감도 사라졌다고 한다. 어쩌면 아버지께서 여식이 왔다고, 정말 모처럼 만두를 사 오셨을 수도 있었겠다는 사고의 전환, 아버지에 대한 이해도 일어났다며 밝고 해맑은 미소를 지었다.

그때 일어난 섭섭함, 화, 슬픔 등을 아버지에게 들키지 않으려고, 그런 쩨쩨하고 소심한 사람이 되기 싫어서, 자기의 마음은 덮어버리고 만두에 대한 저항만 기억한 것이다. 그림자를 다루고 나서 A는 만두에서 자유로워졌다.

만두를 먹으면 잘 체한다는 것, 밀가루 음식이라 그럴 수도 있다는 막연한 생각, 소화력이 좀 약한 모양이라고 대수롭지 않게 여길 수도 있는 증상 속에 이렇게 애잔한 스토리가 있을 줄이야! 그 스토리 또한 A와 A 가족의 아픈 삶의 일부 아닌가!

사람의 삶의 그 어떤 모습이라도 존중해 주고, 자비와 기도로 함께해야 한다는 것을, 내면을 알아가는 세월이 깊어 갈수록 더욱 그러하다. 참으로, 그렇다. 세상 모두의 행복을 빌며, 모든 그림자의 묵은 역사까지 위로하고 응원한다.

#2018. 9.24.
해맑은 날 전은주가 쓴 마음노트

**"자긍심이 탄탄해졌다. 그리하여 시누이에 대한
적대감이 눈 녹듯 녹았다."**

스님의 요청으로 초기 원고 교정 및 추천 글을 쓰기 위해 사례 글들을
읽고 가족에 대한 생각이 떠올랐다. 사람들의 글속의 삶들이 나와 참
비슷하다. 글에 나타난 마음들이 모두 비슷하구나. 내 생각과 삶과 인
생도 그들과 닮아 있다.

잠시나마 아버지를 생각했다. 한 번도 아빠라고 불러 본 적이 없다. 어
렵고 무섭고 거리가 먼 것이 아버지였다. 연륜의 공덕일까. 요즘은 아
버지를 떠올리면 무서움, 소원함보다 아버지의 유쾌함, 웃음, 다정함이
더 기억에 남는다. 어쩌면 기억하고 싶은 것만 기억할 수도 있다. 기억
의 왜곡을 통해 현재 평온해지고 싶을 수도 있다. 그러한들 어떠리. 우
리가 과연 온전히 옳은 생각만 할 수가 있을까? 왜곡된 기억이어도 좋
다. 적어도 아버지에 대해서만큼은 기억하고 싶은 대로 생각하고 싶다.
그것은 끝내 사랑이라고 믿고 싶은 간절함이 내게 있다.

아버지가 꿈속에서 내게 주신 돈 만 원으로 나는 아버지와 화해했다.

나를 위한 선택이었지 아버지를 위한 것은 아니었다. 내게 남겨진 재산 이라고는 꿈속의 만 원이었지만, 그것을 주고 가신 아버지를 나는 최대한 미화하고 싶었다. 그 꿈은 나에 대한 아버지의 사랑일 것이라고 믿고 싶었고, 사랑을 주신 존재에 대한 예의를 갖추고 싶었다. 그렇게, 부녀지간의 아름다운 한 장의 그림을 만들고 싶은 내 마음은, 진정이었다. 원망과 미움이라는 얼굴을 사랑과 애정의 얼굴로 바꾸고 싶었다. 또한 아버지에 대한 나의 원망은 세상을 향해 살아가는 데 온 힘을 쏟게 만드는 에너지로 변화시켜 생존의 방법을 알게 해 준 것 같다. 원망이 가득할 수밖에 없었던 지난날들… 늘 나를 둘러싼 모든 것들이 나를 도와야 하는 상황임에도 도움 받을 수 있는 사람이 아무도 없었다. 내가 도와야 하는 사람들뿐이었다. 사람들의 삶이 참 고달파 보였다. 나를 포함한 엄마와 형제들, 가족들 모두….

그래서일까! 나는 사람들과 관계할 때 참 귀찮음을 많이 느꼈다. 늘 하기 싫어했고 고단했다. 모두가 고달프게 사는 것 같아서 애가 많이 쓰였다. 그들을 보기가 매우 괴로웠다. 보지 않으려고 내 일과 공부에만 매달린 것 같다. 배운 도둑질로 살짝 살짝 상담하는 흉내를 내고 진정으론 상담자로서 깊이가 없었다. 아니 정확하게 말하면 그 깊이와 무게를 짊어지기엔 내가 역부족이었다. 그때는 그랬다. "견뎌야 한다"고 스스로에게 윽박지르면서도, "도대체 왜 견뎌야 하는데?"라는 생각에 매몰되어 견디지 못했다.
아버지가 나를 보살펴준다고 생각한 적이 없다. 방패막이나 나를 지켜주고 키워준다는 생각이 없었다. 벌판에 홀로 자라지는 않았지만 심리적·경제적·사회적으로 허했다. 전투적으로 살게 된 것은 이러한 나의 약점 때문이다. 결핍감을 채울 수 있는 방법의 터득은, 이렇게 살다간 파괴될 수 있겠다는 생각이 들 때부터이다. 전투적으로 채워 나갔다.
나를 보호하는 방법을 익히는 식으로 누군가 나에게 손을 내밀기 기다리기보다 스스로 채워 나가는 방법으로, 늘 그런 식이었다. 그렇게 하여 나는 내 인생을 억척스레 일구어왔고, 나름의 성공을 거두었다. 이제는 내 아버지도 후하게 수용하며 사랑하고 싶다

아버지와의 관계를 살피면서 나의 감정을 자극하는 시누이가 생각났다. 아버지의 보호를 받지 못한 나로선 오라버니인 내 남편의 보호 아래 무위도식한 시누이가 내 삶의 반대편에 있는 것 같았다. 나의 것을 뺏길까 봐 불안한 마음으로 관계했는데, 그런 걱정과 미움이 사르르 녹는다. 일찍 돌아가신 시아버지를 대신하여 집안의 가장 역할을 했던 남편은 시누이에게 아버지, 남편 같은 존재이다. 집안 대소사를 의논하는 시누이와 남편과의 관계 방식은 결혼 후 줄곧 나에게 큰 짐 덩어리 하나였는데, 한 생각 전환으로 그 스트레스가 사라진 것이다. 나는 남편을 의존하고 있는 시누이를 질투하거나 시기한다고 단순하게 생각했다. 나도 내 시누이의 입장이라면 '나도 저렇게 아버지처럼 경제적으로 지원해 줬다면 편하게 살려고 했겠지'라는 소박한 부러움이 있었다. 지금은, 그게 내 삶이 아니어서 정말 다행이라는 생각도 하게 되었다. 나에 대한 자부심이 느껴지기도 했다.

나에게는 고통과 시련을 견디고 뚫고 나온 저력이 있다. 그런 나를 나는 매우 신뢰한다. 모든 것을 포기하고 깨고 싶을 때도 결코 그렇게 하지 않을 것을, 경험으로 안다. 나는 나에 대해서! 스스로를 보호할 줄 안다!~ 그건 어디서 배웠을까~ 아버지가 나에게 남긴 유산이라는 생각도 해 봤다. 생고생을 시켜 사람을 만든 것일까~ 아버지는 이런 생각도 없이 돌아가셨다고 생각한다. 우리 아버지는 그렇게 진지한 사람은 아닌 것 같다. 유산이라기보다 주어진 것이 없었기 때문에 할 수 있는 것은 다 해 봐야 한다는 나의 생존본능이라고 생각한다. 태어난 의미라고 생각한다.

남편의 장남이라는 책임감과 인정스러움은 시누이를 의존하게 했다. 시누이 자신의 삶을 적극적으로, 어른스럽게 디자인하지 못하게 했다. 안정감과 안전감은 주었지만 자신의 삶의 에너지를 파괴했다. 안쓰럽게도 자립심을 키우지 못했다. 안정과 안전은 얻었지만 더 이상 나아가지 못한 것이다. 한 인간으로 태어나 불완전한 안정감에 갇혀 자신의 미래를 정지시켰다. 자립을, 자신을, 진정으로 키워내지 못한 것이다.

다소 이기적이기는 하나 참 다행이라는 생각이 든다. 유치한 시기와 질투에 사로잡혀 내 몫을 도로 뺏어오고 싶고, 뺏기기 싫은 마음이 들곤 했었지만, 지금 이 순간만은 아니다. 난 가진 게 많고, 얼마든지 더 가질 수 있다. 스스로 가질 수 있는 게 많다는 희망이 있다. 나는 나를 굳건히 믿기 때문이다. 그런 내가 참 좋다.

유치함을 수용하고, 시기·질투를 수용하고, 비교와 경쟁하는 것을 수용하고, 불쌍함을 수용하고, 원망과 사랑을 이해하고, 남편과의 만남을 알고, 시누이와의 만남을 알고, 나와의 만남을 알고, 관계를 사랑한 오늘 하루 참 좋다~

스님을 알게 되어 참 감사하다. 이렇게, 오랜 고통으로부터 해탈케 하는 깨달음의 글도 쓰게 해 주시고!!!…….

사소하게 보이는 아주 미세한 크기의 갈등이라도 경우에 따라서는
엄청난 무게의 고통스런 과거 그림자가 있을 수 있다.
그림자의 호소는 늘 간절하고 간곡하다.
그런데도 우리는 그 호소를 너무 쉽게 간과하곤 한다.
그것이 그림자의 호소인지 몰라서이기도 하고,
어렴풋이 짐작했다 해도 게으르거나 용기 부족으로,
더러는 구체적인 방법을 몰라서 그냥저냥 세월만 보내는 경우가 많다.
나의 그림자, 우리의 그림자는 무엇일까?

마음을
──────────── 제대로 보면,
삶의 과제가
달라진다

MA는 오랜 세월 개인 코칭 받고 있는 전문 청소년 상담사이다. 매주 1회씩 만나서, 자신의 삶 전반을 섬세하게 다루어내기 위한 심리분석 작업을 함께해 오고 있는 제자이다.

"스님, 오늘은 두 개의 주제를 다루어 보고 싶습니다."
"그렇게 하자."

그렇게 시작된 상담이었다.

"먼저 다루어보고 싶은 주제는, 우리 기관과 연계된 학교 상담자 A가 너무 싫어요. 그 사람의 징징대는 목소리, 듣기가 귀찮고 미운 거예요. 나도 더러 징징거리며 말할 때가 있어서 내 모습이라서 싫은가, 하고 살펴봤는데 선명히 잡히지 않아서 답답해요."

"그렇구나. 그 사람이 주로 어떨 때 징징대더냐?"

"내내 그래요. 그리고 자기가 감당하기 어려운 학생들은 제게 떠넘기고, 그에 따른 자잘한 행정업무들도 투덜대며 힘들어하곤 해요."

"흠, 그래? 그분의 나이와 성별은? 그리고 그 일을 하신 지는 몇 년이나 되었니?"

MA는 40대 중반의 여성이다.

"A는 20대 말, 30대 초반의 여성이고, 약 5~6년 한 것 같아요."

"눈을 감고 가만히 호흡을 깊게 하면서 네 안으로 들어가 보자. 그녀가 진짜 미운 이유가 뭘까? 다시 자세히 살펴보자꾸나."

눈을 감고 잠시 침묵으로 마음을 살피고 있는 MA에게 다시 물었다.

"혹시 징징거리며 죽는 소리 하면서, 살짝살짝 자기 실속 차리는 깍쟁이 같은 모습이 더 미운 건 아닐까? '징징거림'보다도 '실속파 깍쟁이 짓'말이야."

"아, 맞아요.~ 그거네요. 살금살금 자기 실속은 다 챙기고, 그러다 보니 저만 더 힘든 것 같고~"

"그 인색하게 실속 챙기며 깍쟁이 짓 하는 거 말이야. 누구를 닮아 있는 것 같지 않아요?"

"아, 네~ 제 모습 맞아요."

"그래~ 보기 싫은 자기 모습인 깍쟁이를 보여주고 있네, 그치?"

"아, 네~ 미운 원인이 명료해지니까 시원합니다. 결국 미운 내 모습에 자꾸 가 닿게 하니까 싫었던 거네요."

곧이어 MA가 울면서 정말 제대로 징징거리며 하는 말, "스님, 그런데요. 최근 몇 달 동안, 정말 너무 힘들었어요. 센터장님은 실적을 더 높게 책정하여 쪼아오고, 과외 업무에 대한 휴무 혜택도 없이 업무 연장이 더러 되고~ 하면서 제가 너무 지쳐 있습니다. 지치니까 더 짜증이 나는 것 같아요."

그랬던 것 같다. 본인의 덜 예쁜 깍쟁이 모습을 자꾸 직면하게 하니까 징징을 핑계 대며 미웠는데, 격무에 시달려 피곤하니까 징징의 깍쟁이 짓으로 넘어오는 일거리들이 더 힘겨워, 징징을 핑계 대며 더 미워지는 경험을 하게 된 심리 현상이다.

이러한 심리 현상을 알아차린 것은 사소해 보여도 정말 크게 유익한, 아주 중대한 깨어남, 깨달음이다. 상대의 징징거림이 사라져야 평온해질 줄 알았는데 깍쟁이 짓을 하는 자기 모습을 철저히 수용해야 평온해진다는 것을 알게 됨으로써 삶의 과제가 달라지기 때문이다. 이러한 것은 체험으로 알게 되는 우리 마음의 속성 가운데 하나이다. 참으로 신비하면서 감사한 부분이다. 수용하면 정화와 평온이 온다는 것!!!

나아가 자기수용이 되고 나면 상대방의 깍쟁이 짓을 미워하지 않고 관용하게 되며, 자신의 깍쟁이 짓으로 인한 인격 손질도 쉬워진다는 것은 우리 모두가 거듭 체험으로 확인할 수 있는 마음의 원리이다.

충분히 징징거리며 하소연하고 있는 MA를 따뜻하게 공감하며 위로해 준 후 나는 다시 MA에게 조용히 눈을 감게 한 후, 섬세하게 질문했다.

"그 사람에 대한 미움, 짜증의 원인이 깍쟁이 짓에 대한 미움과 실제로 지쳐 있어서 더 예민해지고 힘겨운 마음 때문에 올라오는 미움의 비율이 몇 대 몇인 것 같니?"

사실 이 시점에서 이 질문은 매우 중요하다.

잠시 후 MA는 다시 뜨겁게, 그러나 아주 맑게 울면서 '2대 8'이라 대답한다. 그 눈물이 더 뜨거웠던 이유는 MA는 정말 지쳐 있음을 거듭 호소한 것이었고, 그 눈물이 그토록 맑았던 이유는 깍쟁이 MA 속에서 깍쟁이 속성이 많이 정화가 된 듯, 깍쟁이 짓에 대한 미움이 적다는 것을 확인하는 성숙의 기쁨이었기 때문이다.

나는 두 마음을 다 깊게 어루만져 주면서 MA 스스로 그 마음들을 잘 품도록, 품어서 위로와 박수를 하도록 안내했다. 한참 그렇게 하게 한 다음 항상 노크해 보는 게 있다.

"지금, 기분이 어떠냐~?"

그때 작은 기적이 일어났다.

"두 쪽 마음을 충분히 인정하며 위로하고 박수하고 나니, 스님, 정말 평온해지면서 그 사람 A도 이해가 되고 안아주게 되네요. 그 나이에, 문제 초등생 꼬맹이들에게 내내 시달리면서 힘들었겠네요. 그 사람한테 나는 언덕이 되어주고 있었겠네요. 미움이 사라지고 오히려 훈훈하게 안쓰럽네요."

나는 따뜻해진 가슴으로 MA의 두 손을 잡고 빙그레 웃었다. "그래, 바로 이 맛이야!" 하면서!~

MA의 지친 마음을 제대로 알아주고, 안아주고, 푸근히 온전히 이해하게 되니 A에 대해 걸리던 마음도 녹아버린 것이다. 그리고 MA 역시 깍쟁이 과(科)에 속하는 사람이었는데, 많이 양호해졌다는 사실에 대한 확인은 MA의 자존감을 높여주는 매우 중대한 일이었다. 아무튼, 징징거림 때문이 아니라는 것을 확인한 일 자체가 재미있는 경험이 아닌가!

"그럼, 이 마음으로 그 다음 주제를 다루어 볼까?"

"네, 좋아요~!"

MA의 또 다른 이야기는 다음과 같았다.

며칠 지나면 명절인데 또 손아래 동서에게 받을 스트레스 때문에 미리 짜증이 난다고 한다. 손아래 동서는 명절 혹은 다른 때 가족 모임에도 항상 늦게 도착하여 시어른들 및 손위인 자기를 기다리게 한다는 것이다.

"그래서, 왜 화가 난다고?"

나는 예리한 에너지로 물었다.

"동서가 번번이, 벌써 10년째, 약속을 안 지키잖아요."

"다른 이유는 없어? 약속 안 지키는 것이 화가 난다고? 혹시 형님인 내 권위가 상해서 화가 나는 건 아닐까?"

"맞아요. 형님인 저보다 뒤에 오곤 하니 제 체면이 안 서는 것 같아서 화가 나요."

들어 보면 딱 이해가 되는 자명한 이유 같지만, 딱히 그것 때문만은 아닐 수 있다는 건, 다년간 숙련된 촉으로 알 수 있다.

"흐음, 그럴 만하네. 그렇다면 동서에 대한 긍정적인 점을 두 가지만 말해 볼까?"

"동서는 정말 싹싹하고 상냥해요. 그리고 민첩하게 부엌일도 잘하고 음식 솜씨도 뛰어나요. 늦게 오긴 해도 일단 오기만 하면 살갑고 상냥하게 가족 분들을 잘 대하니까 조금 찡그리고 계시던 시어른들 마음도, 다른 가족들 마음도 다 덮어버리게 되는 거예요. 밝고 애교 어린 동서를 대하면 모두들 좀 전의 마음들을 금세 다 잊어버려요."

옳거니~ 제대로 나올 것이 나오네.

나는 씩 웃으며,

"그런 동서가 부럽구나! 시샘도 나고~."

"힝~ 맞아요. 스님, 정말 속상해요. 그런 동서 모습, 제 눈에도 사실 예뻐 보여요. 사람들이 늦게 오는 동서 부부에게 계속 투덜대다가도 동서의 그런 예쁜 짓 때문에 금세 잊어요. 언제 그런 일이 있었느냐는 둥 화기애애한 모습으로 어우러져 있으면, 저 혼자 아직 화가 덜 풀려서 뚱하게 있는 경우가 많아요."

"그래서 소외감과 찌질함이 느껴지기도 하겠네?"

"하, 하, 하~! 스님, 바로 그것이네요. 저 혼자 찌질하고 작게 여겨지게 하는 게 기분이 나빠요. 번번이 그 찌질함을 확인하면서, 그런 제가 또 마음에 안 든단 말이에요."

"그럼, 그 마음을 푹 안아주면서 알아주면 되겠네. 소외감, 찌질함을 말일세."

한참 동안 눈을 감고 명상작업을 하던 MA가 눈을 뜨면서 하는 말, 자신의 찌질함이 못나게 여겨지는 평가의식 때문에 몰입이 잘 안 된다고 한다. **이때의 모범답안이자 성공적 프로세스는, 그 평가의식으로 말미암은 자책 정서부터 품어주고, 존중으로 달래면서 충분히 사랑하고서 나아가는 것이다.** 아니나 다를까, 못난이에 대한 자책감을 사랑과 존중으로 품고 나니 소외감과 찌질함 수용 명상이 진행되어가는 것을 체험한 내담자 MA도 새삼 놀라워했다.

"스님의 평소 가르침을, 오늘 확연히 체험하고 보니, 제대로 알겠습니다. 모든 마음을 수용하는 것이 얼마나 중요한지를!!! 지금 마음은, 개운하고 평온해졌습니다."

"오케이! 바로 그거야!"

"그런데 스님, 이 찌질함을 도대체 어떻게 해야 하죠?"

라고 말하며 겸연쩍게 웃었다.

"지금까지의 주제는 왜 화가 나는가에 대한 명료한 진단이었고, 그 찌질함은 따로 또 정진과제로 삼아야겠지? 화이팅!!!

일단, 찌질함이 보일 때마다 위와 같은 내면 작업을 하면서 수용해야, 그 순간 마음의 평온이 오고 그 평온 가운데 또 지향하고픈 인격을 애써 만들어 가야겠지. 때로는 그 자기수용만으로도 찌질함 등 부족한 자기모습이 변화되기도 하단다."

집안 행사에 늦게 오는 동서, 그로 인한 구겨진 권위 때문에 화가 났다기보다는, 동서의 상냥함과 민첩함으로 자신의 미흡함도 덮어버리는 그 성품에 시샘하고 소외감을 느끼게 된 것이다. 그리고 그런 찌질한 자신의 모습을 또 확인하면서 화가 났다는 것을 알게 됨으로써 그녀는 평온과 자유를 얻었다.

이 또한 위의 내용처럼, 마음을 제대로 보면 과제가 달라지는 아주 좋은 사례이다. 제대로 보지 못하면 엉뚱한 이유를 잡고 방황하는 경우가 있다. 이렇듯, 생활 속에서 자잘한 소재들로 미세한 카오스 심리를 겪으며 그 카오스 정도만큼의 낮은 행복지수로 살아갈 수 있다.

  심리학을 전공하고, 또 상담일을 하고 있어도 자기 모습 탐색에는 서투를 수 있다. 그래서 상담자들도 선배에게 꾸준히 코칭을 받는다. 이런 의미에서, "상담자의 길 또한 구도자의 길이다."라고 나는 늘 말한다.

  지친 모습으로 와서 밝고 경쾌한 마음으로 돌아가며 MA 왈,

  "오늘 상담은 두 가지 주제가 다 제게 탄탄한 과제였는데 명쾌하게 해결되었습니다. 그 찌질함을 넘어서기 위해서 2회기 분 상담료 결제하고 싶습니다."

  나는 환히 웃으며,
  "그래? 기특하고 고맙네. 네 마음 흘러가는 대로 해~."

♥ MA의 메아리~

자신에 대한 투사가 일어났는데, 그것이 무엇 때문인지 선명히 인식하고 수용해야 제대로 정화가 일어나는 과정을 직접 경험하면서 정말 놀라웠습니다.

정화가 일어난 후의 몸 상태는 예전보다 훨씬 더 맑아지고 가벼워졌으며 컨디션이 좋아졌습니다. '역시 몸과 마음이 하나구나'라는 것을 알게 된 체험 또한 감사했습니다.

제 사례를 글로 읽으며 스님의 깊은 안내에 더 울컥함과 감동이 있었습니다. 쫀쫀한 스님의 안내와 글로 보는 사례 리뷰는 정서를 재 경험하게 되며 더욱 깊이 가져가는 즐거움이 있습니다. 며칠 후 학교 상담사와의 만남과 명절에 동서를 만날 때 제 심리상태가 어떨지 매우 궁금해집니다. 그 체험을 통해 더 품어주는 사람이 되고 싶다는 소망이 올라옵니다.

감사하고 사랑합니다. _()_

외로움과
————————— 사랑

       S는 대학 상담센터에서 일하고 있는 전문상담가이다. 서른네 살 된 청년으로 만난 지 약 7년 정도 된다. 그는 상담심리학과 대학원 첫 학기 때부터 내 강의도 듣고 개인 분석도 받으면서 꾸준히 내밀하게 마음 뜰을 가꾸어 오고 있다. 그 동안 거의 매주 1회 이상 만나 오다 보니 참으로 많은 것들을 함께했다.

  특히 지금까지의 삶을 버선 속 뒤집듯 탐색하며 세밀한 내면 작업을 해 왔기에 그야말로 얼굴 표정만 봐도 무슨 얘기를 하고 있는지 느낄 수 있을 정도다. 그동안 얼마나 많이 울고, 웃고 했는지!

  이젠 그는 7년 전 그 사람이 아닌, 예전의 그와는 상당히 다른 사람이 되어 있다.

첫째, 그토록 엄전하고 조용조용한 동작의 그가 매우 큼직큼직, 성큼성큼, 마치 액션배우 같은 씩씩한 언행이 자연스러워졌다는 점이다. 마치 본래부터 그래 왔던 것처럼 말이다.

독실한 가톨릭교도 집안의 장남인 그는 훈남형으로 잘 생긴 용모와 훤칠한 키, 천천히 교양 있게 말하는 젊은이로서 얼핏 보면 마치 사복 입은 신부님처럼 기품이 풍겼다. 그러나 그 조신함이 아직 기를 제대로 펴지 못한 소심함이요, 늘 선하고 겸손한 양보지심이 아직 제대로 용맹스러움을 발휘하지 못하고 움츠리고 있는 비겁함이었다는 것을, 그의 생육사를 조심스레 통찰해 가면서 스스로 시인하기에 이르렀다. 결코 쉬운 과정이 아니었다.

눈물겨운 아픔의 역사 마디마디에 기꺼이 가닿고, 정직하게 인정하고, 정신 차리고 존중하며, 충분히 사랑함으로써 그림자들을 녹여내고 호연지기가 넘치는, 본래 모습의 S가 된 것이다.

그는 어릴 적에 꽤 윤택한 집안에서 자랐는데 아홉 살 되던 해에, 아버지가 대표로 있던 회사가 부도가 났다고 한다. 형사들이 집으로 들이닥치고, 아버지가 잠시 피신해 있는데 철부지 어린 아들(S본인)의 정직함으로 인해 은신처가 발각되고, 그로 인해 아버지가 교도소살이도 하셨단다. 그 후 여기저기로 이주해 다니면서 여러 가지 파란을 겪었던 모양이다. 이런 환경에서 청소년기를 보냈고, 나중에는 집안 형편이 풀리면서 대학원까지 무난하게 졸업할 수 있었다고 한다.

곤란한 상황에 처한 부모님들을 힘들지 않게 해 드리기 위해 그가 선택한 삶의 방식은 더 이상 욕구들을 맘껏 허락하지 않는 것이었다. 또한 아버지가 교도소에 가게 된 것이 자기의 조심성 없는 발설 때문이라는, 자기 탓이라는 죄책감이 그로 하여금 조용히 엎드려서 어떤 상황에서도 자기 목소리를 내지 않는 무난하고 착한 아들로 자라게 한 것이었다.

S의 엄전하고 겸손한 모드의 인성을 긍정적으로만 여기지 않고 과제로 삼아야겠다고 판단하게 된 단서는 그의 무기력증과도 같은 심리증상 때문이었다. S는 이렇다 할 문제도 없고, 어느 것 하나 이루지 않은 것도 없고, 학교성적도 괜찮고, 주변의 교우 관계도 양호해 보였다. 그런데도 S의 삶이 그다지 재미있어 보이지 않고 무채색에 가까운 덤덤한 정서로 일관된 나날이라는 점이 의아했다.

게다가 S가 회복해 가야 할 근성이 있다는 희망을 갖게 한 짜릿한 한 톨 단서는 아홉 살 때 동생에게 했다는 한 마디의 말이었다. 그 말 속에 들어 있는, 아홉 살 어린애답지 않은 철듦과 카리스마, 그리고 불끈 두 주먹을 쥐고 야물게 눈물을 흘린 기억이었다. 부친의 부도 판정이 확실시된 날 저녁, 부모님은 아직 귀가 전이었고 식사 시간에 칭얼대는 두 살 아래 동생에게, "아무 말 말고 먹어. 이것이 우리가 먹는 마지막 밥이 될 수 있어!"라고 하며 동생을 호되게 나무랐다는 것이다.

S는 여전히 선하고 겸손하지만 더 이상 비겁하지도 무기력하지도 않은 용맹스러움이 되살아났다. 기적이랄 것 없이 반복되던 일

마음거울

상이 이제는 그저 즐겁고, 날이면 날마다 설렘으로 맞이한단다. S는 이제, 더 이상 그 어떤 것으로도 가장할 필요 없이, 자기의 본래 성정인 활기차고 도전적이며 명랑하면서도 차분한, 한국의 대표 젊은이로 돌아왔다.

아이들이 자랄 때, 착하게 양보하고 욕심을 덜 낸다고 해서 너무 칭찬하고 좋아할 일만은 아닐 수도 있다는 것을, 자칫하면 아이의 타고난 건강한 근성을 덮어버릴 수도 있다는 것을, 상담을 오래 하면서 더러더러 생각하곤 한다.

S에게 최근 기적이 일어났다. 연애를 시작하게 되었단다. 청춘의 총각에게 연인이 생겼다고 이렇게 호들갑스럽게 반가워하다니! 더 정확하게 말하자면, 여자 친구를 떠올려도, 만나기로 약속을 해 놓고도, 만나서 데이트 도중에도, 처음으로 당당한 설렘이 일어났다는 것이 그에게는 기적인 것이다. 도대체 자연스러워야 할 그것이 왜 기적인가?

서른네 살이 되도록 S는 몇 차례 소개팅을 통해 여자 친구를 사귈 기회가 있었는데, 늘 알 수 없는 긴장감 때문에 밋밋한 감정으로 진행되다가 어느 정도 시일이 지나면 흐지부지한 마음이 되면서 헤어지게 되곤 했다 한다. 즉 연애감정이 진행·심화하지 못하고 스르르 식어버리는 것이다. 그래서 스스로 이성에게 그다지 관심이 없는 사람인 줄 알았다고 한다.

참으로 조심스럽게, 진지하게, 그리고 예리하게 함께 내면 탐색을 하여 만난 S의 그림자는 이랬다. 1차 어머니에 대한 죄책감이었다. 그런 죄악을 가진 자로서는 여성에게 떳떳하게 다가갈 수 없다는 제2 죄책감이 S가 여성을 대할 때 매끄러운 교제를 가로막는 장애 요인이었던 것이다.

초등학교 상급생 때 어머니를 은근히 이성적으로 좋아했고, 중학교 때 몇 차례 어머니를 이성적 감정으로 안았으며, 딱 한 번 꿈속에서 어머니와 성교하는 꿈을 꾸었다고 한다. 그리곤 그 일련의 사실을 까마득히, 감쪽같이 잊어버리고서는(부끄러운 죄라 여기며 철저히 기억에서 지워버리고 싶었던 것이다.) 지하 기억의 창고 속에 꽁꽁 가두어 버렸던 것이 개인분석 과정에 솔솔 의식의 표면으로 올라왔다. 스토리는 기억에서 덮어버렸지만, 죄책감이라는 정서의 어두움(얼룩)이 남아서 현재의 이성 교제에 늘 걸림돌로 작용했던 것이다.

과거의 자신의 소중한 마음이었던 어머니에 대한 연심과 성욕과 그에 따른 죄책감 등을 하나하나, 현재에 영향을 미치고 있는 인과적 관계를 정밀하게 이해하고, 더욱 엄정하게 인정(시인)하며, 티 없는 마음으로 존중하고, 스스로 포근히 사랑으로 안아주며 토닥여주는 작업을 통해 비로소 해방되었던 것이다. 아이들이 자라면서 겪을 수도 있는 하나의 귀여운 사건으로, 객관적 시각으로 바라보면서 빙그레 웃으며 떠나보냈다. 물론 이 작업 과정에서 상담자는 반드시 깊은 통찰과 자비와 의연한 태도로 임해야 한다. 이는 상담자가 갖추어야 할 가장 기본적인 자세요, 그러한 안

내가 상담의 생명이다.

인간에 대한, 성에 대한, 사랑에 대한, 사람의 성장 과정에 대한, 총체적 관점을 가지고 함께해야 할 무거우면서도 경건한 과제이다.

이런 내면여행 명상작업 이후의 첫 교제인지라, 이제 더 이상 아무런 죄책감의 그림자가 없어졌으니 젊은이답게, 사랑하는 자답게 설레고, 설렘이 떳떳하고 당당하다고 말한 것이다. 크게 박수칠 일이고, 기쁨의 눈물을 흘리며 축복해 줄 상황이었다. S와 짝지에게 축복 넘치시길 거듭 기원하는 마음이다.

이성(異性)에게 관심이 별로 없다는 사람(S가 처음엔 그렇게 말했었다.) 속에 이런 오묘하고도 묵직한 사연이 있을 줄이야! 쉬운 일은 아니나, 가까운 주변 사람들 특히 사랑하는 가족들에게는 더더욱, 얼마나 심도 있게 관심을 가지고 눈여겨봐야 다 알아차릴 수 있을지, 늘 큰 화두로 품고 살아가고 있다.

♣ 이 글 또한 사례자의 허락을 미리 받고 글로 정리했다. 좋은 상담 사례가 될 것이라며 기꺼이 허락했다. 본인도 평생 상담자로 살아가야 하는 사람으로서 사례 제공자가 될 수 있다는 것이 기쁘다고 했다. 이런 건강한 의식을 가진 청년이 내 제자라는 게 참으로 고맙고 기쁘다.

아빠가
———————— 몸을
만졌어요

E가 처음 나를 찾아온 지 벌써 10년이 되었다. 상담심리학과 석사 1학기 과정이 막 시작된 3월 초였다. (지금은 대학에서 강의하고 있고, 상담전문가로 일하고 있다.)

눈을 살짝 위로 깜찍하게 치켜뜨고 수줍게 웃고 있는 E, 그 미소가 불안감을 감추고, 사람에 대한 경계심을 들키지 않고자 하는 연막전이라는 것을 얼른 알아채기는 쉽지 않았다. 그러나 자세히 살펴보면 그 얼굴의 미소 근육이 부자연스럽고 굳어 있음을 알 수 있다. 게다가 늘 옅게 상기된 낯빛에 서려 있는 우울감도 엿볼 수 있다. 대체로 어정쩡하게 웃는 얼굴을 하면서 빤히 쳐다보는 습관 때문에 보는 사람으로 하여금 '어떻게 대응해야 하지' 하고 시선 처리를 난감하게 만들었던 학생이었다.

첫 대담에서의 첫 마디는 역시 예상했던 대로였다.

"저는 늘 불안해요. 자신감이 없고, 누군가가 저를 주시하는 것 같아요."

첫 회기 때는 그저 상대방이 상담자에게 충분히 관심 받고 있고 그 어떤 마음도 존중받을 거라는 두터운 신뢰 관계를 만들어가는 게 매우 중요하다. 시간 운영을 잘 조절하면서 가능하면 상대방이 많은 말을 할 수 있도록 이끌어 주었다. 그 이후 회기부터 E와 조곤조곤 대화를 나누다 보니 그 핵심에 '죄책감'이 있었다. 부모님에 대한 죄송함과 그 근원이 된 사건이었다.

E는 학부 1학년 때 가출을 했었고, 나이가 한참 많은 남자분과 한동안 동거를 했다고 한다. 무능한 동거남이 아무런 생활 대책이 없고, 가지고 나간 돈도 떨어져 막막하던 즈음에 부모님과 연락이 되어 구원의 밧줄로 삼고 귀가했다고 한다. 그렇게 대학을 마치고 모 회사에 입사하여 몇 년 다니다가 사람의 심리에 관심이 깊어져 상담심리학을 공부하고 싶어서 대학원에 들어왔는데, 왠지 정서가 불안정하고 자꾸 주변의 눈치를 본다. 특히 부모님들에게 너무도 미안하여 눈치를 많이 보게 된다고 한다.

불안과 눈치 보기, 자신감 없음의 이유가 가출의 죄책감이라 말한 E에게 물었다.

"네가 부모라면 그런 자식에게 어떤 마음일 것 같니?"

"잘 토닥여 주면서 그 일이 없었던 것처럼 대해 줄 것 같아요."

"그럼 네 부모님은 그렇게 안 해 주시니?"

"아니요. 그렇게 해 주세요. 그런데 부모님이, 너무 아무 일도 없었다는 듯 잘해 주시는 게 오히려 불편해요."라고 말했다.

얼른 들으면 이해할 수도 있는 불편함이지만 흔히 이런 경우 예리하게 살펴봄직한 구석이다. 살펴본 즉~~!!!

E는, 부모님이 자기의 가출 사건을 더 심각하게 생각해 주기를 바랐고, 더 불편해 했으면 한다는 것을 알게 되었다. 그것을 통해 부모님에게 전하고 싶은 내밀한 호소가 있었기 때문이다.

E의 불안이 부모님에 대한 죄책감인 줄 알았는데 자세히 통찰해 본즉, 부모님에 대한 분노였다. 부모님을 고발하고 싶은 지속적인 충동과 그것을 이루지 못한 데서 온 불안이라는 것, 한편 자신의 그 마음을 부정하며 덮어버리고자 슈퍼에고(SUPEREGO)가 용을 쓰고 있는 것임을 알게 되었다.

상담을 통해 이러한 내용이 밝혀지자 E는 그 자체만으로도 속이 시원해진다며 눈물이 글썽글썽해졌다. 내담자들뿐만 아니라 우리는 모두 대체로 자신의 마음 상태를 제대로 알지 못한다. 저항 때문이다. 자신의 마음 중 어떤 것들은 서자 취급하며 외면하고 싶은 심리에서 덮어버리기 일쑤다.

E의 눈물의 배경을 추적해 가다가,
"저는 아빠가 미워요."라는 말이 툭 튀어나왔다.
상담 과정에서 이런 한마디 말은 사막의 오아시스다. 큰 반가움을 감추고,
"왜 아빠가 미운데?" 하고 다정하게 물었다.
"어릴 때 아빠가 저를 만졌어요."

만졌다는 말이 무슨 의미인지 금세 알아차릴 수 있지만, 정말 서둘러서는 안 될 때가 바로 이런 상황이다. 엄청나게 용기를 내서 한 말일 테니 그 어떤 이유로라도 그 표현의 연장이 끊어져서는 안 되기에 여간 조심스러운 게 아니다.

상담할 때 그런 상황이 될 때면 자동화된 심리습관이 있다. 마음을 더욱 평온히, 일체의 잣대를 내려놓음에 다시 선명도를 점검, 오직 내담자의 심정에 중심하여 잘 머물기이다. 이는 상담자의 태도에서 아무리 강조하여도 부족할 만큼 중요한 사항이다.
아빠의 성적 추근댐, 즉 성추행이라는 것에 대해 통념적 윤리의식의 반응이 일어나지 않도록 해야 한다. 상담자가 내적으로 통 크게 성숙하지 못할 때 내담자와의 내밀한 심리적 역동이 경우에 따라서는 상담을 망칠 수도 있다. 물론 이러한 경우뿐만 아니라 상담자는 모든 상담과정에서 다 그리할 수 있어야 한다. 상담

자의 내면에 정화되지 못한 그림자들이 내담자의 상황에 투사되지 않도록 깨어 있어야 하기 때문이다. 그래서 상담자들은 꾸준히, 평생토록, 상담도 받고 슈퍼비전도 받으며 내적 성숙을 이루어 간다. 그런 의미에서 상담자들은 구도자들과 다름이 없다.

"아빠가 만졌어요."를 따라 조심조심, 나긋나긋하게 찾아본 내담자의 불안감의 정체는 매우 복합적이었다. 아빠의 행각을 고발도 하고 싶고, 방관한 엄마가 밉기도 하고, 그런 찜찜한 과거가 있다는 것도 부끄럽고, 그럼에도 불구하고 아빠가 좋기도 한 카오스 심리상태였다. 그래도 아빠가 좋다는 것은 카오스 심리상태를 풀어 가는 데 있어서 매우 중대한 힌트가 된다.

E는 아기 때부터 아빠와 몸 비비며 놀기를 좋아했는데 고학년 때까지 지속되었단다. 초등학교 3학년 때쯤부터 아빠가 만지는 것을 싫어하기 시작했다. 왜냐하면 아빠가 뽀뽀할 때 혀를 넣거나 엉덩이를 만지는 것은 예사이고, 아직 생기지도 않은 젖꼭지에 손도 대고, 은밀한 부위도 만지곤 했단다. 덩치가 있다 보니 일찍 성숙하여 초등 4학년 때부터 젖 몽우리가 생겼고 그 이후 제법 젖무덤이 형성되어 아빠의 행동은 더 적극적이었다고 한다.

엄마에게 일렀는데도 그럴 때마다 "아빠가 너 이쁘다고 그러는 거야. 괜찮아~."였다고 한다. E는 부르르 떨면서 새삼 부모님에게 분개했고, 울면서 계속 말을 이어갔다. 어떻게 생각해 보아도 참으로 난감한 상황이 아닐 수 없다. 그래서 얼마 전까지 수도 없이 한 말이 있다.

"죄(罪)가 많아서 상담자가 된다. 쇠털같이 하고많은 날 남의 궂은 마음의 소리만 듣고 있어야 한다니, 죄가 아니고서야!!!!"

참으로 깊은 갈등에 봉착하게 된다. **이러한 내용의 상담을 할 때에 늘~ 내담자가 아빠를 고발하고 있는 상황이긴 하지만 정녕 자기 아빠가 나쁜 사람이라는 증명을 받고 싶지는 않은, 무의식 속에 본능적인 친족애가 있다는 것을 절대로 간과해서는 안 된다.**

한편, 본인의 고통도 온전히 공감 받고 위로받고 싶은 것 또한 상담 목적이기 때문에, 아빠를 나쁜 사람으로 만들지 않기 위해 이해하고 감싸는 것도 자칫하면 내담자를 거슬리게 한다. 반면에 내담자를 위로하고 공감하며 아빠를 몰아붙여도 내담자는 이내 아빠 살리기 방어로 들어가기 일쑤여서, 상담자는 시험대에 오른 마루타가 된다. 시퍼런 작두날 위에서 사뿐거리는 무당의 춤사위처럼 아슬아슬한 긴장의 순간을 맞는다. 요즘 나는 상당히 노련한 태세로 있는 편이다. 내담자의 상태(과거·현재·미래)가 어느 정도 보이기 때문이다.

내담자의 엄마가 왜 적극적으로 개입하지 않았는지 직접 들어보지 않아서 모를 일이나, 확실한 점 한 가지는 분명하다. 당사자인 내담자 E의 진술을 뜯어볼 때 저항이 일관되지 않았다는 점이다. 이럴 때 이 난국을 뚫고 어떻게 접근해야 내담자가 마음을 다치지 않고 고해할 수 있도록 이끌 것인가를 고심하게 된다. 차마 안쓰러워서 더 끌어내기 힘들고, 정말 가슴이 저리게 아픈 순간이기도 하다.

이토록 아픔에도 불구하고 사실 규명이 왜 그토록 중요한가 하면, 어리지만 내담자도 동조자였다는 걸 스스로 인정할 때 과제가 달라지기 때문이다. 또한 내담자의 양심은 그러한 자신을 마침내 인정하고 드러냄으로써 자유로워지기를 원하고 있다는 것을, 숱한 임상에서 봐 왔기 때문이다.

달라지는 과제는, 더 이상 분노의 대상이 아빠, 엄마가 아니게 된다는 점이다. 사실은 그러한 상황을 허용한 자신을 용서하지 못해 분노가 일어났다는 것을 알아차림으로써 분노의 대상인 아빠와 묶여 있던 쇠사슬 같은 연결고리가 툭 끊기고 놀랍게도 아빠에 대한 분노 감정이 상당히 녹는다는 것이다. 이러한 임상 사례가 많은데도 접할 때마다 참으로 가슴이 아프다. 그래서 평소 자녀를 기를 때에 서로 다른 성별의 자녀들과는 지나친 스킨십, 피부 접촉을 삼가는 것이 좋다고 당부하고 있다.

따사로우나 예리한 질문에 따라 슬그머니 고백, 진술하게 된 E의 사실은 짐작대로였다. 어느 날부터 아빠가 자기 방에 오는 게 싫지 않았다는 것, 옷 속으로 자신의 가슴을 만지는 아빠의 손에 처음에는 당황했으나 그게 좋은 느낌이었다는 것, 아빠가 E의 윗옷을 올리고 가슴을 만질 때도 그냥 맡겼다는 것, 그러나 아빠가 더 진행하지 않고 다시 옷을 내려주실 때는 고마웠다는 것 등, 잊고자 했고 잊혀진 듯했던 기억들이 생생하게 재생되면서 내담자 E는 많이도 울었다. 그 울음 속에는, 아빠에 대한 진한 사랑이 묻어 나왔다. 나는 E의 손을 꼭 감싸 쥐며,

"아빠를 많이 좋아했구나, 그치?"

E는 흐느끼면서 고개를 앞뒤로 끄덕였다. 나도 눈시울이 젖고, 가슴이 뜨거워지는 것을 느꼈다. 이때 상담자의 역할은 정말 너무도 중요하다. 적어도 내 생각은 그렇다.
치우치지도 부족하지도 않게, 너무 과하지도 않게 진심으로.

"다, 그럴 수 있는 거야. 다~!!!"라고 하는 포용을, 한 치의 의심이 안 갈 만큼 진실하고 정성스럽게 해 줄 수 있어야 한다.

있을 수도 있는 일이니까 일어났고, 이미 일어난 일이니 존중과 사랑으로 수용하는 일밖에 더 있겠는가! 그리고 모든 내담자가 가장 절실하게 듣고 싶은 말이 그 말 아니겠는가! "그럴 수 있노라고, 괜찮다고, 사랑으로 안아주고 흘러 보내자고~~!!!"

사실 우리 살아가는 세상에 이런 사례는, 생각보다 많다.

자신의 경험을 부끄러이 여겨 인정하기 싫으니까 아빠에게 분노하고, 아빠에게 분노했지만, 마음이 편안해지지 않는, 그래서 '내가 얼마나 망가져야 당신들이 나를 제대로 챙길 거야?'라고 하는 마음으로 가출하여 엉켜 있는 나름의 고통을 시위한 것, 정녕 그녀의 고통은 어린 나이에 그런 옳지 않은(스스로 그리 생각하고 있음) 경험을 했다는 사실을 치부로 여김이었다.

그때 어린아이의 감정과 체험을 충분히 위로해 주고, 그 아이가 지금의 E가 아니라는 것을 선명히 이해시키고, 그것은 마치 운명처럼 거쳐 가야 했던 과정(나는 그렇게 믿고 있다)일 거라고, 그렇게 마음 담아 조심스레 토닥여 줄 때의 내 마음도 불공을 드리는 듯, 천도재를 올리는 듯 경건했다.

"이제 스님을 통해 부처님께 너의 고통을 다 바쳤으니, 이젠 네 것도 네 몫도 아니다. 다 흘러 보내고 부디 평안하여라."

우리는 한참 동안 두 손을 잡고 침묵하며 숨을 골랐다. E의 마음도 얼굴도 새로운 기운이 돋는 듯 한결 평온해 보였다. E의 눈에는 맑은 눈물이 줄줄 흘렀다.

"스님! 고맙습니다. 이 은혜, 평생 기억하며 잘 살겠습니다."

그 이후 E는 정말 편안해졌다. 좋은 남자 친구를 만나 데이트를 시작했고, 나는 그들의 결혼식에 주례를 섰다. 그리고 지금까지 좋

마음거울

은 인연으로 잘 지내고 있다. 두 딸을 낳았고, 그 꼬맹이 아가씨들은 나를 '스님 할머니'라 부르며 아주 잘 따른다. 부부는 나를 어버이로 여긴다. 1년에 수차례씩 인사 차 찾아온다. 이런 인연, 참 좋다.

♣ 사례 글을 쓰고 있는 요즘 E에게 전화했다.
"네 사례도 작품화해도 되겠니?"~.

E가 말했다. "그럼요, 제가 영광이죠. 그러잖아도 제 사례는 언제쯤 쓰시려나, 하고 있던 참이었어요. 감사합니다.~"

역시 수행자이시다.
존경스러운 제자님이시다.
정말 뿌듯하고 기쁘다. 더욱 복되시길~!!!

아무것도
―――――――――――― 하기 싫어요
다 귀찮아요

C는 이제 활짝 웃는다. 활기찬 에너지를 거침 없이 잘 쓴다. 그녀는 더 이상 무기력하지 않다. 한 아이의 엄마까지 되어서, 씩씩한 한국의 어머니상을 조금씩 닮아가고 있다.

C가 개인 상담 요청을 해 왔을 때는 석사 2학기 때였다. 첫 주제는 그녀의 무기력증이었다. 상담실에 앉으면 늘 질문하는 나의 첫마디는,

"무엇을 좀 다루어 보고 싶어요?"이다.

"스님, 저는 아무것도 하기 싫어요. 다 귀찮아요."

천천히, 힘없이 입을 연 C의 첫마디에 나는 금세 알아차렸다. 그녀의 말뜻의 상당 부분을.

왜냐하면 1학기 반년 동안 매주 3~4시간씩 집단 상담 수업을 듣는 학생으로, 1/n만큼 분량의 표현을 내보이기는 어렵더라도 몇 마디 말이라도 해야 할 터인데, 처음 두 주 동안은 한 마디도 하지 않고 묵묵히, 마치 불만 먹은 표정으로 앉아 있었다. 그 나머지 기간에도 마찬가지, 최소의 표현으로 한 학기를 마쳤기 때문에 그녀가 한 말의 뉘앙스가 전해졌다. 그나마 표현한 몇 마디 말을 통해서나 종강 시간에 발표한 소감문을 보면서, '애가 참 명석하구나. 종자성이 엿보이는군, 기본이 튼실한 애야. 지켜보고 싶게 하네?' 하고 은근히 관심이 가던 학생이었다.

그래서 일부러 그 다음 학기부터 집단 상담 간사를 맡겼다. 자기가 보여줬던 행동에 비해 내가 훨씬 후한 관심을 지속해서 보여주니 조금의 신뢰가 생겼는지, 그렇게 C 스스로 다가왔다. 매우 반가웠다~.

"학교생활도 성실히 하는 것 같고, 내 수업도 안 빠지고 잘 들어오고, 불만 있는 사람처럼 잘 표현하지는 않았지만 네가 경청은 하는 것 같았고, 불성실한 사람은 아닌 것처럼 보이던데, 정녕 너는 어땠니?"

그때 C가 눈물을 글썽이며 울먹이는 목소리로 말했다.

"스님, 고맙습니다. 그렇게 알아주셔서요. 말씀하신 대로, 수업을 듣기는 잘했습니다."

"그럼 네 말의 뜻을, '하기 싫다, 귀찮다'가 아니라 '하기는 하는데, 뭐든지 열심히는 하는데, 재미가 없어요.'라고 바꾸어서 받아들여도 괜찮겠니?"

곰곰이 생각에 잠겨 있던 C가 말했다.

"아, 네, 스님! 그게 더 제 마음에 가깝네요. 제가 늘 성실하고 열심히 하는 것은 아니지만 그냥 대체로 잘하고 있고 잘해 가는 것은 문제가 없는데, 제가 힘든 건 재미가 없다는 거예요. 뭘 해도 재미가 없어요."

"하기 싫어요."와 "하기는 하고 잘 하기도 하는데 재미가 없어요."는 다른 개념이다. 상담자는 내담자의 want를 명료화하는 게 아주 중요한 첫 과제이다. 삶에 흥미가 당기지 않고 무기력한 증상으로 시달리던 C. 재미가 없으니 쉽게 지치고, 피로가 누적되어 만성 피로감에 젖어 있을 수밖에⋯.

몇 마디 주고받으면서 파악된 사실은, 그녀는 그때그때 분명하게 needs를 판단하는 지성이 있고 실천력 또한 앞서는 모범생이었다. 그리고 은근히 욕심·야심의 근성도 있고, 체력이 부실하지는 않아 근력도 있었다. C와 같은 상황은 대개 심리적으로나 생리적으로 흐름이 막혀서 욕구 발휘도 체력 활용도 원활하지 않은 경우이다. 무엇 때문에 막혔는지를 탐색할 일, 그것이 과제로 대두된다.

"그런 심리 증상이 대강 언제부터였지?"

"자세히는 모르겠어요. 학부 시절, 고교 시절 내내 그래 왔었는데 그 이전의 기억은 희미해요."

"그럼 일단 너의 그 마음 상태를 좀 더 주저리주저리 떠오르는 대로 말해 볼 거나?"

긴 세월 동안 재미·흥미 없음의 심리상태로 왔다면, 표현은 그 울체된 기운의 김이 솔솔 빠지게 하는 데 특효가 있다. 이때 상담 자는 잘 경청하며 푸근하게 어루만져 주는 반응을 틈틈이 해 주면 서 함께해 줄 때, 그 정화 효과는 늘 대단하다.

내담자의 표현 양이 많을수록 울체 에너지가 배설되면서 마음이 조금씩 정화되는 것은 물론이고, 내담자는 자연스레 더 많은 정 보를 흘리면서 상담자의 진단을 돕는다. 무기력증은 결국 근본 적으로 우울증이 원인이다. 그렇기 때문에 내담자가 자신의 심리 상태를 주저리주저리 늘어놓으면서 우울감에 가 닿게 되면서부터 는 솔루션의 방향이 잡히는 것이다.

상담자는 내담자가 자신의 상태를 눈물로 표현할 수 있도록 도 와준다. 울기 시작하면, 시체가 강시가 되어 꿈틀거리는 것처럼 정 체된 무기력증에 온기가 서린다. 그런 과정에서 나는 항상 애달픈 연민으로 어버이 마음이 되어, 내담자 가슴에 데지 않을 정도로 달 군 인두를 갖다 대며 듣는다. 웅크린 마음 세포가 녹여지기를 바 라면서.

중얼중얼 힘없이, 남의 이야기 옮기듯 말하고 있던 C에게 물었다.

"C야~~~ 어릴 적 아주 좋아했거나 재미있게 하던 일 한 가지라도 기억나니?"

질문을 받고 과거로 돌아가 회상하던 C가 조금 있다가 말했다.

"네~ 중학교 때, 플롯이 정말 좋았어요."

나는, 밑밥을 던져놓고 긴 시간 기다리던 낚시꾼처럼 바늘에 뭔가 탁 걸려든 반가움에 군침이 돌았다.

"오, 플롯! 그랬구나!, 우리 C! 플롯 소리 참 좋지?" 하면서 노련한 간호사가 링거주사를 혈관에 유연하게 꽂듯이 내 관심의 예리한 바늘을 플롯과 연관된 C의 가슴에 슬그머니 꽂았다.

그러자 C가 드디어 울먹이기 시작했다. 어딘가에 가 닿은 것이다. 때를 놓치지 않고 분위기를 흐트러뜨리지 않으면서 조심스레 노크해 들어가서 풀어놓는 이야기를 경청했다.

C는 피아노를 잘 쳤고 동네 교회에서 중학교 때부터 성가 반주를 맡았었단다. 악기 연주 전공을 하고 싶었고, 중1 때 방과 후 취미활동에 플롯 반을 들고 싶었다고 한다. 그런데 음악으론 밥 벌어 먹기 어렵다고 하던 어머니의 강력한 반대에 부딪혀 음악 전공은커녕 플롯 반에 드는 것도 좌절되었다 한다. 얼마나 플롯 소리가 매력적으로 그녀의 영혼을 붙들어 매는지, 매일 방과 후 플롯반에서 연습하는 교실 창문을 조금 열고 빠끔히 훔쳐보는 일을 했단다. C는 그 일을 기억하면서 훌쩍훌쩍 울었다. 그 이후부터는 피아노

치는 일조차 재미가 덜해져서 게을리 하고, 교회 성가 반주도 하기가 싫어 억지로 하곤 했단다.

C는 진짜, 플롯이 하고 싶었던 것이다. 시골에서 농장을 경영하던 C의 부모님은 경제력도 꽤 괜찮은 편이었다. 시골에 살면서도 독서와 영화 감상 등 취미생활을 틈틈이 즐기고, C를 대안고등학교에 진학시킬 만큼 의식이 열려 있는 분들이다.

C는 외동딸이었다. 부모님을 닮아 개성도 짙고 고집도 있는, 성격이 강하기는 하지만 창문 틈새로 들여다보며 기웃거릴 만큼 비위는 없고, 자존심이 높은 아이였다. '그런 애가 그렇게 할 정도였으니, 얼마나 하고 싶었으면 그랬을까?'에 서로 의견 일치가 되니 C의 울음이 더 커졌고 한참 동안 울었다. 더 많이 울어서 깊은 가슴속 응어리를 풀어내도록 살살 부채질을 하면서 울렸다.

항상 겪는 일이지만 그때마다 늘 신기하고 놀라운 일은, 그렇게 울고 나면 내담자의 마음이 달라진다는 것이다. C 역시 그러했다. 울고 나더니 벌써 낯빛부터 달라졌고 신체 에너지도 한결 살아났다. 그럴 때, 그토록 무언가를 하고 싶었던 마음과 좌절되었을 때의 서운함과 슬픔, 어찌할 수 없는 답답함, 그리고 그 성격에 체면이 구겨지는 것을 감수하고 기웃댈 때의 자존심 상함 등등을 충분히 인정하고 만나서 보듬어 주면 놀랍게도 그러한 그늘, 얼룩진 정서들이 스르르 녹는다. 정화가 일어나는 것이다. 그러한 자신의 과거 마음들이 인정받지 못하고 존중과 사랑으로 충분히 이해받지 못하면 우리 마음속 어딘가에서 아이처럼 웅크리고 앉아서 울고 있다는 것을, 번번이 확인한다. 그래서 내가 늘 하는 말이 있다.

"우리 안에서 일어난 그 어떤 것도, 생각이나 욕심이나 정서 등 한 톨, 한 자락 마음 모두가 하나의 생명체이다."라고~. "그 생명체들은 존재를 인정받고, 존중과 사랑으로 이해받고 싶어 한다."~. "그러지 않을 땐 정화되지 않는다."고~.

왜 그런지는 알 수 없어도, 그런 심리 구조를 직간접적으로 경험하기 때문에 귀납적으로는 설명할 수 있다. "알아주면, 사라진다." 라고~~~. 물론 이때 알아주는 정도의 깊이에 따라 정화되는 정도가 비례한다. 안내의 기술은 상담자의 인격 정도에 따라 영향력을 갖게 마련이다.

C의 무기력은 우울증이었고, 그토록 하고 싶었던 플롯을 못하고, 또 음악을 전공하고 싶었던 장래희망을 포기한 데서 비롯되었음을 알게 되었다. 그 알아차림만으로 C는 우울에서 확 벗어났다. 신체적 활기도 현저하게 살아났다. 중요한 건 본인이 스스로 확진해야 하는 것이다. 그러므로 그때쯤 늘 확인하기 위해 건네는 말이 있다. "지금, 기분과 신체에 흐른 느낌이 어떠세요?"이다.

정말 놀라울 만큼 C는 다른 사람이 되어 있었다. 본인도 믿기 어려워하면서 고마워했다. 나도, 정말 아주 기뻤다. 이런 맛에 하고, 하고, 또 하게 되는 것이 상담 일이다.

우리가 경험하고 있는 아주 작은 마음 자락도 하나의 생명체라는 것, 절대로 소홀히 할 수 없는 존귀한 존재라는 것, 그것도 다루기에 따라 '나의 것'이 아니라 '그것'으로 만들 수 있다(객관화)는 것, 알아주고, 사랑과 존중으로 안아주고, 그리고 흘려보냄으로써~ 스스로 말끔히 정화할 수 있다는 것! 그러지 않으면 영원이라고 해도 될 만큼 내내 사라지지 않고 우리 안에서, 우리의 현재 삶에 영향을 미친다는 것!

내가 수십 년 동안 사람의 마음을 들여다보며, 사랑으로 같이 울어 주면서 사람들과 함께하며 확실히 본 것, 확실히 아는 것 중 하나이다.

나는 C에게 플롯 하나를 선물했다. 원인을 알고 울어내면서 스스로 위로하는 것만큼의 해탈이지만, 그때 못했던 것 한번 해 봄으로써 더 말끔해지는 게 우리들 심리의 원리이다. 정말 그렇다. 나는 안다.
C가 그 플롯을 길게 갖고 놀지 못할 것이라는 것을! 얼마 동안 지나면 그 집착적 플롯 사랑이 사라져 애지중지 플롯이 계륵이 될 수도 있다는 것을! 그러나 그때는, '소유'를 한 번 치르는 것이 완치의 비법이라는 것 또한 알기에, 그렇게 했다.

그렇게 소유로 경험해 봄직한 내용이 돈이면 돈, 옷이면 옷, 시계면 시계, 여행이면 여행비, 구두면 구두, 커피 잔이면 커피 잔, 진학이면 등록금 등등~ 내가 해 줄 수 있는 범위 내에서 완치를 위한 나름의 작선(作善)을 하고 있음 또한 내 삶의 기쁨 중 하나이다.

C는 그 이후 무기력한 우울에서 완전히 벗어나, 자신의 총명함과 활기 넘치는 체력을 충분히 발휘하며 살게 되었다. 대학원을 졸업한 뒤 학교 상담교사가 되었는데, 현재 결혼과 육아로 잠시 휴직 중이다. 그녀는 내가 참으로 사랑하고 존중하는 아름다운 시민, 장한 엄마, 수행하는 학자다. 지금까지 개인분석을 받아오면서 상담자로서의 역량 함양과 인품 성숙을 위해 지속적으로 정진하고 있는, 이제 서른둘 연륜이 깊어가는 여인이다. 그녀에게 행복과 사랑을 보낸다.

♬ C의 응답 메시지
"스님, 글을 읽으면서 그때가 다시 떠올라 울컥합니다. 알아주시고 알게 해 주셔서 감사합니다. 사는 게 참 좋아져서 행복합니다.
사랑합니다.♡"

　　　　　　　　　　　　　　　　　　　　　마음거울

깊은 통찰과 자비와 의연한 태도는
상담자가 갖추어야 할 가장 기본적인 자세요,
그러한 안내가 상담의 생명이다.

인간에 대한, 성에 대한, 사랑에 대한,
사람의 성장 과정에 대한, 총체적 관점을 가지고
함께해야 할 무거우면서도 경건한 과제이다.

반항이 부른
왜곡된
성(性) 철학

K는 40대 중반의 남성이다. 내게 부부상담도 받고, 부부가 함께 참만남 집단 상담도 수강하고, 각각 개인 상담도 받아온 분이다. 지금은 왕팬, 수제자로서 부부가 성심껏 정진하는 모범적 재가 수행자들이다.

인연이 된 이래 가끔 표현하는 그의 성(性) 철학이 재미있다. 자유연애주의자라 할까, 성 자유주의자라 할까? K는 통념에서 좀 벗어난 신념을 지니고 있었다. 이를테면, 아내 외의 다른 여성이 마음에 들면 언제라도 연애를 할 수도 있다는 생각, 그것을 얼마든지 자유로이 할 수 있다는 생각, 그것이 도대체 어떠냐는 생각을 갖고 있다. 또한 그러한 생각을 아내에게나 아내와 다른 사람들이 함께 있는 장소에서 자유롭게 표현한다. 더 나아가 아내에게도 그리해도 좋다고 권장하기까지 한다.

그러한 얘기를 처음 들을 때는 그다지 무게감 있게 듣지 않았다. 남성들이 가끔 보여주는 한 자락 객기 정도로 여겼다. 그런데 여러 차례 거듭 들으면서 흥미가 생겼다. 더욱 깊은 관심을 갖게 된 것이다. 그도 그럴 것이 어느 날, 부부가 함께 동참한 집단 상담 마당에서 그러한 발언이 스스럼없이 나왔고, 그에 대한 아내의 반응은 곱지 않았다. 그 아내의 심정, 대번에 이해가 되지 않는가! 그로 인해 학습장에는 이내 은근한 긴장이 감돌았다.

모든 수강생들은 다 내 입만 쳐다보고 있었다. '도대체 이 난국을 저 리더는 어떻게 풀어갈 것인가? 얼른 우리를 이 난감한 상황에서 벗어나 편하게 해 주셨으면!' 하는, 침묵 속의 그들의 기대가 느껴졌다. 누구랄 것도 없이 성이라는 주제는 매우 민감한 사안이다. 뿌리 깊게 유교적 윤리관이 박혀 있는 우리에게 외도 이야기는 터부시가 오히려 상식이 되어 있는 터.

이럴 때 집단 리더는 홀로 내밀한 흥정을 한다. '남편측도 아내측도 평소 못 다 한 표현 내용과 양(量)이 있을 터이니 질펀하게 좀 퍼내게 함으로써 속 시원하게 부부싸움을 붙여볼까?' 장(場)에는 틀림없이 남편 측 경향의 사람과 아내 편의 속상한 사람들이 있게 마련이다. '패싸움을 시켜 구성원들의 동일시된 공동분노를 터뜨려 볼까?' 아니면 '양쪽 다 적당량의 성취로 만족하게 하는 마무리를 할까?' 등의 장미학(場美學)을 디자인해 보는 거다.

그 무엇을 선택하든 내 참만남 수업에서 지향하는 기대효과는 진솔한 표현을 통한 내적 정화와 화자중심(話者中心)을 통한 자비롭고 평화로운 인격 성숙이요, 더 나아가 더욱 확장된 관심의 지평이 인격으로 자리 잡게 하는 것이다.

그때 아내의 한 말씀이 장 리더인 내가 무엇을 선택해야 할지 좌표를 제시해 주었다. 그 아내의 누적된 안타까움이, 자칫 울화로 번질 수도 있는 한 마디였다.

"제가 남편을 너무 좋아하고 존중하기 때문에, 그리고 남편이 나보다 몇 수 위라고 인정하기 때문에, 남편의 철학을 존중하고 받아들여야 한다고 생각은 하는데 잘 안 되네요. 남편의 말을 들으면서 자꾸 서운하고 화가 날 때면 내 의식 차원이 너무 낮은 듯 자괴감마저 들면서 씁쓸해져요."

내게 있어서 이럴 때 답은 간단하다. 그것이 현실화될 때는 또 그때 가서 서로 과제로 삼더라도, 남편의 철학을 아내가 이해·존중해야 할 높은 차원이라고까지 애써 널리 이해하려고 하니, 남편이 말로써 굳이 표현하는 일을 삼가는 게 좋겠다는 것이다. 그것이 아내에 대한 배려요, 예의인 것이다. 나는 그 뜻을 장에 내어놓았다.

"K님! K님의 철학을 진심으로, 통념과 여타 시비판단을 내려놓고 존중합니다. 언제 따로 만나 자세하고 깊게 나누어 보고 싶네요. 다만 안타까운 것은, 사랑하는 아내가 당신에게 그 말 듣는 걸

저토록 괴로워하니, 나중에 바람이 날 땐 나시더라도 아내를 위해, 그러한 뜻을 굳이 발표해야 할 중대 상황이 아니라면, 표현을 아끼는 것도 좋을 듯한데 K님 생각은 어떠신지요?"

내 말이 떨어지기가 무섭게 그의 아내는 눈물을 글썽이며 감사해 한다.

"바로 그거예요. 일단 제가 바라는 게! 제발 남편이 저 듣는 데 그런 말을 좀 안 해 주었으면 좋겠어요. 스님, 고맙습니다."

내 말을 듣고, 아내의 눈물을 보고, K는 처음으로 자각이 왔단다. 아내도 의식을 자유롭게 해 주고 싶다는 의지만 있었지 아내의 고통을 배려하지 못했노라고, 아내에게 미안하다고~.

이렇게 작은 전쟁은 일단락되었고, K부부는 번갈아가며 내게 감사해 했다. 한편 나는 특유의 촉(觸)이 섰다.

"흠, K에게 큰 공부거리가 있군!" 하고.

그렇게 촉이 설 때면 대체로 월척이 물리곤 한다. 아니나 다를까, 얼마 지나지 않아서~~~~!!!

그 집단 상담이 있고 6개월 쯤 후인 지난 주말 그룹 수업 때, 다른 부부의 외도 사건을 공유하여 연찬하던 차에 이 부부는 또 부딪혔다. 다시 그 상황이 빚어진 것이다. 그게 어떠냐며 외도남을 두호하는 남편, 그 소리를 듣고 또 속이 있는 대로 상한 아내, 그때처럼 또 예민해진 구성원들~ 이번엔 모두 기혼자들이었고, 부부 커플도 많았던지라 더욱 진지한 분위기, 무거운 긴장감이 감돌았다.

나는 K를 불렀다. '귀하를 좀 적극적으로 돕고 싶은데, 괜찮겠느냐, 개인 상담 모드로 분석 탐색해 가며 상담해 드리고 싶은데, 공개적으로 교재가 되어 주실 수 있겠느냐?'라고 하면서 노크를 했다. 워낙 나를 신뢰하고 존경하며 또 스스로 수행 의지가 높은 사람인지라 그는 흔쾌히 수락했다. 대중들이 지켜보는 가운데 나와 독대하여 상담에 들어갔다.

상담이라 할 때 대체로 문답 형식으로 나누는 대화이다. 내담자가 더욱 많은 심리적인 정보를 표현할 수 있도록 상담자는 적절한 질문을 활용한다. 상담자의 친절하면서 예리한 질문은 내담자의 표현을 도울 뿐만 아니라, 살금살금 사고의 지평을 열어주는 효과가 있다. 때에 따라서는 내담자가 신세계를 만나도록 안내하는 지혜의 검(劍)이 된다는 점에서 참으로 매력적인 작업이다.

그런 혁신적인 생각은 언제부터 해 오고 있느냐는 첫 질문을 시작으로 하여, 질문하고 답하고, 질문하고 답하면서 어느 정도의 시간이 지났다. 그렇게 하여 누에고치에서 명주실 뽑아내듯 솔솔 토해낸 K의 중요정보들은 대충 이랬다. 독실한 기독교 신앙의 가정에서 태어나 말씀만으로 살아오던 청소년기, 성에 눈뜨고 틈틈이 성욕이 일었다. 예쁜 여자를 만나면 성욕이 발동하는데 마치 죄짓는 것 같고, 자신이 더럽혀지는 것 같아 마음이 괴로웠단다. 그 괴로움이 지속되다가 대학생이 되면서부터, 말씀 따라 살아가는 신앙생활에 저항이 일기 시작했단다. 여러 금기·금욕 사항들에 반항하며, 틀에 갇혀서 사는 게 싫어졌다 한다.

그래서 주일날 교회 가는 일도 빠져보기도 했다. 주일을 지키지 않으면 곧장 큰 벌이 내릴 줄 알았는데 아무 일도 일어나지 않는 것을 보고 신기했고 안심이 되었다 한다. 하나씩 늘려가며 자유의지로 사는 데 재미 붙였고, 급기야 크게 어긋나지 않고 남에게 피해를 주지 않는다면 스스로 마음 흘러가는 대로 살아도 무방하다고 여기는 데까지 생각이 전개 되었다. K는 드디어 성경 속에 갇혀 사는 신앙인이 아니라 자유인이 되었다고 한다. 그 해방감이 얼마나 좋았는지 모른다고 외쳤다. 그 연장선으로 얻게 된 자유가 성욕을 자기 마음대로 부리는 것이었다. 마음 흐르는 대로 살아가는 것이 가장 자연스러운 것 아니냐 하는 지론이다.

어쩌면 K는, 자유의 삶 연장선에서 성의 해방을 얻은 게 아니라, 성욕구의 죄책감으로부터 기를 쓰고 벗어나고자 하다가 성 자유주의자가 되었고, 지금도 성욕구자인 자신을 용납하지 못하여 기를 쓰고 벗어나고자 하다가 성 자유주의 지론을 펴고 있을 수 있다는 게 나의 통찰이었다.

그것을 뒷받침하는, 질문을 통해 얻어낸 여러 증거가 있다.

1. 타고난 성정이 원체 청교도적이고, 집안 분위기도 마찬가지.
2. 연애시절부터 해 온 주장임에도 아직 단 한 번의 외도나 일탈이 없었다.
3. 성 자유주의 철학을 펼 때 그 사람 목소리에서의 불확신감.

목소리의 강도, 볼륨, 그리고 바이브레이션에서 알 수 있다. 정도 이상으로 강하게 표현함 등이다.

위 세 가지는 6개월 전 내 촉(觸)에 걸린 내용물들이다.

4. 마지막으로, 아래의 질문에 대한 그의 답이다.

대담을 할 때 지극히 평범한 상식들을 최대한 정성스럽게 인지시켜 주는 일은 매우 중요하다. 성욕이란 모든 생명 있는 것들의 자연스러운 현상이고, 그것은 어떤 종교에서도 죄악으로 여기지 않는다는 것, 그 욕구를 실행하는 것 역시 그 자체로 죄악의 문제가 된다기보다는 고통이 따를 때 과제가 된다는 것, 자신과 주변에 줄 수 있는 고통 때문에 삼가야 할 룰(rule), 범주가 생겼으리라는 것 등의 상식을 충분히 나누고, 동의까지 얻어냈다. 그 다음,

마지막 질문은~!!! 조용히 눈을 감게 한 후,

"나는 매력적인 이성을 보면 성욕이 일어난다. 그것은 자연스러운 것이며, 나는 그것을 있는 그대로 존중하고 사랑한다. 그런 내가 나는 참 좋다."라고 읊조리게 하면서 느낌이 어떠한가 물어보았다. K는 좋다고, 참 좋다고, 아주 조용히 대답했다.
다시, "나는 매력적인 이성을 보면 성욕이 일어나고, 성욕이 일면 자유롭게 성행위를 한다, 그런 나를 존중하며 사랑하며, 그런 내가

나는 좋다."라고 읊조리게 하면서 느낌이 어떠한가를 물었다. K는,
기분이 안 좋다고, 그 또한 고요히 답했다.

서너 번 반복했다. 같은 답이었다.

눈을 뜨게 했다. 기분이 어떤지 물었다.

눈을 살포시 뜬 그의 눈가가 촉촉해졌다. 그는 담담히 말했다.

정신이 든다고, 이제야 알겠다고, 성욕과 성행위는 다른 과제라
는 것에 눈이 뜨인다고!!!!

나는 그런 그의 두 손을 꼭 잡고 울었다. 그의 아내도 울고 있었
다. 함께한 모든 이들도, 모두 말을 잃은 듯 한참 동안 깊은 침묵이
흘렀다. 그때 시간은, 깊은 밤 2시였다.

우리가, 예사로 흘리는 **가치관, 개똥철학이나 생활 습관에
서려 있는 또 다른 나를** 만나기 위해 얼마나 **정성스럽게 깨어
있을 필요**가 있는지 보여주는 또 하나의 좋은 사례이다.

사례 글을 정리하며 다시 가슴이 울컥울컥, 아찔하고도 깊은 숨
이 쉬어진다. 참 좋다.

♣ 이 내용 또한, 사례자의 동의를 구하여 글로 써서 나눕니
다. 용기 있게 허락해 주신 K님께 감사와 축복, 담뿍 드립
니다.

효녀
——————————— J의
잃어버린 청춘!!!!!

J는 2년 전 여름방학, 내가 운영하는 참만남 행복 여행 집단 상담 2박 3일 마라톤 수업에 수강 신청을 해 왔다. '바람'이라는 별칭을 달고서, "바람처럼 자유로워지고 싶어서 왔노라."며 자기소개를 간단히 했다.

많이 지쳐 보이고, 사는 게 도통 재미없어 보였다. 힘없이 내뱉는 목소리 속에는, "이젠 그 누구도, 그 무엇도, 나를 어떻게 해 볼 도리가 없을 거예요. 나는, 지금 완전히 바닥에 닿아 있걸랑요."라고 말하는 듯 기(氣)가 쏙 빠져 있었다.

그렇게 J와의 인연이 시작되었다. 그랬던 J가, 다시 활기를 회복하는 데는 그렇게 많은 시간이 필요하지 않았다. 참만남 집단 상담 이후 명상의 집 큰학교 마음공부 정진 팀에 합류하여 함께 공부하며 마음 나누기도 하면서, 이내 자신의 본래 리듬을 되찾았다. 물론 유능한 마스터를 만난 덕택임은 틀림없으나 그녀의 바탕이 원체 뛰어났다.

고등학교에서 국어를 가르치고 있는 J는 교사가 천직인 듯하다. 학교라는 직장이 너무도 좋고, 가르치는 일이 그렇게 좋은가 싶을 정도였고, 학생들이 예뻐서 죽는다. 학생들과 교류한 일화들을 얘기할 때면, 직업이 이야기꾼인가 만담가인가 할 정도로 신이 나 있다. 침을 튀기면서 맛나게 흥분하여 얘기하는 것을 볼 때면 쉰하나 세월 묵은 여(女) 싱글인 그녀, 가르치는 일이 너무 좋아서 결혼을 안 한 것처럼 보인다. 정말 누가 봐도 딱 '선생'이다.

그녀는 청소년 시절부터 책에 미치다시피 하여 독서량이 방대하니, 말패를 잡기만 하면 입에서 줄줄 유식한 소리가 쏟아져 나온다. 마치 걸어 다니는 문학 서재 같다. 가르치는 일에 유능할 뿐만 아니라 학교의 제반 행정 업무 처리 능력도 뛰어나 다방면으로 인정받는 역량가다.

그뿐인가! 효녀 이청(성씨가 李家)이다. 아래로 남동생 하나, 여동생 하나, 3남매의 맏이로서 두 동생은 출가했고 본인이 지금껏 부모님을 모시고 산다. 효성이 어찌나 지극한지, 부모님의 모든 것들을 손수 살펴드리며 아침 식사까지 지어 드리고 출근한다. 마치 부모님들의 어버이처럼 완벽한 돌보미요, 보기 드문 효성의 여식이다.

언제나 부모가 우선순위에 있고, 그 삶에 충분히 만족하며 자긍심이 대단했다.

명상의 집 큰학교 월례 정진 팀은 주로 초중고 교사들의 모임으로서 몇 팀의 부부 학인도 있고, J를 제외하고는 모두 가정이 있는 기혼자들이다. 매월 1박 2일 모여서, 단기 출가자인 양 심야까지 정진을 하며 매일의 수행일기를 나누는 밴드가 있어 한 달 내내 서로 소통하고 있는 도반애가 돈독한 수행 공동체이다. 마음 알기, 다루기, 나누기를 세심하게 공부해 가는 집단이므로 서로 비밀이랄 게 없을 정도로 적나라하게 공유하고 있는, 심도 있게 마음공부를 하는 사람들의 모임이다.

부부 팀 중에는 더러 찌글찌글한 부부 갈등을 고백하는 경우가 잦다. 그때마다 나는 선생으로서 분명한 지향점을 가지고 틈틈이 교재 삼기를 하며, 체계 있는 심리적 접근법으로 갈등 해소의 방편 제시를 해 주곤 한다. **이런 과정에서 몇 차례 J가 보여주는 피로감이 농후한 심드렁한 반응, "혼자 사는 노처녀에게는 싸우시는 것도 부럽네요."라며 슬쩍 농담처럼 던진다. 나는 그 한 마디 말이 그녀의 깊은 속내로 향하게 하는 신호탄임을 오랜 세월의 경험을 통해 얻은 심촉(心觸)으로 알았다.**

그녀는 그들이 진짜로 부러웠던 것이다.

J는 너무 길게 혼자 살았다. 부모님을 무척 사랑하지만 홀로 모시면서 많이 지치기도 했을 터이다. 그리고 열정이 지나쳐 마치 투

견처럼 있는 에너지를 다 쏟고 나면 허탈하기도 했을 것이고, 그럼 에도 다시 일어나 향할 곳이 잘 그려지지 않는 무기력 상태를 겪을 때가 바로 재작년 여름방학 즈음이었다. 그때 다시 일어설 수 있었던 게 참만남 행복 여행 집단 상담 수행자들이 있어서였다. 우리는 그녀의 삶을 깊이 공감해 주고 위로해 주며 응원해 주었다. J는 '해탈과 자비의 인격 지향과 삶의 질 향상'이라는 가치관을 기쁘게 영접했다. 자신이 평생 지향해 갈 가치로, 눈물로써 맞이했다. 그렇게 그녀는 다시 씩씩하고 즐거운 인생을 그려나갔다.

그런 J가 지난해 여름방학 때, 일주일 정도 명상의 집에서 머물면서 살아온 삶들을 좀 더 구체적으로 나누기도 하고 나와 함께 시간을 보냈다. 개인분석을 해 주면서, 마음 뜰을 집중적으로 다듬어 한 단계 높여 보자고 넌지시 권하였다. 그야말로 치밀한 내면탐색 여행을 함께 했다.

그때 토해낸 그녀의 성장사는 참으로 대단했다. 마치 괴력의 여전사 같은 J, 그녀는 인간 승리의 표본이었다. 가히 그녀의 인생은 그녀의 의지가 창조한 한 편의 영화처럼 보이는 기적의 연속이었다.

몹시도 가난했던 어린 시절, 일가친척들 모임에 가도 무시당하며 거의 존재감 없는 그녀의 집안, 어찌어찌 용을 써서 고교 졸업은 할 수 있었다. 몇 년 직장을 다녀보다가 도피처럼 수녀원으로 출가, 3년 후쯤 환속했다. 성공해야겠다고 이를 악물고 6개월 공부하여 나이 스물아홉에 사범대 입학, 학비벌이로 대학생활이 어떻게 지나갔는지도 모를 지경이었다. 졸업하자 바로 임용고시 합격, 이어서 일찍 발령 받았고, 그로부터 앞만 보고 달려 왔던 것이다.

어릴 때부터 부모님의 잦은 싸움, 긴 세월 알코올 중독으로 폐인처럼 된 아버지, 절대로 안 가시려고 하는 그 아버지를 끌고 가다시피 모질게 정신병원에 입원시켜 치료하게 하는 강인함~. 그 일로 원수처럼 사이가 나빠진 부녀관계, 퇴원 후에도 오랫동안 관계회복이 안 되었다. 그게 미안하여 나중에 아버지를 더욱 더 헌신적으로 섬기는 등, 고난도 장애물 마라톤 경주 같은 세월을 엮어온 그녀였다.

작년 여름 방학 중 분석하고 탐색하게 된 핵심은~

그녀의 억센 성공의 역사는 곧 가난을 이겨내고, 가난의 한을 덮고, 가족의 신분 상승을 위한 투쟁의 여정이었다는 것을 직면하고서는 그 긴 세월의 설움을 사자의 울부짖음처럼 토해 냈다. 정녕 그녀의 목에서 피가 났다. 아닌 척, 초월한 듯 덮어뒀던 가난으로 인한 분노·서러움·불편함·위축됨 등을 제대로 인정하고, 존중과 사랑으로 충분히 어루만져 주었다. 미천하게만 여겨지던 가족 열등감 또한 따뜻하게 품어서 녹여 주고, 전투적으로 대해온 삶 전반에 서려 있는 공격성을 또 그렇게 수용해 주면서, 가난의 그림자 늪에서 비로소 벗어났던 것이다. 세상에 태어나서 처음으로, 자신이 진실로 귀하고 소중하게 받아들여졌단다. 그렇게 뛰어난 역량으로 인정과 박수를 받고 쓰여 왔음에도, 내심 스스로는 자신이 미천한 성공자였던 것이다.

조금이라도 인정과 박수가 부족할 때면 지나칠 정도로 화가 나고 사람들이 미웠고, 이미 성공적으로 다 잘 되고 있음에도 더, 더, 더, 더 일에 미치고 목소리를 높이며 열정을 쏟아왔던 것이다. 이 모든 것이 자신의 존재감을 높이기 위한 쓰라린 몸부림이었다는 것을 인정함으로써, 부끄럽고 안쓰럽기는 했으나 속이 시원해지고 마음이 안정된다고 했다. 더 이상 무리한 애씀이 필요치 않음을 알고, 드디어 애씀으로부터 자유로워졌다고도 했다. 뿐만 아니라 싸움개처럼 맹렬하던 그 독기가 쏙 빠지고, 마음이 부드러워지고 평화로워졌다. 얼굴도 한결 더 여성스럽고 온순해진 듯 보였다.

　J의 탐색 명상의 근거는, 그녀의 거친 운전습관과 대책 없는 소비 성향이었다. 언젠가 J의 차를 한 시간가량 타게 되었는데, 매우 난폭한 운전이었다. 다소 거친 운전습관이야 성격이 급하다 보면 그렇다 치고, 그 거칠음 속에 엿보이는 불안정한 자만 에너지였다. 그리고 부모님을 위해서 너무도 아낌없이 베푸느라 다달이 마이너스 통장이 운영되고 있다는 점을 예사로이 보지 않은 점이었다.

　분석 결과, 큼직한 SUV 차종을 턱하니 몰면 세상을 내려다보는 듯 누르는 듯, 힘 과시가 되면서 신분이 상승한 듯 뿌듯함을 느낀다고 했다. 부모님께 펑펑 써 드리면서는, 당신들은 나에게 가난으로 궁핍을 선물했지만 나는 이렇게 걸림 없는 풍요를 선물하는 것으로 복수하고자 하는 분노심리를 적발해 낸 것이다. 얼마나 울고, 울고 또 울었는지! 부모님께 그 오만함을 참회하며 지금부터 제대로 효도하겠노라고 내심 굳게 맹세하면서!!! 그리고 이제는 가계부도 쓰고, 수입금액 내에서 지출, 저축도 하고 있다. 목을 걸다시피 매달리던 신분 상승의 한(恨)에서도, 충분한 위로를 바탕으로 바른 가치관 정립을 통해 환생했다.

그런 J의 속내에 또 한 번의 일생일대의 대란(大亂)이 일어났다. 어찌 복수심으로서의 효행만 있었겠는가! 출중하게 모범적이었던 그녀의 효행 속에, 처절하게 울고 있는 그녀의 또 다른 비밀이 있을 줄이야!

지난 5월 부처님 오신 날 행사 때 부모님께서 명상의 집에 오셔서 1박 2일 머물다 가셨다. 그때 그녀가 부모님을 봉양하는 모습은 가히 효녀 심청이었다. 누가 봐도 아름다운 본보기였다. 그러나 거기에서 보이는 J의 마음을 그냥 지나칠 수 없었던 까닭은, 본인이 쉰한 살 먹은 장녀이니 부모님 연세야 겨우 70대 아니시겠는가! 요즘 70대는 아직 팔팔하신 청년이라 하는데, 마치 어린 자식들을 다루듯 보살피고 있었고, 못내 안절부절 스스로 불안한 모습이었다.

행사 마치고 그 다음 주 주말에 상담 일정이 잡혀 있었던지라, 마침 그것을 주제화하여 다루어 갔다. 함께, 조심스럽게, 예리하게, 기꺼이, 가 본즉~!!!!!

이미 두 해 가까이 개인분석 상담과 월례학교 수업을 받아온지라, 주거니 받거니 고단수 문답도 이제 잘 부응해 오고 내밀한 심리에 가닿는 촉수도 발달하여 있었음에, 어렵지 않게 핵심 부위에 가 닿을 수가 있었다. 한참 문답식 대화가 진행되던 중 갑자기 J는 울기 시작했고, 한참을 울었다.

"스님! 제가 그랬네요! 스님께서 보신 대로, 어머니 아버지를 자식 키우듯, 제가 엄마 노릇을 했네요. 제가 얼마나 엄마가 되고 싶었고, 자식을 정성 다해 키우고 싶어 했는지, 알겠네요. 제가~~~~~엄마 놀이를 해 왔네요."

마치 넋 나간 사람처럼 중얼거리더니, 이내 괴성을 지르며 울부짖었다. 바라보는 내 마음도 찢어졌다. 나도 말없이, 한참을 울었다.

극심한 가난으로 인해 생체(生體)의 기초욕구인 성(性)에 대한 정체마저 철저히 부정한 채, 스스로 거침없는 심리적 거세로 여인인 것을 체념하며, 다만 살아내기에 전념해 온 J. 여성적 성향 자체가 아예 없는 듯 씩씩한 중성(中性)으로 좋은 선생, 효성 어린 자식으로 자신의 정체성을 대체해 버린 것이다. 뼛속까지 시린 가난과 가난으로 인해 별 볼일 없는 가문으로 여겨지는 열등감이 스스로 어디 여성이라고 명함을 내밀 수가 없었던 것이다.

게다가 J는 자신이 미모도 많이 떨어진다고 생각, 돈과 가문과 인물 3박자가 다 열등하다고 생각했던 거다. 그만하면 인물도 괜찮은 편이고, 다재다능하고 명석한 사람임에도 그토록 뿌리 깊게 열등감이 자리하게 된 것은 부모님들의 삶의 모습 때문이라고 간추려 본다. 매일같이 다투시고, 보기 싫은 모습으로 싸워서 가정 분위기가 불안정하니, 일찍이 두 동생의 부모 역할을 대신하며 자신의 모든 욕구는 다 반납하고 오직 살아남기 위해 투쟁하듯 살아온 J.

"스님! 내 인생을 어떡해요!!! 잃어버린 내 청춘을 어떡해요!!! 지금처럼만 살아도, 연애라도 한번 해 봤을 텐데~~~ 이젠 너무 늦었잖아요. 저는, 평범한 길로 가는 대다수와 다른 삶을 살고 있다고, 오히려 자부하면서 자긍심을 가지고 살아왔는데~~ 어떡하면 좋아요?"

"그래, 스님도 아프다. 그럼, 모르고 그대로 살았더라면 더 좋을 뻔했니?"

"그건 아니에요. 그건 절대 아니에요. 이 억울함을, 잘 다스려 가 볼게요. 우선 두고두고 좀 더 울어야겠어요."

"그렇게 하세!"

그녀는 아직 대지진 이후의 자신을 잘 정돈해 가고 있는 중이다. 나에게 하늘만큼 감사해 하면서~!!!

이제는 더 이상 감출 것도 숨길 것도 외면할 것도 없는 전라(全裸)의 자신이 된 게, 죽을 만큼 아프지만 비로소 제대로 살아난 듯 시원하다 할 정도의 마음 공부를 한 사람이니, 조용히 두고 지켜볼 일이다. 사랑과 존중과 축복을 보내며…!!!

지금까지처럼, 앞으로 그녀의 인생에 어떤 기적이 펼쳐질지 흥미롭다. J의 남은 생에 애정의 응원을 듬뿍 보낸다.

정확히 딱 무엇이라고 끄집어낼 수는 없어도, 현재 우리 삶의 모습을 관심 있게 살펴보면 생육사 가운데 수많은 그림자의 영향을 입고 있다는 것을 보여주는 증상(sign)은 더러 있게 마련이다. 돈,

인물, 학벌, 두뇌, 가문, 성적, 성(性), 조실부모, 부모의 이혼 등등의 그림자들로 인한 접질린 성격, 습관, 정서, 욕구, 꿈 등등~ 꽤 많다.

선무당 사람 잡는다고, 그림자론에 어설프게 배회했다가는 공연히, 어두움과 다투는 과거지향의 질척질척한 삶을 살 수도 있다. 하지만, 우리는 '본래 다 신성을 닮아 난 신의 자녀이다.' '본래 다 불성이 있는 부처이다.'라는 대긍정의 정체를 대전제로 하고서 자신의 그림자들을 잘 직면하여 다루어 내면서 삶을 꾸려간다면, 아무래도 더 선명한 행복을 누리는 삶을 살지 않겠는가! 수행하는 사람들이라면 더 말할 것도 없다.

상담자는 자동화된 심리습관을 내려놓아야 한다.
마음을 더욱 평온히, 일체의 잣대를 내려놓음에
다시 선명도를 점검,
오직 내담자의 심정에 중심하여 잘 머물기이다.

깊고 깊게
——————— 묻어 둔 사실,
피맺힌 열등감

"스님, 지난주 참만남 마라톤 수업 때 S에게 살짝 불쾌했어요. 근데 날이 갈수록 가라앉지 않고 더해지는 거예요. 너무 답답해요."

"그래? 무슨 일로?"

"분반 소그룹 마당에서 그가 말하기를, '평소에는 별로 뛰어나 보이지 않았는데 오늘 보니 다른 느낌이 든다, 시각도 공감력도 뛰어나다'고 하더군요. 그때 제가 S를 깊게 이해 공감해 주는 상황이었는데, 매우 고맙다고 하면서요. 그런데 이상하게도 분명 칭찬 같은데도 저는 기분이 나쁜 거예요."

"그랬구나. 네 기분 나쁜 상태는 전달받았다. 그럼 왜 기분이 나쁜지 그 이유를 자세히 얘기해 볼까?"

"저는, 그 사람이 제게 그런 생각을 하리라고는 단 한 순간도, 정말 생각조차 안 했거든요. 그 사람을 매우 좋게 보고, 또 좋아하기도 했던 터라 그 사람도 제게 우호적이고 긍정적일 거라고 믿었지요."

"오호라! 그럼 불쾌감이라기보다 서운함이었을까?"

"아, 네~! 맞아요. 섭섭함이네요~!"

"그랬구나. 그럼 네 감정이 불쾌감이 아니라 섭섭함이었다는 거지? 지금 기분이 어때?"

"시원해요. 그리고 좀 편안해졌어요."

"시원함은 금방 알겠는데 편안함, 왜?"

"제 느낌이 불쾌한 감정이라고 여겼을 때는 화가 계속해서 커졌었는데 서운함·섭섭함이라고 알고 나니 왠지 열감이 쑥 빠지면서 적개심이 다운되었어요. 그래서 그렇게 말했어요."

나는 씩 웃으며 벌써 내담자 P의 깊은 심부에까지 가닿아 아프게 설렜다. 내게 짐작 되는 게 있어서였다.

"흠~ 드디어!" 하고 내심 탄성이 나왔다.

일상의 삶에서도 마찬가지겠지만 상담 과정에서는 더욱, 매우 중차대하게 여기는 것이 바로 내담자의 느낌(정서, 감정, feeling)을 정확하게 라벨링하는 것이다. 즉 내담자가 자신의 감정을 느낌 그대로 잘 알게 할 일이요, 그에 맞는 감정 단어로 표현하게 하는 일이다. 그리고 이어서 또 정말로 중요한 것은 그 감정의 사실적

이유를 정확하게 찾아주는 일이다. 내담자들이 표현하는 그 이유는 더러 왜곡된 자기해석이기 일쑤여서, 자상하고 친절하게, 날카로운 시각으로 안내가 필요하다. 그 사실적 이유 속에 내담자의 많은 심리적 역사의 정보가 들어 있기 때문이다.

"그래, 네가 S를 많이 좋아했던 모양이구나."

"네! 말을 하다 보니 배신감까지 느껴졌네요."

"으잉? 배신감까지? 그랬구나! S가 네게 소중한 사람이었던가 보네?"

"네~~! 제가, S 같은 사람을 참 좋아하는 것 같아요. 아니, 좋아해요."

"S 같은?"

나는 '같은'이란 말에 방점을 찍으며 질문을 진행해 갔다.

"S 같다, 할 적에 떠오르는 포인트들은 무엇 무엇들이냐?"

"똑똑하고, 유식하고, 조리 있게 말도 잘하고, 강의도 잘하고, 또~~~~~~차근차근 단계적으로 절차를 밟아 쌓아온 학벌, 등이요."

"한 마디로 든 것이 있어 보이는 사람이네."

"네~ 그런 사람들이 부러워요. 정말~~~!"

평소 똑똑하고 카랑카랑한 목소리의 P가 아주 힘없이, 기죽은 듯 흐린 목소리로 말했다. P야말로 똑똑하고, 야무지게 말도 잘하고, 주변 사람들이 쉽게 넘보지 못하는 다부진 데가 있는 사람이다. 석사 졸업하고 대학에서 학생 상담을 전담하고 있는 40대 중반의 유능한 여성이다. S는 고교 역사 교사로 P보다는 너댓 살 연하이다. 두 사람 다 몇 년째 내게 개인 상담도 받고, 참만남 집단 상담도 받고, 상담심리학 과외수업도 받는 제자들로서 상당히 그들의 개인 심리정보를 알고 있다. 특히 P는 학구열이 대단한 열성파이다.

나는 다시 물었다. "그러니까 꼭 S라기보다 S같은 사람이네, 그치?"라고 하면서 S와의 사이에 있는 밀착 에너지를 분리하면서 P의 당면 주제 몰입을 유도하는 방점 하나를 또 찍고,

"S류 가운데서 네게 가장 자극을 주면서 부러운 부분이 뭐니?"

"학벌이요. 학벌~~!!!"

그녀는 이미 울먹이고 있었다. 목소리도 잠기고, 시선을 아래로 떨구고서 잠시 침묵했다. 나는 숨을 죽이고 기다렸다. 나도 이미 울고 있었기에, 또 나는 P가 머금고 있는 주제를 과제 삼고자 2년 넘게 기다려 온 터였기에, 차분히 마음속으로 P를 보듬고 기다렸다.

드디어 P가 입술을 뗐다.

"스님! 저는, 이것이 제 평생의 무거운 짐이에요. 학벌 콤플렉스요. 제가 아무리 노력해도, 뛰어넘지 못하고 해결하지 못하는 이 무거움이, 너무 싫어요. 이건 제가 어찌할 수 있는 게 아니잖아요."

탄식하며 토해내는 P의 말을 듣고 나는 아팠지만, 속의 어딘가가 뻥 뚫리는 시원함이 있었다. 그녀 말대로 평생의 무거운 짐 하나를 덜어낼 수 있는 길로 접어든 게 분명함을 알기 때문이다.

P는 우리나라 최남단 해안 지역에서 태어나 초등학교 저학년 때 지리산 입구 산골 마을로 이사를 와서 중학 졸업 때까지 그곳에서 살았다고 한다. 가난했으나 부모님들을 존경하고 사랑하며, 그들의 삶의 모습을 보고 인생을 배웠노라고 생육사 이야기들을 조각조

각, 틈틈이, 얘기해 왔었다. 가난했지만 그 정도가 어느 만큼인지는 말하지 않았다. 산골살이가 너무도 좋았고, 감사했다고 한다.

중졸 이후 서울 공장에 취직, 여러 여정을 거쳐 결혼, 뒤늦게 대학·대학원 진학, 지금의 사회적 지위에 도달했다. 다른 사람들이 P의 어린 시절을 가히 짐작도 못할 만큼 P는 모든 면에서 능력 있고, 이룰 것 다 이룬 사회인으로 성공해 있었다. 항상 잘 웃고 씩씩했으며, 열정적이면서도 안정감 있어 보였다.

그런 P에게서 나온 말이다. 학벌 이야기, 단계적 절차를 밟아서 차근차근 이룬 학벌, 그것에 대한 열등감과 부러움 등 그녀의 말을 들으며 속으로 나는 생각했다. 다만 학벌 콤플렉스만은 절대 아닐 것이라고! 그래서, 이왕 그 시절의 그 부분에 가닿은 김에, 그리고 오래 기다려 왔으니 쫀쫀하게 접근했다. 그래도 될 만큼의 세월을 함께해 왔기에, 이번 기회를 놓치지 않아야겠다고 생각했다. 왜냐하면, P의 가정환경 속에서의 부모님에 대한 그의 관점·정서·관계 그림 등이 그가 표현한 대로 믿어지지 않는 구석이 있었고, P는 나를 스승으로 삼으며 철저하고 엄정한 공부 지도를 부탁한 제자이기에 언젠가는 두드려 볼 참이었기 때문이다.

"P야!!! 학벌에 매였던 건 이해가 되는데, 지금 다 이루었는데도 그토록 집착하는 것에는 또 더 탐색해 볼 만한 과제가 있어 보이는구나! 다만 학벌에 대한 유감만은 아닐 것이라고, 더 근본적으로 우리가 함께 머물러야 할 곳이 있을 것 같은데, 이 말을 들으면서 네 느낌은 어떠냐?"

P는 잠시 말이 없었다. 좀 기다렸다가 나는 다시 물었다.

"네가 학벌은 이미 다른 사람들보다 더 이루었고, 심지어 S보다도 더 높게 갔고, 또 곧 박사도 시작하는데 꼭 학벌만이겠니? 더 하고 싶은 말, 혹은 해야 할 말이 있는가 살펴봐~."

"스님, 스님 말씀이 맞아요. 저는, 원했던 학벌은 획득했지만, 충만한 만족감이 없어요. 알차지가 않고, 헐렁한 듯하고, 제대로인 것처럼 느껴지질 않아요. 허술한 거죠. S는 참 유식해 보였어요. 평소 저는 검정고시를 했다는 것이 밝혀질까 봐 늘 긴장해 왔어요. 시골에서 겨우 중학교 졸업하고 공장에 다니면서 검정고시로 고교 졸업장을 얻어서 결혼 후 만학으로 대학·대학원을 해놓으니, 지식체계가 제대로 형성되지 못했다는 열등감을 늘 느끼고 있습니다."

"그랬구나! 그 헐렁하게 덜 찬 듯한, 지성미가 덜 느껴지는 것이 네 열등감의 알갱이구나!"

"네, 스님!"

마음이 아팠다. 누구보다도 열심히, 성실히, 200퍼센트 최선을 다해 살아온 P의 내면 깊이 깃든 불치의 암(癌) 같은 슬픔을 만난다는 게. 그러나 드디어 거기에 가닿게 된 것은 참으로 반가운 일이 아닐 수 없었다. 편편이 들려준 생육사 이야기, 그리고 P의 억척스러운 성취 지향적인 고단한 생활, 틈틈이 나타나는 서투른 우월감, 학우들 사이에서 곧잘 가르치려고 하고 비아냥거리는 듯한 말투 속의 교만함 등을 봐 오면서, 위에서 언급한 대로 내심 나름대로 뿌리 깊은 열등의식의 그림자들을 봐 왔던 터이기 때문이다.

그랬다. P는 평소 S에게 열등감을 느끼고 있었고, 상대적으로 S

에게 나름의 우월감을 부여하고 있었던 것이다. 두 사람 사이에서 홀로 느껴온 미묘한 친근감으로 S와 동격화하면서 열등감이 덮여 있다가 그날 S가 "평소에는 그렇게 보지 않았는데, 썩 괜찮네요."라는 피드백이 자신의 열악한 부분에 치명적 격차를 확인하게 한 것이다. 그래서 배신감에 가까운 섭섭함이 일어났다고 했는데, 결국 그것은 열등감으로 인한 서러움이었던 거였다. 그러나 열등감을 덮어버리기 위해 불쾌로, 화가 난 것으로 대체해 버린 것이다.

여기까지 탐색한 이후부터 P의 의식 속에서 더 이상 S는 존재하지 않았다. S는, P의 열등감을 직면하게 하는 상황만 조성하고서 무대 뒤로 사라진 것이다. 이렇게 자신의 마음을 바로 알면, 역시 과제가 달라지는 경우의 예이다. 몇 주 동안 열등감을 싸안고 뒹굴며 더 깊이 있게 파고 들어가 만나게 된, P의 열등감을 잉태한 삶의 이야기들은 뜨거운 오열 없이 들을 수 없는 전설 같은 실화였다.

처절하게 가난했고, 가난보다 더 안타까운 치부가 있었다. 부모님이 자녀 교육이나 미래에 대한 의식이 없는 분들이셨다며 P는 울부짖으며 말했다. 그야말로 칠흑같이 암울한 어린 시절이었다고 한다. 위로 언니와 오빠들은 초등학교만 졸업시켜 도회지로 돈 벌러 내보내고, 겨우 P만 중학 졸업 후 상경하여 서울에서 공장을 전전하며 살았다고 한다. 더욱 기막힌 것은 부모님이 짐승처럼 싸우셨다는 점이다. 아버지가 어머니의 머리채를 잡아채고서는 동네 골목으로 질질 끌고 다니면서 싸우시곤 했단다. 중1 때 그 광경을 보다가 너무도 창피하고, 슬프고, 화가 나서 물에 빠져 죽으려고 했는데 동생이 울고불고 말려서 죽지 못했다고 한다.

이외에도 동네 짚신 밟기 등 연중 절기 행사 때에 어머니가 가가호호 다니시며, 꽹과리 굿거리장단을 일삼으실 때는 정말 죽고 싶을 만큼 창피하고 어머니가 천하게 여겨졌다는 얘기~. 사흘이 멀다고 아버지와 싸우던 어머니가 도망가겠다고 엄포를 놓으면 어머니가 떠날까 봐 늘 불안했다고 한다. 그래서 어머니 마음을 위로해 드리려고 꼬막 같은 손으로 고구마 밭 풀 메기를 했고, 산으로 올라가 산등성을 헤집고 다니며 송이버섯 따다가 어머니 못 도망가게 갖다 바치고~ 그럴 때면 산에서 산짐승이라도 나올까 봐 무서운데도 꾹 참고 산을 헤맸었다는 얘기 등등~ P는 가슴을 움켜 안고 치솟아 오르는 아픈 기억들을 토해냈다. 자신의 핵심 아픔을 직면하여 실컷 울고 나서 P, 얼마나 시원해 하고 감사해 하는지!

산골살이가 그렇게 즐겁기만 했다더니, 부모님을 존경하고 삶의 모델로 배우며 컸다더니!!!!! **결국 P의 열등감 뿌리는 볼품없는 가문, 부끄러웠던 부모님의 삶의 모습, 가난 등이었고 거기에서 빚어진 제대로 갖춤 없는 학벌 역사였다.**

사실 놀라운 건, 이 모든 사실들이 잊힌 듯 깜깜하다가 학벌 및 허술한 지식체계 열등감에 깊게 머물면서 우후죽순처럼 휘몰아쳐 솟아난 기억들이라는 점이다. 진정 기억하고 싶지 않아서, 깡그리 잊고 싶어서, 아예 기억의 창고 문을 닫아버렸던 것이 튀어나왔다는 점이다. P가 소리 지르며 우는 동안, 나도 따라 고성으로 함께 울어줬다. 이 마당에 어찌 울지 않을 수 있을 것이며, 어찌 소리 내지 않고 울 수 있겠는가? 어린 P가 하염없이 안쓰럽고 애잔했다. 그

열악한 환경의 어린 소녀가 지금의 훌륭한 어른으로 성장하다니, 존경과 찬탄 또한 아니할 수가 없다. 지금도 P는 효녀 청이다. 홀로 남으신 어머니에게 어찌 그리도 지극정성인지!

이렇게 하여 P는, 무의식 창고를 대청소했다. **절대로 기억하고 싶지 않은 치부의 아픔을 직면하여 들추어내고, 그 또한 귀하고 소중한 본인의 삶이었노라고 존중과 사랑으로 수용**(나는 이 대목의 안내를 철저히 이끌어내는 철학과 내공을 갖고 있다)하며 스스로 박수함으로써 더 이상 과거에 얽매여 자신도 모르는 소모전을 하지 않게 된 것이다.

겨우 한 톨의 부딪힘이, 얼핏 보면 누구나 공감할 만한 사소한 경험 같지만, 그 속에 그 사람만의 엄청난 생육사의 비밀이 들어 있을 수도 있다는 것을 또 한 번 보여준 예화이다. 우리가, 주변의 목소리를, 얼마나 정성스럽게 들어야 하는지를 보여준~!!!

그리고 이 삶의 열등감 터치를 전에 두어 차례 기회를 포착하여 시도해 봤는데, 내담자 일반이 더러 그리 하듯이 P 역시 낚싯바늘을 물지 않고 뺀질뺀질 달아났다. 나는 그것을 존중하며 인내심을 가지고 더 적절한 기회를 기다려 왔다는 점이 또 하나의 관전 포인트다. 자칫 성급하게 직면시키려다 설익은 과일을 따버린 것처럼 최적의 성취를 놓칠 수 있다는 것, 상담을 해 오면서 늘 깨어 있게 하는 부분이다.

힘겹고 많이 아팠겠지만 치열하게 열성적으로 인간 승리의 삶을 경영해 온 P에게 깊은 존경과 찬미의 박수 드리는 바이다. 그리고 끈질긴 정성으로 히말라야 등반 같은 극적 고비를 잘 안내해 간나 자신에게도 박수를 보낸다.

역시, 관계는 업경대(業鏡臺)이다. 관계 속에서 일어나는 그 어떤 심리증상도, 자신의 마음 수준의 현 주소를 알리는 sign임에 틀림 없다. 특히 마음 공부하시는 분들은 보다 철저히 깨어있을 일이다.

♥ 상담후기

스님~~~!!! 겸연쩍은 웃음이 나네요. 이 웃음을 짓게 하는 저의 모습도 사랑스럽게 안을 수 있는 아침입니다. 토요일 아침 개인 상담 마치고 집에 돌아오는 길에 가슴속에 덩어리가 올라와 도로에 차를 세우고 한참을 토해냈습니다. 11시 30분에 미팅 약속이 있어서 다시 차를 약속장소까지 어떻게 갔는지 모르게 가까스로 도착하였으나 정신을 차릴 수 없어 다음으로 미루고 겨우 집에 올 수 있었습니다. 또 다시 위와 장에서 쏟아내기를 한참을 하다가 화장실에 쓰러져 정신을 차릴 수 없었습니다. 딸의 도움으로 겨우 방으로 들어와 깊은 잠에 빠져들었습니다.

어린 시절의 기억들은 어느 순간부터 타인의 일처럼 무감각하게 단편의 기억으로 아주 가끔씩 어렴풋하게 흔적으로만 남아 있었던 것 같았습니다. 나에게 그런 아픔이 있었는지 기억도 되지 않을뿐더러 감각은 더욱 먼 곳에 있었습니다. 그런데 어느 순간부터 가슴이 아파오며 조금씩 나의 이야기로 선명하게 내 옆에 있습니다. 오늘 아침 출근길에는 초등학교 시절에 빈병을 주어서 팔기 위해 비료 푸대를 들고 다니며 관광객들이 머물렀을 자리를 돌아다니다 집에 돌아오는 길에 친구들과 마주칠까봐 숨어서 또는 폐병을 숨겨 들어오는 저와 마주하였습니다.

저를 위해 울어줄 수 있는 시간입니다. 이러한 기억들과 만나고 안아주고 인정하는 작업 즉 스님께서 말씀하셨던 "너의 삶을 있는 그대로 만나고 인정하고 사랑하라."는 말씀 가슴 깊은 곳에서 울림으로 올라오고 있습니다. 그 후부터 제게 자유로운 삶이 있음을 알아갑니다. 감사합니다. 스님의 깊은 안내로 과거의 암울한 기억들 빗장 열어 별을 보게 하였습니다. 기다려 주심에 감사하며, 저를 존중해 주심에 감사드리며, 함께 아파해 주고 느껴주심에 깊은 감사드립니다. 오늘도 멋진 하루 되세요.~~!!

몸에
——————— 긴장이
많아요

30대 초반의 내담자 K는 오랜 기간 동안 개인 상담을 받아온 제자이다. 청소년 담당 전문상담자로서 명석하고 섬세한 감수성을 지닌 남성이다. 상담가의 길을 걸으면서 본인 또한 개인 상담을 주기적으로 받으며 깊이 있는 내면 작업을 해 가는 몇몇 열성 정진가들 중 한 사람이다.

매주 1회 만나오다가, 격주로 공부하고 있는데 지난달에는 회사의 중요한 업무와 본인의 특별휴가로 해외여행을 다녀오는 바람에 한 달 만에 왔다. 상담실을 들어오는데 싱글벙글, 얼굴에 미소 바이러스가 스멀스멀 가득하다. 행복해 보였다.

"많이 행복해 보이시네? 사실은 어떠신고?"

누구든, 언제든, 보이는 것과 사실은 다를 수 있다. 상담을 오래하고 또 사람 마음을 중심으로 만나는 습관을 길들이다 보면 더욱 선명해져 가는 것 하나가 있다.

눈에 보이는 모습을 통하여 뒷면의 사실적 마음에도 늘 성의 있게 관심이 가는 심리 흐름이다. 이런 심리적 습관이 참 좋다. 그것이 정성과 애정이 담기는 정도만큼 인격이요, 다만 습관만 강화되면 자칫 심리 탐색 기술자가 되기 쉬워서 후학들에게 늘 강조해 드리는 부분이다. "보이는 것 이면에 깨어 있으라, 깨어 있되 자비심으로 해 가자!"

"예, 좋습니다. 내담자 학생들을 만남에서도, 동료 사원들을 함께 하는데도 아주 자연스러워지고 즐겁습니다."

이 친구는 사람을 대함에 있어서 너무 소극적이었다. 말수가 적고 어두운 표정으로 행동조차 무겁게 보였다. 서투른 사교로 자신도 힘들어했지만 함께하는 다른 사람들도 사실 부담스러웠던 사람이었다. 누구나 마찬가지이겠지만, K의 그런 성향을 크게 두 범주로 나누어 세밀하게 다루어 내면서 그동안 점진적으로 변화되어 왔다. 그날은 유독 더 밝아 보이고 그 밝음이 이제 안정감 있게 배어 나오는 모습을 보면서 많이 기뻤다. 위에서 말한 두 범주란 타고난 기질과 생육사의 그림자 영향을 말한다. 즉 생래적 기질 부분과 성장하면서 생긴 그림자 영향을 선명히 구분하여 본인에게 양쪽을 잘 이해시키면서 수용하게 하는 작업은 언제나 그러하듯 경이롭고 보람된 일이다.

"여행은 잘 다녀오셨고? 패키지로 가셨남?"
"네, 재미있게 다녀왔어요. 여자 친구랑 함께 갔다 왔습니다."
"그러셨구나! 참 잘하셨네.~"

내담자가 숨 고르기를 하도록 슬쩍슬쩍, 마치 정식 한 상차림 나오기 전 전식(前食) 먹듯이 한가로움을 떨면서 마음은 매의 눈을 하고서 이리저리 탐색하고 있었다.

"그런데 스님! 이렇게 여행으로 즐겁고 평화로운데도 몸에 긴장이 있어요."
"그래? 몸 어디쯤 부위에?"
"명치를 가로지르는 곳에 굵은 크기의 막대기가 있는 것처럼 느껴질 만큼 긴장이 돼요. 숨 쉬는 데 거슬릴 정도예요."
말을 하면서, K는 숨을 한번 크게 몰아쉰다.
"언제 주로 그런 긴장감이?"
"늘, 그냥 흐르고 있는 것 같아요."
나는 씩 웃으며,
"그렇구나! 함께 찾아가 보자꾸나."
내가 씩 웃는 이유는 나중에 밝혀진다.

나는 이럴 때 늘 안내하는 방법이 있다. 눈을 감고 호흡을 천천히 깊게 하면서, 통증 부위에 마음을 집중시킨다. 내담자들이 본인의 상태를 주저리주저리 얘기할 때면 항상, **"다루고 싶은 내용을 주제화한다면 어떤 문장으로 말하겠어요?"**라고 묻는다. 그러는 과정에서 이미 주제가 명료하게 잡힌다. 더 나아가 그 배경과 솔루션까지 상당히 구체적으로 감지되기 일쑤이다. 오랜 세월 닦여져 온 나만의 노하우라 할 수 있다. 그 지도(map)를 들고 내담자 중심으로 질문해 가면서 내담자 스스로가 인지·인식해 가도록 안내해 간다.

신기한 것은, 간혹 어떤 내담자들은 눈을 감고서 잠시만 있어도 상담자가 뜻한 바에 가 닿는다는 점이다. 상담자가 침묵 속에서 방향 제시만 하고 있어도 마치 어미 새 따라가는 새끼처럼 졸졸 길을 찾아가는 것이다. 공명이랄까, 이심전심의 사례 하나이다. 한참 동안 눈을 감고 안간힘을 써도 접촉이 잘 안 되는 친구들에게는 다른 방법을 쓴다. 말로 조곤조곤 한 걸음씩 다가가게 하기도 하고, 말의 교류로써는 가닿지 못할 만큼 강력하게 억압 봉쇄된 내면들을 만났을 때는 응체된 그곳을 톡톡 혹은 더 강하게 두드려 준다. 정말 신기하게도, 그런 연후에는 구중심처에 꼭꼭 가둬둔 것에라도 가 닿는다는 점이다. 본인이 무엇을 억압 봉쇄했는지, 스스로 알게 된다는 것이다.

이는 내가 오랜 세월 동안 기(氣) 운동을 하면서, 우리가 경험하는 모든 마음이 고스란히 몸에 기록된다는 것을 알게 되었고, 몸을 자세히 느껴보면 그 마음의 기록이 보인다는 것을 알기에, 또 다소는 그 기록들을 볼 수 있기 때문에 가능한 일이다. 상담심리학에서는 그 일부를 '신체반응'이라는 명칭으로 배운다. **신체반응을 통하여 심리를 탐색해 가는 일, 매우 중요하다. 우리들은 모든 마음을 이미 신체를 통하여 말보다 앞서서 반응하기 때문이다. 자세히 보면, 누구나 다 알 수 있는 사실이다.**

한참 동안 있어도 가끔 숨만 몰아쉴 뿐 자신의 긴장 이유에 접촉이 안 되는 K에게, "내가 알게 해 드릴까? 명치 긴장의 뿌리는 허벅지인 것 같은데?"

몇 년 동안 개인 코칭 받아오면서 제 3의 방법으로 치유 받은 경험들이 있는 K이기에 반가운 기색으로 오케이다. 치유방망이로 허벅지와 족삼리혈을 몇 방 두드려 주니 형언할 수 없을 정도로 오만상을 찌푸리던 K가 찔끔찔끔 운다. 억압 봉쇄된 부분에 가 닿은 것이다.

"두 개의 기억이 났어요. 아~~~~!!! 이렇게 선명한 이미지로 떠오르다니!"라고 하면서 깊은 숨을 토해낸다.

K가 기억해 낸 두 가지 중 하나는 그가 중학생 때, 어머니가 아들 앞에서 그냥 자연스럽게 옷을 갈아입곤 하실 때 불만스러웠다는 점이다. 아무리 자식이지만 사춘기인데, 교양미 부족한 엄마가

밉고 싫었다고 한다. 또 그 당시 엄마와는 관계가 원만하지 않았고 불만이 많았는데, 불만의 주된 원인은 엄마의 남성 편력 때문이었다고 한다. 그래서 엄마의 그런 모습이 더욱 좋지 않게 여겨졌다고 어렵게 고백한다.

여기까지 들으면 K의 긴장이 어머니에 대한 불만 때문이라고 생각하기 쉽다. K 역시 그것이 핵심처럼 여겨지도록 매우 호소력 있게 말했기 때문이다. 그래도 이럴 때 상담자들은 놓치지 않고 던지는 질문이 있다.

"그랬겠네! 이해가 된다.~~~! 그런데, 다른 감정은 없었니? 이를테면, 신체적으로 자극이 되었다던가, 그런 데서 오는 느낌말이야~~."

보통 이런 질문은 내담자가 부담감으로 위축되지 않게, 그냥 혼잣말처럼 중얼중얼 흘리는 말투로 하는 게 좋다. 그러나 K는 오랫동안 내 지도를 받아온 사람이어서 한결 그윽한 진지함으로, 예리한 에너지를 담아 질문했다.

잠시 머뭇거리던 K의 대답,

"네 그랬습니다. 성욕이 건드려져 당황했어요. 엄마에게 그런 마음이 일어난다는 게 부끄러웠습니다. 그래서 강력하게 제쳤습니다. 그리고는 엄마를 미워했습니다. 교양 없다고 트집 잡으며.~~"

그때 일어난 미움, 원망, 그리고 성적 자극의 느낌, 그 하나하나를 정성스럽게 재현하여 아무 판단 분별없이 느껴주고 안아주며, 충분히 수용하도록 안내했다.

K는 이내 평화로운 낯빛이 되며 하는 말,

"아, 개운하고 편안해졌습니다. 좋아요~."

그 어떤 체험도 곧 우리네 생명의 떨림이라는 것, 모두가 귀하고 소중한 삶이라는 게 내 상담철학의 기저이다. 내 내담자들과 제자들은 그 철학을 몸소 체험하며 성숙해 간다.

일찍 홀로 되신 어머니가 넉넉지 못한 형편으로 단칸방에서 아드님과 오래 살다 보니 익숙해졌던 것이다. 아들이 자라고 있었다는 것을 간과했던 것! 아들은 벌써 남자로 커가고 있었다. K에게 더 깊은 탐색의 질문을 하게 한 자료는, 그가 말한 '사춘기'라는 단어이다. '사춘기의 자식', 이 말에 자신의 내밀한 스토리가 있을 수 있다는 것을 암시했기 때문이다.

"K야! 그 나이에 그런 경험들, 자연스러운 거야. 정상적으로 커가고 있다는 증거이지!"

빙그레 웃으며 토닥였다. K도 피식 따라 웃었다. 그리고 이어서 다른 하나를 고백해 왔다.

일곱 살 때 네 살 위인 고종사촌 누나와 자주 놀았다고 한다. K에게 어릴 적 놀 때의 장면 하나가 선명히 떠올랐다. 그때 누나가

한 말이 있었는데,

"우리가 이렇게 논 것, 어른들한테 얘기하지 마, 알았지?"였다.

"무슨 놀이를 하고 놀았니?"

"주로 병원놀이, 학교놀이 등을 하고 놀았는데, 같이 뒹굴며 간지럼 밥도 먹이며 늘 즐겁게 놀았어요."

"누나의 그 말이랑 함께 떠오르는 다른 것은 없나?"

"있어요.~ 누나가 그런 말을 할 때 무섭고 불안했어요. 우리가 뭔가 크게 잘못한 게 있는 것처럼, 이를테면 죄책감 같은 거요."

"아, 그럼 네가 뭔가를 체험했던 모양이구나! 누나랑 접촉하면서 말이야."

"아, 네, 생각이 나요~ 찌릿찌릿 전기가 들어오는 것처럼, 몸이 이상했어요."

"그랬구나? 우리 K가~ 흠~ 그것을, **어떤 좋은 느낌이라고 이름 붙여도 되겠니?**"

그때 K의 눈이 젖었다. 울컥 우는 것 같았다. 그리고 좀 있다가 입술을 뗐다.

"스님! 좋은 느낌이라고 말씀해 주시니까 울컥하면서 여기가(명치를 만지며) **뻥 뚫렸어요. 신기해요."**

"네가 누나랑 놀면서 그 나이 때 느낌직한 성욕 경험을 했고, 그게 좋았던 거야. 그런데 누나가 어른들에게 말하지 말라고 하니까, 너의 경험이 죄처럼 잘못된 것으로 여긴 것 같지, 그치?"

"맞아요. 스님! 이 얘기를 나누는 지금 가슴이 너무 시원해요."

"누나가 그렇게 말했다면, 누나도 그 좋음을 느꼈다는 거야. 애들이 그런 경험들 속에서, 또 잊어가면서 자라는 거란다. 그래서 너댓 살만 되어도 여탕에 남아를 데리고 가지 말라고 하는 거야!"

다시 눈을 감고, 호흡을 깊게 하며,
누나랑 뒹굴며 놀면서 느꼈던 성적 기분 좋음, 두려움과 불안, 죄책감 등을 귀하고 소중하게 안아주고, 수용하고 난 뒤 눈을 뜬 K는 고개를 끄덕끄덕, 아주 평온한 미소를 지었다. 그리고 명치 아래 흐르던 긴장이 온데간데없어졌다고 하며 크게 웃었다.

나는 다시 물었다.
"언제 주로 몸이 긴장되었지?"
K는 겸연쩍게 웃으며 털털하게 대답했다.
"성적 자극을 주는 여성들 앞에서요!"
"하, 하, 하~~~그랬지?"

그랬던 것이다. K는 어머니에게서, 그리고 사촌 누나에게서 느꼈던 성적 느낌을 죄책감과 함께 경험한 나머지 성적 자극을 주는 여성 앞에서는 성욕 자체를 거세해야 할 듯한 죄책감이 온몸에 긴장을 만들었던 것이다. 그 긴장을 감당하려니 숨이 막혀서 명치 아래가 뭉쳐졌던 것~.
그리고 여자 친구와 머칠 여행을 했으니, 다른 여성들도 더러 만났을 것이고, 그러니 그 긴장이 보다 선명히 도질 수밖에!

수십 년 묵은 고질병이 나았다며 K는 매우 감사해 하면서 상담실을 떠났다. 삶이라는 게, 그저 경이로운 경험이라는 것! 다시 또 빙그레 미소 짓게 한다.

우리네 삶의 상처는, 그 어떤 것이라도,
일단 충분히 들어주는 일이 너무도 필요하다.

들어주면서 존중과 사랑으로 안아주고,
안아주면서 온전히 수용해 줄 때 녹아내린다. 정화가 일어난다.
정말 신기하고 신비롭다. 그것이, 심리상담의 핵심이다.

비로소 남편이 바로 보이다

연애시절부터 결혼해 살면서까지 변함없이 쭉 존경하고 흠모하는 남편의 권유로 귀농한 지 10년 차인 40대 초반의 O여사, 그녀는 대도시 한복판에서 탄생하여 자랐고 고등교육을 마쳤다고 하기에는 너무도 천진무구, 친환경 보증 수표 같은 이미지이다. 티 없이 맑게 웃고, 꾸밈없는 목소리로 소탈하게 말하며, 반짝이는 눈망울을 동그랗게 뜨고 곧잘 까르르 소녀같이 웃는 그녀는 누가 봐도 신토불이, 아직 오염 안 된 시골 태생의 어린왕자 같다. 나는 그녀를 볼 때면, 어느 별나라에서 내려와 지구 문화를 익혀가고 있는 한 어린왕자를 연상하곤 한다.

내가 이 어린왕자 O여사를 만나게 된 것은 2년 전 어느 강좌에서다. 그때 매우 인상적이었던 장면 하나가 지금도 생생하게 떠오른다. 화가 일어나는 심리구조와 다루어내는 방법론 강의를 듣고 나서 수강생이었던 그녀가 소감을 말하는데, 눈물을 글썽이면서 도통이나 한 듯 희망의 탄식을 토해내던 그 모습이 참으로 감동적이었다.

"아! 나를 화나게 한 천 사람 만 사람, 천 건 만 건의 상황들을 갈구며 쫓아다닐 게 아니라 자신의 마음구조를 바로 보면 그 안에 평안의 키(key)가 있다는 걸 선명히 이해했습니다. 숨통이 탁 트이는군요. 감사합니다."

청출어람이라더니, 강사라면 누구나 위와 같은 피드백에 뿌듯한 보람을 느낄 것이다. 강의를 하는 강사보다 더 명료한 각성을 한 것 같아 그 기쁨 이루 말할 수 없이 컸다.

힐링캠프 명상의 집 큰학교에서는 한 달 내내 주말이면 여러 팀의 공부 과정이 있다. 둘째 주말에는 초중고 교사들의 마음공부 팀이 있는 바, 마침 그분이 사는 지역에서 여러 분들이 오고 있다. 반장을 맡고 있는 분에게 O여사에게 연락을 취하여 우리 공부 팀에 합류할 것을 권유해 보라 하여, 승낙했고, 지금은 명상의 집 큰학교 열혈 학우가 되어 있다.

명상의 집 큰학교 주말 정진팀들은 각각, 매달 1박 2일을 단기 출가 수행자로서의 정체성을 가지고 깊이 있는 명상과 상호 적나라한 참만남 정진을 한다. 그리고 매일 밴드의 일기를 통해 또 나눈다. 어떤 의미에서는 한 달 내내 함께 하고 있다고 봐도 된다. 그러니 수행자 개개인의 성품, 기질, 생활상 등 많은 것들을 공유하고 있는 셈이다.

이런 학습 과정에서 O여사의 선명한 과제가 하나 드러났다. 그렇게 자연의 일부처럼 구김살 없이 천연덕스러운 O여사가 어딘지 모르게 저 깊숙이에 웅크림, 의기소침함이 엿보였다. 또 세월 따라 자기표현의 양이 늘어나면서 나타나는 심리증상 하나가 부러움의 표현이 많아졌다는 점이었다. 얼른 보면 순박함과 겸손함에서 나오는 것 같지만 자세히 보면 자신감이 낮고 기가 꺾여 있는 현상이라 할 수 있다. 특히 남편에 대한 인정과 신뢰가 우상에 가깝다는 점이 예사롭지 않아 보였다.

남편을 워낙 사랑하고 또 그 남편분이 객관적으로 보기에도 훌륭한 분이기에 O여사의 맹신도적 남편바라기 심리증상을 문제 삼기는 상당히 조심스러웠다. 그런 경우에는 슬쩍 스쳐 지나가는 말처럼 던져본다.

어느 날 툭 한번 질러봤다.

"O여사님께서는 어딘지 모르게 남편한테 기가 눌려 있는 것처럼 보여요. 사실은 어때요?"

이 말이 떨어지기가 무섭게 깜짝 놀라며 눈이 휘둥그레졌다.

"어머! 어떻게 아셨어요? 저는요~! 제 남편을 너무도 좋아하고 높게 여기는데요. 어떤 상황에서는 숨이 턱턱 막혀요. 그래서 한 번은 극단적인 마음, 상황까지 갔었어요."

이렇게 기다렸다는 듯, 단번에 와르르 속내를 쏟아내 주셔서 반갑고, 감사했다. 그렇게 시작한 개인 상담 몇 회기 만에 O여사는 소경이 눈을 뜨듯 자신에 대한 바른 이해와 남편에 대한 객관적 시각이 열려졌다. 그러면서 자존감이 높아지고 남편으로부터의 의존도를 낮출 수 있었다. 거기에서 얻은 쾌활함과 자유로움은 자신의 삶을 보다 주체적이고 창의적으로 관리해 갈 수 있는 원동력이 되었다. 무엇보다도, 자신을 찾은 반가움으로 행복지수가 훅 높아졌다는 점이다. 얼마나 감사해 하는지 !!!!

역시나 O여사는 남편의 강한 기(氣)에 눌려 있었다. 논리적이고 목소리가 큰 남편과 한 번씩 설왕설래 말다툼이 있을라치면 가슴이 답답해지고 숨이 턱턱 막히고, 스스로 한없이 작아지는 것 같았다며 울면서 고백했다. O여사의 남편과도 몇 차례 긴 시간을 함께한 적이 있었기 때문에 두 분의 말다툼 상황과 그에 따른 O여사의 마음 상태를 금방 이해할 수 있었다. 나는 그녀의 울음이 좀 가셔지기를 기다렸다가 두 손을 꼭 잡아 드리며 말씀드렸다.

"여사님의 중대한 비밀 하나 얘기해 드릴 게 잘 들어보실래요? 그리고 그 비밀을 알기 전에는 지금 남편분과의 그러한 관계식에서 벗어나기 어려울 겁니다."

이런 언질을 줄 때는 은근 자비 어린 협박을 동시에 건네준다. 그리고 꼭, 확답을 확보해 두는 게 있다. **"현재의 관계갈등에서 구**

하는 게 무엇인가, 구하는 바가 간절한가?"이다.

구하는 바를 선명히 알게 해 주는 일은 상담자의 매우 중대한 소임이다. 그리고 간절하지도 않은 것에 심각하게 매달리지 않도록, 간절함 정도를 명료히 해 주는 일 또한 너무도 중요하다. 자칫 상담자가 내담자의 상황에 말려들어 단지 칭얼대 본 것을 너무 무겁게 이끌어 가는 수도 종종 있다. 이는 상담자 내면의 투사 현상 중 하나이기도 하다. 그래서 보다 명쾌한 상담 효과를 빚어내기 위해서는 상담자가 자신의 내면을 꾸준히 정화해 가야 한다. 이 점은 아무리 강조해도 부족한 것이다.

O여사는 남편의 강압적 기운으로부터의 해방과 힘 있는 자기표현을 간곡히 원했다.

내가 아는 O여사의 비밀은, 그분의 기질이 남편과 너무도 다르다는 점, 그분의 성품이 참으로 친환경적이며 마음이 맑다는 점, 그리고 남편을 우상시한다는 점 등이었다. 이 내용의 진실성을 인지시켜 드리기 위해 언쟁의 구체적 사례들을 두세 가지 얘기하게 한 후, 그때 이 부부의 대응방법 및 말하는 문장의 패턴 등을 하나하나 분류·분석하면서 안내했다.

위에서 이른 바대로 O여사는 매우 순진했다. 자연 친화적이며 허세·허영·사치성이 적은 투명한 영혼의 사람이다. 논리적 사고(思考) 유형이라기보다는 남다른 촉수를 지닌 동물적 감각형의 사람이다. 그래서 사람이나 자연이나 상황 및 사람의 말을 접수할 때 그녀 특유의 인지체계로 직감(直感)한다. 눈으로 귀로 보고 듣는다기보다 몸으로 흡수하듯 알아차리는, 그래서 동물적 감각형이라고 말한 것이다.

그녀는 자신의 체험을 언어화하는 데 있어서도 간단하고 담백하여 신선함을 주는 반면 구체성과 조직화가 부족한 것이 특색이다. 많은 것들을 여백에 남겨두며 의식과 삶에 여유 공간이 널찍한 사람이다. 이는 내가 파악한 O여사의 중요한 부분들이다. 남편 분과의 언쟁 사례를 들어보면 충분히 짐작된다. 두 분이 서로 갈등할 수밖에 없다는 것을.

남편 분은 사고와 표현에 앞뒤 논리가 정연하고, 웬만하면 즉각 해결을 봐야 속이 시원한 분이다. 적극적이고 활기차다. 기(氣)가 세고 목소리도 크다. 자존심이 높고 주장도 강하다. 호불호가 심하고 흑백사고 형이다. 도덕관념이 강하며 완고한 사람이었다. 또한 자신에 대한 신뢰감도 높고, 표현이 즉각적이며, 강력 주도형이다. 이런 부분들이 결혼 전 O아가씨를 매료시켰다고 한다. O여사는 자신에게 없는 것들인지라 너무도 멋져 보였고, 자신보다 월등히 높게 보여서, 그에게 자신을 맡겨 놓으면 순탄한 인생이 펼쳐질 것 같아서 한 터럭 주저함도 없이 결혼했다고 한다. O여사에게 있어서는 그 남편분이, '하늘'이었던 것이다.

남편의 강력한 성정이 좋아서 결혼했는데, 그 부분 때문에 결혼 후 O여사의 존재감은 차츰차츰 삭아가고 있었던 것이다. 그 증거 중 하나로는 옛 친구들을 만나면 그들이 한결같이 말하는 게 있었단다.

"얘, 네가 많이 달라졌어. 옛날에는 주체적이고, 소신 있고, 참 자연스럽게 자신감 있어 보였는데 요즘의 너는 네 남편에게 의존하는, 작아져 있는 네 모습이 낯설어."라는 말을 자주 들었다는 O여사, 그런 말을 들을 때면 은근히 속이 상했다고 한다.

이 부부의 갈등의 주된 내용 역시 여느 가정과 비슷하게 일상 가운데서의 자잘한 과제들을 대하는 관점, 대응방법 등이었다. 이를 교류하는 과정에서 충분히 본인의 의견을 어필하지 못하는 아내, 그 아내를 부족하게 여기며 답답해 하는 남편, 모든 면에서 남편을 한참 더 우위에 모셔둔 아내는 그것을 고스란히 받아들이며 스스로 자책하면서 점차 위축되는 마음, 그러면서도 어디서부터 어떻게 노력해 가야 할지 모른 채 결혼생활 15년 차, 귀농한 지 10년째가 되었단다. 워낙 남편을 사랑하고 자연을 사랑하여, 그리고 농부로서의 삶이 너무도 좋아서 별 어려움 없이 살아가고는 있었으나 O여사는 어느덧 자신의 색조를 잃어가면서 시들어가고 있었던 것이다.

삶을 다루어내는 기질적 차이를 조곤조곤 구체적으로 인식하게 하고, 자신이 지니고 있는 성품과 성향이 얼마나 향기롭고 독특한지를 점차 받아들이도록 안내했다.

O여사는 뜨겁게, 뜨겁게 울었다. 자신의 본성에 대한 깊은 이해

와 존중·격려를 받으면서 기운이 살아나고, 자신이 부족하기만한 것은 아니라는 것을 객관적으로 인정 받는 데서 오는 안도감이었다. 사실 남편을 만나기 전에는 옛 친구들 말처럼 자긍심도 높고 자기 신뢰감도 썩 괜찮았다고 한다.

기질 차이를 확실히 인식하고 자신의 성품과 특성을 긍정적으로 생각하고 온전히 받아들이면서 자기존중감이 높아졌다. 그로 인해 자신감이 생기니 남편에 대한 객관적 안목이 열렸고, 우상화한 남편도 부족할 수 있음을 인정하게 되니 오히려 남편을 품을 수 있게 된 것이다. 그러면서 많은 상황의 길이 보이기 시작했다. 우선 자신의 목소리를 힘 있게 낼 수 있게 된 것이다.

"스님, 제 모습을 찾아 주셔서 감사합니다. 힘이 불끈 솟습니다. 그리고 남편의 모습도 제대로 볼 수 있게 해 주셔서 감사합니다. 남편이 보듬어집니다. 우상화에서 벗어나 제대로 보니, 남편을 더욱 사랑하고 존중하게 되었습니다."

몇 회기 상담하고 나서 O여사의 남편을 초대하여 자리를 함께 했다. 그리고 그동안의 아내의 고충을 세밀하고 조리 있게, 호소력 있게 대변해 주었다. 나아가서 기질에 관하여, 그 차이가 삶에 미치는 각각의 영향에 대하여, 또 아내 O여사의 독특함에 대하여 등등, 충분히 설명해 주었다.

O여사의 남편 분은 명석하고 반듯한 성품인데다 말귀도 밝아 내 말을 잘 전달 받고, 눈물을 흘리면서 아내에게 사과하고, 약조

하셨다. 앞으로는 서로 더 허심탄회하게 대화하며, 마음으로 '참만남' 하며 삶을 잘 가꾸어 가자고 애틋하게 말했다. 부부는 같이 눈이 퉁퉁 붓도록 울었다. 그리고 올 하반기부터는 남편 분도 명상의 집 큰학교에 편입해 왔다. 역시 대단한 분이다. O아가씨가 눈멀기에 충분했다. 그분에게 존경과 감사의 합장이 절로 일었다.

가정에 평화의 길이 열렸다. 아직도 간혹 예전처럼 부딪힘은 있지만 O여사는 더 이상 우물쭈물하지 않고 자신의 표현을 분명히 하고, 남편 역시 더 이상 완고하고 압도적인 주도를 하지는 않고 자신을 곧잘 성찰해 가며 교류하기 때문에 금세 화해와 화평의 장(場)을 만든다고 한다. 중(中) 2 큰딸, 초등 2년의 장남, 네 살 막둥이까지 명상의 집 큰 학교 팬이 되어 있다.

이 과정의 핵심은 '인간 이해의 폭을 넓힘'이다. 자기가 보고 싶은 대로 보는 게 아니라 '그 사람을 제대로 보는 일'이다. '그 사람'을 존중하고 수용함이 진정한 사랑이요, 삶이라는 것! 그리고 서로 '존중과 배려로써 교류할 일'이다. 존중과 배려의 덕성, 이 또한 사람의 아름다움을 대표하는 중요 포인트가 아닌가!

O부부, 그 가정에 축복과 사랑을 담뿍 보내며 가슴이 따뜻해진다. 그 댁과 같이, 서로 갈등하며 설왕설래 다툼을 하며 가정공동체를 꾸려가는 세상 모든 가정에도 축복 깃들기를 합장 드린다.

♣ 이 글 또한 본인에게 허락받고 공유한다.

D : 원고, 방금 완료했습니다. 소감이 어떠신지요?

O : 어찌 이리 생생하게 풀어내셨는지~ 감탄이 절로 납니다. 그간의 스토리가 정리가 됩니다. 길지 않은 시간에 너무나 많은 일이 있었고 변화가 있었음에 뭉클합니다. ㅠㅠ

D : O여사님, 당신과 당신 남편 분이셔서 가능했던 일!!!!! 세상에 공유해도 괜찮겠지유? 굿나잇~! 많이많이 사랑해요^^♡♡♡

O : 네~~감사합니다. 스님~~^^

♥ O여사 남편 분의 메아리 글~

한 편의 인생 드라마, 잘 보았습니다. 그리고 이러한 드라마는 지구상에 흔치 않을 듯 보여 지기도 합니다. 오랜 세월 부부로 살면서 서로를 이해하며 마음을 나누고 살아가는 평범함을 누린 세월이 불과 얼마 되지 않음이 신기하기만 합니다. 아내의 마음을 모르고 내 마음에만 집중하다 보니 본의 아니게 O님의 기를 누르면서 자존감을 무너뜨리는 일등 공신이 되는 잘못을 했습니다. 생각할수록 저의 어리석음과 미성숙함에 고개를 들기가 민망할 정도입니다. 그동안 마음 아팠을 O님을 생각하면 지금도 눈물이 울라옵니다.

한 개인의 미성숙함이 주변인들, 특히 가족에게 얼마나 큰 피해를 끼치는가를 생각할 때 마음공부야말로 진정한 작선이고 관계에서 기본이라는 생각이 듭니다.

그리고 반백년을 살아오면서 그 누구도 부부의 힘듦을 바로 직시하고 바른 길로 안내해 준 사회적 스승과 선배가 없었다는 현실이 마음을 아프게 하면서도 동시에 지금이라도 길을 안내해 주는 스승님이 계신다는 현실이 정말 큰 복이 아닐 수 없음을 고백하게 됩니다.

우리 부부가 변화되는 데는 많은 시간이 걸리지 않았습니다. 몇 차례 준비 기간을 거치다가 바로 집중해서 핵심을 짚어나가니 변화는 즉각적으로 일어났습니다. 이 과정은 너무도 자연스럽게 그리고 단번에 일어났으며 오토매틱으로 다음 과정들이 일어나면서 되었습니다. 촌장님은 마치 위대한 예술가처럼 그렇게 작품을 만들어 갔습니다.

단순히 부부관계의 변화와 O님의 변화, 이렇게 변화라는 단어만으로는 변화의 깊이와 삶의 질 향상된 부분을 표현하기로는 부족함을 느끼게 됩니다.

O님과 저의 성장을 이끌어주신 스승님께 다시 한 번 감사를 드립니다. _()_

가난의
한(恨)을
천도하다

상담심리 대학원에 들어온 M을 참만남 집단 상담 수업에서 처음 만났을 때 그녀는 울보였다. 어쩌다가 표현할 상황이 되면 울기부터 했다. 키는 장대처럼 길고, 얼굴은 환하게 웃는 인상에다가 눈은 왕방울로 커다란 것이, 도대체 울 것 같지 않게 생겼는데 그저 울었다. 나는 M의 울음을, 눈물을, 무관심한 듯 던져두면서도 매우 관심을 가지고 지켜보는 동안 한 학기가 지났다. 집단수업 장(場) 밖에서는 또 매우 명랑파여서 그 정체를 얼른 가늠하기가 쉽지 않았다.

둘째 학기가 되면서 연애한다는 소문이 났고, 학년 말 쯤에 개인 상담 신청을 해 왔다. 옳거니, 하고 매우 반가웠다. 그 애의 상담 첫 주제는 남자친구와 헤어지고 싶다는 것이었다. 이유인즉, 경제관념이 약하고 소비성향이 높다는 것! 사람이 그래서는 안 된다는 둥, 나름의 빈약한 철학을 더듬거리며 내어놓는데 나는 금방 눈치를 챘다. 이 친구는 그 남자친구에 대한 마음이 식었고, 그것의 진짜 이유는 남자친구의 넉넉하지 못한 경제적 형편 때문일 것이라고. 나는 M의 편을 들어주면서,

"그래, 경제관념은 인생에 있어서 매우 중요한 주제이지! 남자친구가 네 눈에 서툴게 보였으면 네가 그런 생각을 가질 만해. 그리고 너희 나이에 사귀다가 헤어지기도 하는 거야. 그건 허물이 아니야. 결혼했다가 이혼도 하는데, 뭐!"

그렇게 토닥여 주면서 엉뚱한 질문을 하며 나는 주위를 환기했다. 아빠 직업은 무엇이며, 미래의 꿈은 무엇이며, 어릴 때 가장 갖고 싶었던 것이 무엇이었느냐는 등~ 그런데 놀라웠던 것은, 아니 예상했던 대로, 이 하나하나의 질문에 그 애는 다 머뭇거리며 힘 없이 답했고 급기야 울고야 말았다. 그 질문들은 그 애 속에 있음 직한 과거의 설움들을 건드릴 만해서였다. 가정의 경제력과 연관한~.

나는 고개를 숙이고 울고 있는 M의 등을 쓸어주면서,

"얘, 그 오빠가 가난하구나! 오빠의 가난이 싫었구나!"라고 나지막하게 위로하듯이 말했더니 더 크게 울면서 고개를 끄덕였다.

"스님! 저는, 가난이 싫어요. 가난한 오빠가 싫은데, 그런 이유로 교제를 그만둔다는 게 스님께 부끄러웠어요. 스님이 미워할까 봐 겁이 났어요."

나는 마음이 애잔했다. 그 애가 가난의 고충이 있다는 것도, 그 것으로 참 좋은 사람인 남자친구를 거절할 수밖에 없다는 것도, 가난의 기억으로 자신감이 부족하여 미래설계가 잘 그려지지 않는다는 것도, 그리고 이런 것에 매여 있는 자신의 모습을 스승인 내게 안 들키고 싶은 것도, 다~.

사실 M의 남자친구도 내 제자로서 매우 괜찮은 청년이었다. 명석하고 성실하며, 만용이나 허세가 없고 진실하며, M을 진심으로 좋아하는 사람이었다. 그러나 M이 처음에는 오빠의 듬직함이 좋아서 교제를 시작했었는데, 데이트하면서 오빠가 좀 후하게 지출을 해도 불안하고, 좀 알뜰하게 굴어도 빈티로 여겨지면서, 이래도 저래도 허물을 삼는다는 것이다.

연애에 빠지면 콩깍지가 씌어서 이것도 저것도 도통 안 보이는 법, 나중에 살면서 밝혀질 것들이 벌써 그렇게 훤하게 보이면서 자신의 욕구 수위를 선명히 내보이는데 어찌 그 연애가 더 깊어지겠는가! 그래서 나는 그녀에게 말해 주었다.

"네 마음이 흘러가는 대로 해라. 내 눈치 보지 말고~ 지금 네게, 해 줄 다른 말이 더 없구나!"

그렇게 해서 M은 그 남자친구와 헤어졌다. 자유롭고 깔끔히~. 어린 시절이 가난했고, 그 당시에도 그다지 넉넉하지 못했던 M이 경제력을 삶의 우선 가치로 두고 있는 것은 자연스러운 일 아닌가!

그럭저럭 세월이 흘러 M이 석사 졸업을 하게 되면서 다시 개인 상담이 시작되었다. M은 성적 및 연구 장학생 등으로 학비 면제를 거뜬히 받았다. 졸업시험도 논문도 술술 잘 풀린, 모두가 부러워하는 우수 학생이었다. 그럼에도 불구하고 M은, 학창 시절 내내 불안하고 초조하며 잠도 제대로 푹 못 자 본 불안 심리를 호소해 왔다. 두뇌도 좋고 감각도 뛰어나며, 얼마나 열심히 공부해 왔는지, 추종불허의 모범생이었음에도 항상 부족하게 여겨지고 무엇엔가 쫓기는 듯 다급한 마음이었고, 오랜 두통으로 시달려 왔다고 했다. 그 모든 심리 저변에서 귀신처럼 출렁이고 있었던 것은, '가난으로 인한 결핍감, 슬픔, 막막함' 등의 정서였던 것이다.

"어린 시절 특별히 기억나는 것 한두 컷 말해 볼까?"라는 내 애정 깊은 질문에 울면서 얘기한 그 애의 추억 한 자락, 초등학교 3학년 때 전학 간 학교에서 버스를 타고 하교할 때, 친구들에게 가난한 자기 집을 들키지 않기 위해 두 정거장이나 더 가서 하차하여 터벅터벅 걸어서, 빙빙 돌아서 귀가하곤 했었다고 한다. 참으로 안쓰럽고 아픈 얘기였다. 그 애는 그 기억을 회상해 내면서 꺽꺽 울었다.

그리고 부모님의 불화, 두 분의 치열했던 부부싸움은 그때까지도 덜덜 떨면서 얘기할 정도였었다. 부모님도 늘 경제적 압박을 견뎌내며 살아왔으니 긴장과 분노가 많았고, 가족이 모두 편치 않은 상태로 고만고만한 생계를, 가족살이를 해 왔던 것 같았다. 그래서 첫 학기 때, 진솔하고 적나라한 마음 나누기 수업이 진행되자 M은 그렇게도 울고, 울고, 울었던 것이다. 자신의 속마음을, 입 밖으로 내보인다는 것 자체가 신천지였고, M의 마음속에 그토록 꾹꾹 눌러 쟁여온 어둠과 눈물이 엉거주춤 터져 나왔던 것이었다.

상담자의 질문들은, 때때로 구렁이 담 넘어가듯 슬그머니 흘리는 것 같지만 내심, 항상 날카로운 기능의 메스로 어디를 갖다 대면 무슨 색깔의 피가 흐를지 예상하고 예단한다. 그것이 잘 적중하여, 과거의 상황과 정서에 기대만큼의 접촉이 일어날 때면 늘 감격스럽다. 곪아 있는 농이 터지듯, 치유의 희망을 약속하기 때문이다.

대학원 최종 학기 쯤에는 경제력도 좀 안정되었고 M도 졸업 후면 취업하여 독립할 수도, 가계에 도움이 될 수도 있는 형편이었지만 그때까지도 M은 안정을 얻지 못했다. 주 1회 한 시간씩 몇 주에 걸쳐 만나면서, 어린 시절부터의 슬픔과 불안을 충분히 어루만져 주었다. 같이 울어주기도 하면서, 마침내 M의 마음이 상당히 맑아지고, 밝아지고, 편안해졌다. 그 무렵 M이 아주 호소력 있게 조용히, 혼잣말처럼 말했다. "돈을, 속으로 따지지 않고, 하고 싶은 것 있을 때, 아무 망설임 없이 한 번 써 봤으면 좋겠다고. 단 한 번만이라도! 항상 이리저리 따져서 알뜰하게 써오면서, 한정된 돈을 쪼개고 쪼개며 늘 긴장으로 긴축하는 옹색함에서 좀 벗어나 봤으면" 했다.

나는 그 다음 주에 준비했다. 만 원짜리 신권으로 백만 원 한 뭉치를. 그리고 M에게 내밀면서,

"내가 주는 위로금이야! 네 서러운 마음의 역사를 위로하는 용돈이란다. 이 백만 원을, 일주일 안에 다 쓰고 와. 하루, 혹은 이틀, 사흘 만에 다 쓸 수 있으면 더 좋아. 단 일주일 안에 다 안 쓰면 혼낼 거야. 그리고 벌금 보태서 되돌려 받을 거야. 알았지?"

M은 그 돈 봉투를 받아들고, 한 시간 내내 울었다. 울어도, 울어도 울음이 그치지 않았다. 나는 잊을 수가 없다. 그때 M의 그 얼굴, 눈빛, 눈물, 울음소리를~. 그리고 일어서면서 한 말에서 느껴지던 그 소름 돋음.

"스님! 고맙습니다. 이 은혜, 평생 기억하겠습니다."

그런데 기적이 일어났다. 일주일 동안 그 돈을 거침없이 쓰면서, 우리 M 속의 가난 귀신이 사라진 것이다. 고급 백도 하나 사고, 구

두도 한 켤레 사고, 친구들 밥도 퐁퐁 속계산 없이 사 주고, 엄마에게 선물도 해 드리고~ 너무나도 신나게 썼단다. 약 6년 전 그녀의 석사 졸업 시기이니, 지금 화폐 가치로는 그다지 큰돈은 아니겠지만 그때 나이 학생에게는 적지 않은 돈이 되어줬던 것이다. 정말 흥미로웠던 것은, 그 작업으로 M은 과거의 돈 결핍의 그림자로부터 깨끗이 해방되었다는 점이다. 내가 노렸던 기대효과가 100퍼센트 성취된 것이다. 다행이었고, 보람되었다.

그렇게 마음이 화창해진 M은, 무섭고 가까이하기에 너무 먼 당신이었던 아빠와도 자연스럽게 친숙해졌고, 딸의 그런 모습이 아빠, 엄마 사이의 윤활유 역할이 되어 부부 관계도 차츰 더 부드러워졌다. 또한 M은 진로상담을 꾸준히 받으면서 한양의 큰 기관에 입사하였다. 그것이 가족들의, 특히 아빠의 기쁨과 자랑이 되면서, 가정에 오래 감돌던 그 은근한 긴장과 냉기가 다 풀렸다 한다. 참으로 괜찮은 남자와 결혼도 했고, 소속 기관에서 인정받는 사원으로 열심히 일하고 있다.

우리네 삶의 상처는, 그 어떤 것이라도, 일단 충분히 들어주는 일이 참으로 필요하다. 들어주면서 존중과 사랑으로 안아주고, 안아주면서 온전히 수용해 줄 때 녹아내린다. 정화가 일어난다. 정말 신기하고 신비롭다. 그것이, 심리상담의 핵심이다.

대체로 우리는 그 필요성 자각도 부실하고, 구체적으로 어떻게 들어줘야 하는지, 수용해야 하는지를 알지도 못하고, 심지어 그럴 필요가 없다는 악 신념까지 장착하고 있어서, 혹은 먹고 살기 바빠서 겨를을 못 낸 사이에 가장 가까운 가족들끼리도, 머나먼 당신이 되고 있을 수 있다.

♥ 스님~ 아침에 일어나자마자 보내주신 사례글을 보고 얼마나 울었는지 모릅니다. 그 간의 제 삶과 기적 같은 변화들이 주마등처럼 스치면서… 그저 감사하고 감사할 따름입니다. 이렇게 늘 사랑으로 함께해 주시고, 제 삶에 크나큰 변화를 겪을 수 있도록 해 주셔서 감사합니다. 글을 읽으며 스님께 첫 상담을 받던 순간, 어린 시절 빙빙 돌아 하교할 때, 스님께 인생에서 제일 많은 용돈을 받았을 때의 순간들이 떠올라 또한 번 감격스럽고 눈물이 나네요.

한 사람의 삶을 이렇게 사랑으로, 진실로 함께 해 주셔서 감사드립니다. 스님 말씀처럼 제 속마음을 입 밖으로 내 보인다는 것 자체가 제겐 신천지이고 기적이었습니다. 그 기적들과 가난의 한을 천도할 수 있도록 늘 함께해 주셔서… 감사합니다. 사랑합니다. 스님♡

아빠와의 사이에 있었던
얼룩진 성적(性的)
기억이
일상생활에 미치는 영향

여러 해 동안 내게 깊은 내면 분석 안내 및 상담 사례 슈퍼비전 등을 받으며 마음 성숙과 상담가로서의 역량을 보다 튼실하게 해 가는 제자들이 더러 있다. U도 그 가운데 한 사람으로 청소년상담센터에서 일하고 있는 상담 전문가이다. 그녀는 출산 전까지 4~5년 이상 지속해서 개인 상담과 집단 상담을 받아 온 총명하고 예쁜, 그리고 인격 성숙에 변함없는 고양 의지를 내보이는 눈길 가는 사람이다. 그렇게 긴 세월 U의 내면 구석구석을 샅샅이 탐색하고 사랑하며 함께 흘린 눈물의 양과 감동의 열기만큼 정들었고, 내게 소중한 사람이 되어 있다.

결혼을 결정한 U가 어느 날 툭 던지듯 이렇게 말했다.

"스님, 결혼할 때 부모님으로부터 일체 경제적 지원을 받지 않을까 해요."

"그래? 일단 좋게 들리네? 그런데 왜?"

"자립, 독립을 위해서요. 더 이상 부모님께 의존하지 않고, 이제 어른스럽게 스스로 헤쳐 가는 삶을 살까 합니다."

"좋아~ 그럼직도 하지. 그럼, 그렇게 하도록 하고 더 자세히, 결혼 비용 및 초기 살림 자금 등에 대해 체계적으로 계획해 가보자꾸나."

"네~."

U가 내뱉는 한마디 말에서도 나는 그녀의 생육사 필름을 번개같이 훑으며 듣게 마련이다. U의 그 말이 무엇을 의미하는지 이미 알아채 버린 나는, 그녀가 눈치 채지 못하도록 자연스럽고 긍정적으로 응대하며 속으로는 그녀의 어설픈 결의에 서려 있는 분노와 오기와 눈물을 어루만졌다.

"그럼, 이번 주 개인 상담 시간의 주제로 삼을까?"

"네, 좋아요."

결혼 비용 자금 마련 상담으로 시작된 이런저런 대화 가운데 꼬투리를 잡고 머물게 되는 말들이 나왔다. 살금살금 다가간 탐색 과정에서 U가 어렵게, 아프게, 묵직하게 내어놓는 진솔한 고백이 충격적이었다.

"마치 화대 받는 것 같아서 찝찝하고 싫어요."

내담자들이 이러한 자신의 내면에서 도저히 꺼내기 어려운 한 톨, 한 줄 비밀스러운 진실이 토해질 때면 상담자는 마치 산파가 산모와 함께 온 힘을 다해 안간힘을 쓰다가 "응애~"하고 탄성을 지르며 아기가 출세하는 순간을 맞이하는 기분이 된다. 마음속 환호의 눈물과 땀이 범벅되어 겉으로도 쏟아지기 마련이다. 그래서 함께 운다. 그때도 그랬다.

U는 석사 1학기 때부터 개인분석 상담을 받기 시작했다. 그 당시 다루었던 굵직한 주제 중 핵심이 바로 아빠와의 신체 접촉이었다. 초등학교 시절 아빠가 딸애의 볼과 얼굴, 입술과 가슴 등을 슬쩍슬쩍 만지면서 아침잠을 깨우고, 아빠의 딸 사랑 속에 담겨 있는 성적 느낌에 대해 떳떳하지 않은 기억을 가진 U였다. 그때에도 그 내면에 가닿기 위한 과정이 어찌나 아슬아슬하고, 아득했는지, 깊은 계곡에 걸쳐져 있는 출렁 구름다리를 조심조심 건너듯 집중하며 직면에 성공해 갔었다.

그토록 고단한 작업을 왜 하는가? 끝내 우리에게 명료한 심리적 자유를 주기 때문이요, 그 자유는 우리의 생명 에너지를 구김 없이 활기차게 펼칠 수 있게 하기 때문이다. 또 그런 심리 가운데 다른 내담자의 내면탐색 여행을 보다 순조롭고 폭넓게 안내할 수 있기 때문에 전문상담자 지망생들에겐 필수과제이다. 더 우선하는 목적은, 그러한 그림자들이 음울한 정서와 기운으로 우리의 내면을 장악하고 있으면서 삶 전반에 영향을 미치기 때문이다. 그림자들이 빚어내는 은근한 심적 고통, 그를 치유하기 위해서다.

U와 그 직면 작업을 하면서 여러 모로 아무 부족한 것 없는 그녀에게 달라붙어 있던 애매한 우울증의 핵심요인이 바로 아빠와의 그 기억이었음을 시인하고 거기로부터 상당히 자유로워졌다. 그럼에도, U의 내면에서 새삼 불거진 그 강력한 저항은 어찌 되었든 반가운 일이 아닐 수 없었다. 왜냐하면, 더 해 가야 할 작업의 필요성을 알려주는 여지없는 신호였기 때문이다.

다시 불현듯 치솟아 오른 아빠에 대한 분노가 어른스러운 자립심 확립이라는 허울을 가장하고 등장했던 것이다. 결혼 경비 지원을 거부함으로써 아빠를 물 먹이자는 심보인 셈이다. 그런 분노를 자애롭게 공감해 주며 충분히 노출하여 터뜨리게 하고서 항상 묻는 말이 있다. "기분이 어떠니?" 모두의 한결같은 대답은 "시원하고 자유로워졌다"이다. 상담자가 내담자의 심정을 얼마만큼 공감하고 독려하는지 그 온도, 정도에 비례한다 할 정도로 상담자의 태도가 중요하다.

나는 여기서 진일보했다. 그녀가 아직 가닿지 않은 한 발자국 더 깊은 탐색이 남아 있음을 봤기 때문이다. 그 자료는, '화대 받는 것 같아서'라는 그녀의 말이었다. 그것은, U가 고발하고 싶은 자신의 알갱이 진실을 은연중에 툭 내뱉은 것이다. 그래서 물었다.

"그럼, 이제, 아빠의 결혼비용 지원을 수용할 수 있겠니?"
"아니요, 실컷 분노로 공격하고 나니 오히려 뭔가 미안해져서 편안하지 않아요."
"혹시, 미안함 말고 다른 감정은 없니?"

한참 동안 눈을 감겨놓고 머물게 했다. 얼굴빛이 달라진 그녀, 어딘가에 가 닿은 것 같은데 입을 좀처럼 떼지 않는 U를 충분히 기다려 주었다. 그리고는 스쳐 지나는 바람결만큼이나 가벼이, 부담의 최소화를 유념하면서 말을 건넸다.

"그 어떤 경험도 네 삶이란다. 네 삶의 그 어떤 자락도 귀하고 소중하단다. 그냥, 다, 존중으로 품으며 흘려보내는 거야~!!!"라고.

U가 드디어 울음을 터뜨렸다. 뜨겁게 울었다. 나는 두 손을 꼭 감싸 잡아주며,

"수고했어. 그리고 고마워."라고 말해 줬다.

그녀가 마지막에 가 닿은 것은, 아빠의 신체 접촉을 허용한 자신을 인정하기 싫어서 그 책임을 온통 아빠에게 뒤집어씌운 양심의 가책이었다. 나는, 그것을 직면시키고자 했던 것이다. 그 힌트가 바로 위의 문장이다. 화대란, 내가 준 것에 대한 상대방의 지불이다. U는 아빠에게 '허용'이라는 것을 주었고, 아빠와 쌍방의 일이었다는 것을 그녀의 양심은 알고 있었던 것이다.

아빠를 허용한 만큼 아빠를 사랑했음을 인식시키는 일이 쉬운 것은 아니나 그건 사실이었다. 물론 거기에는 사랑과 무관한 생리적·성적 본능이 작용할 수도 있겠지만, 친족 간에는 대체로 심리적 애정이 전제한다. 아빠를 사랑했다는 진실만으로 U의 '허용'이 스스로 수용하기란 또한 하늘의 별따기만큼 어려운 과제가 아닌가! 그건 달리 왕도가 없다. 상담자의 의식세계와 자비심, 그것이 내담자와 잘 호환되도록 하는 일, 그 방법밖에 없다.

"사람의 '사랑'에 관한 일이요, 사랑을 표현하는 하나의 방법으로서의 '성(性)'에 대한 우리들의 삶 이야기이다. 이미 일어난 일이요, 그것으로 괴로워지고 있고, 그 괴로움으로부터 자유로울 일이요, 그리고 또 사랑하며 살아내야 할 남은 생이 있다는 것", 그것이 이러한 과정들에 방향 제시를 해 주는 중대한 나의, 우리의 명상 주제이다.

그녀는 개인 상담 외에도 몇 개의 클래스로 많은 시간 내 가르침을 받아온 제자이다. 그녀 안에도 삶의 중요한 가치들이 체계 있게

자리 잡고 있었기에, 시간이 좀 걸렸을 뿐 마침내 다 수용하기에
이르렀다.

'아빠도 본인도 그럴 수 있다는 것, 이 모든 것들은 지난 생
즉 기억만 될 뿐 전생(前生) 일이라는 것, 이 모두가 그저 귀
하고 소중한 삶이라는 것!'

이렇게 여기며 겸손히 받아들였다. 그렇게 하는 데 있어서 일어
나는 모든 저항에너지들을 다 다루어내고, 그 저항 또한 존중으로
수용하며 녹여내고, 드디어 마음에 맑은 평온과 생기가 찾아왔다.
가족이 모두 제 자리에서 질서를 잡으며 훈훈한 사랑으로 거듭나
는 심리가 회복되었다.

U의 해방된 마음으로, 지금의 아빠를 아빠로 존경하고 사랑하
며 그분의 딸로서 자연스럽게 존재하는, 평화로운 가족이 되었다.
그리하여 부모님의 축복과 지원을 듬뿍 받으며 결혼한 U, 그녀의
맑게 활짝 웃는 모습이 싱그러웠다. 새내기 신부 U는 지금 예쁘게
잘 살고 있다.

♣ 사례집 글쓰기에 기꺼이 동의해 주고, 기쁨과 영광으로 여
긴다며 원고를 설레며 기다리는 U, 존경하고 감사드린다. 그만
큼 성숙해지고, 자유로워진 U, 이런 작업의 소중함을 알기에,
세상에 작은 도움이라도 드리겠다는 그녀의 의지를 알기에
참으로 고맙다. U의 앞날에 더욱 축복을!!!

마음거울

관계는 업경대(業鏡臺)이다.

관계 속에서 일어나는 그 어떤 심리증상도,

자신의 마음수준의 현 주소를 알리는 sign임에 틀림없다.

특히 마음 공부 하시는 분들은 보다 철저히 깨어 있을 일이다.

TJ의 일편단심
열렬한 사랑과 진중한 과묵

그것이
—————— 마음의 병(病)일
줄이야!

TJ는 올해 서른둘 나이의 청년이다. 겉으로 보기에는 나이보다 더 원숙하고 점잖다. 과묵형 내향성으로 보인다. 그의 특성 가운데 복된 것 하나가 그냥 가만히 있어도 많은 사람이 좋아해 주는 것이다. 열정적으로 제 역할을 하면서도 욕을 먹는 사람들이 많은데 별다른 역할을 하지 않는데도 다른 사람들이 우호적으로 여기니 그보다 더 큰 복이 어디 있겠는가?

내가 왜 복(福)이라 했는지 좀 더 깊이 있게 들여다보자. 다음은 TJ와 상담 중 솔솔 적나라하게 드러난 사실들이다. 그가 사람을 그다지 좋아하지 않고 이기적이라는 것, 세상에 대한 불신과 분노가 엄청 많다는 것. **그의 과묵함은 폭발력을 잔뜩 머금고 있는 정체된 과묵이었고, 그의 점잖음은 기가 꺾여 의기소침해져 있음 등. 그의 내향적 성향은 분노와 공격성을 억누르느라고 웅크리고 있었던 것! 그런저런 마음들을 낱낱이 더듬어 추스르고 난 TJ는 이제, 여전히 조용하지만 예전보다 훨씬 더 밝고 경쾌해졌다.** 그는 다른 사람들의 삶에도 진정 어린 관심을 가질 줄 아는, 따뜻한 우리 이웃 사람이 되었다. 그 동안, 참 많은 눈물을 쏟아내고 분노를 토해낸 노고들의 보상이다. 빙그레 좋다.

그가 상담받기 시작하고 얼마 지나지 않아서 7년 동안 교제했던 여자 친구와 헤어지는 일이 생겼다. 그러고 1년 쯤 후에 지금 사귀는 여성분과 교제를 시작하여 1년이 조금 넘었다. 여느 젊은이들처럼, 현재 행복한 연애를 진행하고 있다. 다른 여성과 교제를 하게 되었다는 점, 사랑하면서 행복할 수도 있다는 점, 이 모두가 그에게는 기적과도 같은 일이다. TJ, 그에게는 정녕 그렇다.

전에 사귀던 여자 친구와는 교제 기간 7년 중 두 번이나 헤어졌다가 '못 잊어, 못 잊어 과(科)' 일편단심의 TJ 성품으로 다시 결합하고, 또 이어지고 하는 바람에 그만큼의 연애 세월이 흘렀다. 누가 봐도 아름다운 순애보 사랑이라고 찬탄할 만했다. 주변의 학우들 및 지인들은 TJ의 순진한 미련스러움을 안타까워하기도 했고 상대가 되는 여성분의 복을 부러워하면서 미워하기도 했다.

왜냐하면 두 차례 정도 헤어지게 된 핵심 이유가 여성분의 바람기와 안하무인의 성깔, 그리고 철부지 같은 이기심 때문임을, 그들을 아는 사람들은 다 아는 까닭에서이다. 그 반면에 TJ의 애정하는 태도, 행위 등이 가히 조선시대 여인들의 그것처럼 헌신적인 모습이었기에 주변 사람들의 부러움을 사기에 너무도 충분했다.

거기에다 도저히 웃을 수 없는 작은 에피소드도 하나 있다. 첫 번째 헤어졌을 때가 대학원 3학기 시절인데, 헤어지기로 하고 어정쩡한 냉전 분위기로 차일피일 흐르고 있던 중이었다. 그때 여자 학우들이 다른 여성을 적극적으로 소개하여 데이트를 시작, 잠깐 동안 그야말로 잠시의 해프닝으로 만났다가 TJ는 바로 옛 여자 친구에게로 돌아왔다. 아니, 못 떠난 것이었다. 두 번째도 마찬가지다. 여자 친구의 큰 외도로 이제는 진짜 헤어지는 줄 알았는데, TJ는 역시 또 되돌아왔다. 그것이, TJ가 다루어내야 할 삶의 큰 과제라는 것을 세 번째, 그러니까 맨 마지막 이별을 하고 나서의 상담과정에서 자연스럽게 드러났다.

그때까지만 해도, 위에서 서술한 바처럼, **일편단심 애정형이 그저 TJ의 고운 성품인 줄로만 알아 왔으니까 말이다. 그것이 탐색·분석·정화의 필요 있음의 중대 힌트는, 그가 연애를 하고 있는 동안 내내 그다지 행복하지 않았다는 점이었고, 충분히 베풀고 포용해 온 역사임에도 늘 빚지고 있는 듯 낮은 자세의 '을'의 마음이었다는 것이다.** 그 또한 겸손한 성품을 원인으로 보기에 충분할 만큼 그의 풍모나 태도는 언제나 중후해 보였다.

전 여자 친구보다 세 살이나 위인 오빠이면서 그녀에게 꼼짝도 못할 만큼 기가 죽어 있고, 수입 중 많은 돈을 여자 친구의 옷가지나 필요로 하는 것들에 탕진해 온 소비성향 등, 얼른 보면 아낌없이 주는 선한 남자처럼 보인다. 하지만 **자신의 삶을 아직 뿌리 내리지 못한 그의 존재불안이 그런 관계방식을 통해 안주(安住)를 갈구하는 아이처럼 집착하는 방황이었음을 알게 된다.** 그의 슬픈 그림자의 정체를 확인하고 보듬어 주면서, TJ는 비로소 자유를 얻어 갔다.

이렇게, 평범한 삶의 모습 가운데서도 우리를 은근하면서도 강력히 지배하고 있는 생육사의 그림자들이 숱하게 있다는 것, 함께 하기에 늘 아프면서도 경이롭다. 생(生)의 어떤 것도, 삶의 어느 순간도, 결코 소홀히 할 수 없음을 거듭 각성케 한다. 사람 마음을, 그 형성 구조를 알아간다는 것! 세월이 묵을수록 더 마음이 숙연해진다. 또한 상담심리를 공부하고 상담일을 하는 것에 대한 감사함도 더해진다.

TJ는 네 살 때 부모님이 이혼하고 아버지와 살았다. 아홉 살 되던 해에 아버지께서 병사(病死)하신 후 친척 집을 전전하며 고아처럼 살다가 이듬해에 친척 분들께서 백방으로 수소문하여 어머니를 찾아 어린 TJ는 어머니 댁으로 보내졌다. 이미 어머니에 대한 기억은 거의 사라진 상태여서, 어느 날 갑자기 어떤 낯선 아주머니를 보고 '엄마'라고 부르게 된 셈이다.

TJ에게 가장 강력한 인상으로 남아 있는 기억은, 아버지 살아계실 적 유년 시절의 해질 무렵, 동네 골목길에서 함께 뛰놀던 친구들은 자기 엄마들이 불러서 다 밥 먹으러 들어가고 나면, 퇴근 전 아버지를 기다리며 골목에서 어슬렁거리며 느낀 그 쓸쓸하기 그지 없는 마음이란다. 그의 표현을 빌자면, 어둡고 긴 동굴에 혼자 있는 느낌이랄까, 외딴 섬에 홀로 버려진 느낌이랄까, 너무도 외롭고 추워서 마냥 울고 싶은 마음이었다고 한다. 그 기억을 떠올리며 얘기할 때, 나도 깊은 아픔으로 울었다. 이 글을 쓰고 있는 지금도, 새삼 많이 아프다.

그런 TJ가 그 어린 나이에 아버지까지 잃었으니, 이 집 저 집 친척 집에 굴러다니듯 얹혀 있다가 어머니한테 왔으니, 하늘만큼 땅만큼 반가워야 할 엄마가 너무도 낯설어서 한동안 적응기가 필요했던 것 같다. 그렇게 하여 TJ는 드디어 꿈에조차 그려지지 않았던, 돌아가신 줄로만 알았던 엄마와 같이 살게 되었다. 가난했고, 주거 환경도 열악했다. 어둡고 좁은 단칸방에 살림살이도 꼬질꼬질 엉성했다고 기억한다. 그래도 생모인지라, 천상천하에 유일한 내 편인지라, 그 엄마와 엄마 집에 적응해 살려고 어린 꼬마 총각은 무던히 애쓴 흔적이 짙었다.

상담 중 TJ가 고통스럽게 꺼낸 얘기들은 참으로 마음 아픈 일들이 많았다. 그중 가장 치욕적이었다고 기억하면서 어머니뿐만 아니라 어머니와 합세하여 비루하게 굴었던 자기 자신도 용서할 수 없다며 울부짖던 장면은 다시 떠올려도 슬프고 아프다. 아버지를 떠난 어머니는 가진 밑천도 없고 학력도 짧아 어릴 때 배운 미용기술로 시골에서 미장원을 하며 근근이 살아가고 있었다.

어머니가 어머니의 남자친구들에게 용돈을 얻어 쓰고 외식도 얻어먹게 하려고 시킬 때, 그런 어머니가 너무도 싫었는데 강경하게 싫다고 하지 못하고 넌지시 은근슬쩍 본인도 활용했던 상황들이다. 이성관계가 복잡하고 이성을 그런 식으로 이용하며 살아온 어머니를 천박하게 여기며 분노했다. 그러면서도, 그 어머니로부터 다시 버림받을까 두려워서 시키는 대로 꼬박꼬박 잘 따르며 자신의 생각과 감정들을 감쪽같이 억압해 버렸던 것이다. 그러한 일들이 상담과정에서 하나둘씩 표층 의식으로 솟아나올 때마다 비통해하면서 짐승의 울음 같은 포효를 했었다. 내담자들의 이러한 과정들을 함께하다 보면, 마치 그들의 생육사와 함께 살아온 듯 세포까지 진동하며 앓기 일쑤이다.

TJ의 이런 생육사 얘기들이 헤어진 여자친구를 마음속에서 정리해 가는 과정에서 다시 영화처럼, 장편 드라마처럼, 의식의 전경(前景)으로 펼쳐질 수밖에 없었다. 여자 친구의 강력 신경증적 성깔과 바람기로도 헤어질 수 없었던 TJ가 끝내 헤어지기로 마음먹은 것은, 여자친구의 부친이 TJ의 아킬레스건에 면도날을 갖다 댄 것이었다. 여자친구의 아버지는 두 사람의 교제를 처음부터 반대했다. 그럼에도 불구하고 TJ는 세월을 끌어왔는데, 이제 두 사람 다 혼기에 딱 닿은 나이들이니 용기 백 배 내어서 어른들을 찾아뵙기로 작정했던 것이다.

그러나 여자친구 아버지의 죄인 추궁하듯 던지는 여러 질문을 감당하면서 TJ는 처음으로 '아, 안 되겠구나! 이 아버님이라는 큰 산을 넘기는 죽기보다 힘들겠구나!' 하는 생각이 들었다고 한다. 게

다가 '애비도 없이 자랐다는 것, 어머니가 돈도 얼마 모으지 않았다는 것, TJ가 앞으로 재산가가 될 기대가 너무 희박하다는 것' 등등을 내걸며 윽박지르듯 으름장을 놓으시는데 부모님, 특히 돌아가신 아버지를 걸고 나오니까 너무도 화가 나서 주체하기가 어려웠다고 한다. 그 밤에, 새벽 2시가 넘었는데 차를 운전하여 세 시간 반 넘게 걸리는 자취방으로 단숨에 돌아왔다고 한다.

그 이후에는, 그 난리 북새통 같은 교류의 장에서 단 한 마디 없이 중재 역할을 하지 않는 여자친구에게도 오만 정(情)이 다 떨어질 정도로 화가 났다고, 이제는 정말 헤어져야겠다고, 하면서 돌아와서 그들은 진짜로 헤어졌다. 그때가 재작년 추석 명절이었으니 벌써 2년이 넘었다. TJ는 참담한 얼굴로 내 상담실을 찾아왔다.

그때 TJ의 과제는 그날의 분노를 다스려 평안을 얻을 일, 여자친구와 심리적으로 온전히 헤어질 일, 그리고 여자친구 부모님의 마음을 어른스럽게 이해할 일, 나아가서 그런 현실을 불러오게 한 자신의 생육사 현실을 연민과 분노 없이 온전히 받아들일 일 등이었다. 무엇보다도, 헤어지기로 작심하고 나니 들고 일어난, 7년 세월 사이에 억압해 둔 여자친구에 대한 미움과 분노를 순화할 일이 가장 큰 과제였다. 내 관점에서는 그랬다. 나는 이러한 과정을 잘 디자인하여 서비스 제공을 해야 했다. 그리고 성심껏 임했다.

그 후 TJ는 상담을 받으며 하나하나 다 이루어냈다. 여자친구 아버지를 어른스럽게 이해하면서 분노를 내려놓았고, 어떻게 여자친구와 교류해 왔는가의 패턴을 선명히 탐색하면서 집착으로부터 자유로워졌다. 그리고 그러한 교류 패턴이 어디에서 왔는가? 본인의 생육사 가운데 얼룩진 그림자들의 통절한 하소연들이었음을 분명히 깨닫고는 여자친구에 대한 분노가 삭여졌으며, 오히려 자신의 생육사를 끌어안고 존중과 사랑으로 온전히 받아들임으로써 어두운 과거로부터 완전히 탈출, 해방된 것이다.

초등학교 시절까지는 그럭저럭, 아저씨들에게 돈을 얻기도 하고 몰래 어머니 돈도 훔쳐서 애들에게 먹을 것을 사주고 주먹질도 좀 하면서 골목대장 노릇을 했단다. 꼬마 세계에서 권력을 휘두르며 자신의 신분세탁도 되었는데, 중학교에 입학하니 그게 통하지를 않더란다. 공부를 잘 해야 위신도 서고 애들도 따른다는 것을 알았고, 그때까지 방식으로 살아온 자신의 모습이 초라하게 보이기 시작하여 공부를 하기로 작심했단다. 그래서 고등학교는 집에서 제법 멀리 떨어진 중소도시로 유학을 갔고, 고교시절부터는 '좋은 사람'이 좀 되어봐야겠다는 생각이 문득 들어 열심히 공부하였다. 마침내 지방의 국립대학에 합격하여 당당히 대학생이 되고 보니, 천하를 얻은 듯 기쁘기 한량없었다 한다. 정말 인간 승리의 기특한 삶, 결국 하나의 큰 산에 오른 것이다.

그렇게 시작한 대학생활 초기에는 제법 설치며 살았다고 한다. 과대표도 자발적으로 나설 정도로 활동적이었고, 교우 관계도 주도적으로 씩씩하게 잘했단다. 그러던 어느 시점 쯤 경쟁관계인 동창에게 한 수 밀리게 되었고, 그 친구의 배경(back ground)에 눌려서 위축된 기세를 다시 원상복귀하지 못한 채 입대를 했고, 제대 후에도 그냥저냥 조용히 평범하게, 본래 조용했었던 사람처럼, 별 재미도 없이 학교생활을 하던 중 전 여자친구를 우연히 알게 되었단다.

그때부터 TJ는 온통 그 여자친구에게 빠져버렸다 한다. 아마 모든 생명 에너지를 거기다가 올인했던 것 같다고~. 연애를 시작하면서 유년시절부터 있어 왔던 지독한 외로움을 다 보상받는 듯했고, 또 다 보상받고 싶었던 일확천금의 심리가 발동했던 것이다. 어린 시절 못 누렸던 엄마의 정을 충전하기로도, 무의식 속에 있는 유년시절의 못난 엄마의 상을 씻어내기로도, 그 당시의 존재감을 확인시켜 주는 일로도 적격이었던 것이다. 과연 그럼직도 하지 않는가! 그 연애라는 것이 말이다.

생육사의 외로움을 온통, 한판 승부에 판돈을 다 건 도박꾼처럼 여자친구와의 연애 속에서 다 위로받으려고 했었다는 것, 그렇게 고단한 연애사임에도 병적으로 밀착되어 집착해 왔던 것은 그 사랑을 어머니의 사랑과 동일시하여 다시 버림받는 경험을 두려워한 나머지 여자친구가 매우 섭섭하게 하고 배신까지 했어도 마치 엄마의 치맛자락을 부여잡고 칭얼대는 어린 자식처럼, 엄마가 떠날까 불안해 하며 절절맸던 것이다. 이 얼마나 애처로운 일인가!

사실 위에서 언급했던 것처럼 TJ는, 교정에서도, 하교 후에도, 과외수업 받으러 내 센터에 올 때도, 마치 바늘과 실처럼 붙어 다니는 오직 그 여자친구 바라기였다. 그녀 외에는 눈길도 마음길도 주지 않았던, 참으로 안쓰러운 사람이었다. 그럼에도 불구하고 많은 사람들이 많이 우호하고 애정하며, 보살펴주고자 했으니 복이 많다고 했던 것이다.

어찌 진실한 애정이 한 줌도 없었을까마는 우리의 TJ가 체험했던 애정은 유별났다. 사랑이라기보다는 편집증·도착증·중독증이랄까? 엄마 바라기의 신이 빙의된 듯했다고 해야 할까? 스스로 정신을 차렸을 때는 이미 많은 세월이 흘렀다. 너무도 애처로운 연애의 세월이었다.

특히 이 도착증 사랑의 중대한 이유 가운데 하나는 심적으로 물적으로 자신이 가진 것이 너무도 없다는 열등감 때문이었는데, 상담 진행 가운데 불현듯 아버지 사랑의 구체적 행위들이 몇 자락 떠올라, 자기에게도 따스한 사랑을 받은 흔적이 있음을 확인하며 뜨겁게 흐느꼈다. 그 아버지의 사랑흔적 확인은 휑하니 빈 가슴에 정(情)의 온도가 차는 듯한 신비한 체험을 했노라고 젖은 눈으로 말해 왔었다. 자기존중감의 바탕이 된 경이로웠던 순간이었다고.

그리고 중학 시절 공부에 대한 자각, 고교 시절의 '좋은 사람 되기 서원' 등이 자존감을 세우는 기둥이 되어 주었다. 그렇게 기억에 있는 내면의 재산들을 챙김으로써 놀라울 만큼 빠른 속도로 과거의 상처들이 치유되기 시작했다.

아버지에 대한 눈물 어린 그리움, 어린 시절의 외딴 섬 같은 막막한 외로움, 어머니에 대한 역겨운 미움, 대학 초에 좌절된 슬픈 분노 등을 충분히 재현하여 느껴주고, 그 감정 하나하나 온전히 안아주며 수용해 주었다. 그러고 나니, 그 모든 것들의 투사물이었던 전 여자친구, 그리고 그녀와의 연애사에 있었던 모든 감정이 차츰차츰 녹아갔다. 마음이 평온해지고 여유로워지니 전 여자친구 아버지의 심정도 비로소 이해가 되었다.

이렇게 거듭난 TJ는 지금까지 한 곳에 코를 박고 주변인들을 보지 못하다가, 주변인들이 자신을 얼마나 애정하며 지켜봤고 기도하며 기다렸는지에 눈을 뜨면서 세상을 향해 가슴이 펼쳐졌다. 기적이다. 그리고 드디어 전 여자친구와 제대로 헤어진 심리상태가 되면서 진심으로 축복을 할 수 있게 되었다. 전 여자친구도 지금은 남자친구가 생겼고 열애 중이며, 주 1회 커플상담을 받아온 지 꽤된다. 모두 바라보기에 눈물겹다. 사랑스럽고 고맙다.

영화보다도 더 영화 같은, TV 미니시리즈 드라마 같은, 바로 우리 이웃 사람의 이야기이다. 아름다운 삶의 승전보를 울린 우리 TJ에게 존경과 축복의 합장을 드린다. 그의 전 여자친구에게도 애정을 담아 응원과 축복을!!!

♣ 이 사례 또한, 책 만들기 내용임을 알려드리며 글 내용을 보여 드렸고, 당사자의 허락을 받고 공유함. 다른 분들의 의식 확장과 삶의 질 향상을 위해 기꺼이 내어 주신 사례자에게 깊은 감사를 드립니다. 그리고 전 여자 친구 분에게도 허락을 받았습니다.

마음거울

우리네 삶의 상처는, 그 어떤 것이라도,
일단 충분히 들어주는 일이 너무도 필요하다.

들어주면서 존중과 사랑으로 안아주고,
안아주면서 온전히 수용해 줄 때 녹아내린다.
정화가 일어난다.
정말 신기하고 신비롭다.
그것이, 심리상담의 핵심이다.

아빠를
──────── 찾아주셔서
고맙습니다

"네가 죽겠다고 했다며?"

"네~."

"아파트에서 뛰어내리겠다고?"

"네~~."

"정말 죽고 싶니?"

"네~."

"왜?"

"엄마가 너무 답답하잖아요. 그리고 속이 부글부글, 뭘 해도 화가 나요."

"그래? 그럼 죽어도 돼! 그토록 죽고 싶으면 죽어야지! 사람은 다 죽게 되어 있어. 언젠가 한번은 죽게 되어 있지. 좀 일찍 가냐, 좀 늦게 가느냐만 다를 뿐! 그래, 죽어 보기로 하자. 스님이 도와줄게!

그런데 있잖아. 죽을 때 꼭 스님에게 연락해 줘. 문자로 알려 줘. 왜냐하면, 기도해 줄게~. 그렇게 화가 났을 때 죽으면, 내생에 태어날 때 그 마음 상태로 태어나기 때문에 다음 생이 또 복잡해져. 그러면 또 일찍 죽고 싶을 수가 있거든~ 스님은 그렇게 믿고 있어. 절대로 기도가 필요해. 알았지?"

"그럼, 죽으나 마나겠네요?"

"그렇지! 바로 그거야. 죽어봤자 아무 소용이 없어. 나도 요즘 딱 죽고 싶은데, 죽고 싶은 이유는 너와 달라."

"큰스님도 죽고 싶으세요?"

"응."

"왜요?"

"너무 행복해서~ 더 살다가는~ 귀찮아서 죽고 싶기도 해. 사람들 상담도 해 줘야 하고, 강의도 해야 하고, 이것저것 주변 사람들 배려도 해야 하고, 힘들잖아~. 스님은 너무너무 행복하기 때문에, 죽어도 괜찮을 것 같아."

위의 내용은 5년 전 중3 여자애인 JH와 주고받은 상담 첫머리 내용이다. 어느 날 JH 엄마로부터 다급한 목소리로 전화가 왔다. 그녀는 평소 차분하고 엄전한 부인으로 오랜 세월 나를 믿고 따르며 나름대로 마음공부를 성실히 하는 모범적인 생활수행자이다. 나지막한 음성과 늘 웃는 얼굴인 평소의 그녀답지 않게 불안하고 초조한 목소리로, "스님, 우리 JH가 걸핏하면 죽겠다고 해요. 오늘은 4층 집에서 뛰어내리겠다고 베란다에서 둘이서 씨름을 하며 난리가 났었어요. 스님! 제발 도와주세요! 우리 JH 상담을 좀 해 주세요!"라고 하는 것이었다. 정말 간곡한 마음이 전달되었다. 충격이 가셔지지 않은 듯, 애써 노력하고는 있는데 아직 떨고 있었다.

"그래, 내가 시간 내 볼게!"

그렇게 하여 시작된 상담 첫 마당의 대화였다. JH는 스님이, '죽어서는 안 된다. 왜 그런 생각을 하니' 등등의 말이 나올 줄 알았는데 죽으라고, 죽어도 괜찮다고 하니까 좀 놀라면서 오히려 차분해지는 듯 보였다.

"큰스님, 그런데요, 저는 화가 많이 나고 주체가 잘 안 돼요. 왜 그럴까요?"

"그렇구나! 우리 JH~~ 우리 JH가 그런다니까, 스님이 바로 공감이 되네. 네가, 네 힘든 가정 형편에서, 그런 마음이 왜 안 들겠니? 마음이 아프다. 네게 적극적으로 힘이 되어주고 싶네~"라고 했다.

그랬더니 JH가 바로 엉엉 울기 시작했다. 한참을 서럽게 울었다. 그 울음으로 우리 JH의 어린 심정이 많이 정화될 것 같아서 나도 시원했다. 그 정도로 따라와 주는 게 참 고마웠다. 그렇게 해서 JH와 상담이 시작되었고, 한 달에 한 번씩 일 년 정도 시간을 가졌다. JH는 내가 거주하고 있는 장수에서 두 시간 반쯤 거리의 C시에 살고 있었기에, 내가 일부러 C시에 가서 함께해 줬다. 그리 해 주고 싶었고, 그 아이에게 너무도 필요한 과정이었기 때문이다.

그때 JH 부모는 별거 중이었다. JH가 아기 때부터 부부의 관계가 좋지 않았다. 긴 세월 JH 아빠의 알코올과 폭력 등으로 시달리던 엄마가 용기를 내어 별거 선언을 했고, 강력하게 밀어붙여서 서로 떨어져서 산 지 수년이 되었다.

JH는 어릴 때 얼굴도 예쁘고 말도 잘 듣는 착한 딸이었다. 아빠의 음주·폭력 속에서 자라면서도 항상 엄마의 위안처가 되어 주었다. 별거 후에도 엄마에게 힘이 되어주는 깜찍한 말을 하면서 예쁜 짓을 해 왔기 때문에, JH가 그렇게 거칠어지고 애를 먹일 거라고는 상상도 못했던 것이다. 중3이 되면서부터 사춘기를 맞으며 갑자기 난폭한 성깔을 부리며 대들곤 하더란다. 나는 JH의 상태가 충분히 이해되었다.

경제적으로도 넉넉하지 못했고 심리적으로도 불안정한 환경에서 자라면서, 심성 착한 JH는 아빠가 밉고 엄마가 너무 애처로워 보였던 것이다. 그래서 한 달에 한 번 정도 들르는 아빠를 싫어하고 미워하며 대면도 잘 안 하려고 했다. 그저 엄마 마음에 들고자 애썼고, 엄마를 우선하는 삶을 살았다. 그러다가 사춘기가 되면서부터, 주변의 친구들과 비교도 되고 욕구체계도 확장되면서 자기 가정환경에 대한 불만이 확 치솟아 올랐던 것이다. 엄전한 엄마가 무능하게 보이며 답답해지기 시작했다. 도대체 자기의 앞날에는 희망의 빛이 보이지 않음에 우울하고 힘이 없어지면서 케케묵은 어두운 감정들이 폭발하고 있었던 것이다.

진학이나 미래 진로 문제 등을 상의하고 조언해 줄 사람도 없지,

경제형편이 이것저것 기웃거려 볼 수 있는 여유라고는 너무도 없지, 게다가 **어릴 적 Good Girl 증후군으로 알지 못한 가운데 쌓여온 우울 등, 한창 사춘기 때인 그 아이에게 어쩌면 자연스러운 증상이 아닐까 싶었다.**

나는 나의 시각을 마음 담아 얘기해 주면서 JH를 토닥였다. 내가 깜짝 놀랐던 것은, 내 이야기를 차분히 듣고서 한 JH의 말 때문이었다.

"큰스님, 고마워요. 제 속을 좀 털어놓고 울고 나니, 그리고 큰스님께서 제 마음을 깊게 이해해 주시니 속이 후련하고 편안해졌어요. 정말 고맙습니다."라고 했다.

'아, 애에게 소통할 사람이 필요했구나.' 하는 생각이 들며 마음이 아주 아팠다. JH는 매우 외롭고, 막막했던 것이다. JH의 엄마는 정말 좋은 사람이다. 삶의 모든 순간, 모든 상황을 묵묵히 수용하는 사람이다 보니 성격 차가 있는 사춘기 JH에게는 답답하게 보이기에 충분했다.

이런저런 얘기들을 조곤조곤 나누면서 더욱 JH가 이해되었다. 야심도 있고 적극적이며, 명석하기도 하고 언변도 제법이었다. 성격도 급하고 행동파였다. 초등학교 때 몇 번 보고 청소년이 되어서는 처음 봤기 때문에 그렇게 훌쩍 커버린 JH가 경이롭기까지 했다. 그런 JH에게 그때의 가정환경은 물질적으로나 관계적으로나, 참으로 열악한 상황이었으니 울화가 치밀고 마음이 조용할 날 없는 게 당연했다.

그렇게 한 시간 정도 자기 말도 들어주고, 이해해 주고, 앞으로의 일들도 차츰 나누어 가자고 하면서 마무리할 때 소감 한 마디 해보라 했더니, 녀석이 참 재미있고 사랑스럽고 기대가 되는 설렘을 선사했다.

"큰스님! 제 속이 뻥 뚫리면서 시원해졌어요. 큰스님과는 제 마음이 통해요. 엄마와는 얘기하면 할수록 답답해졌걸랑요. 다음달이 벌써 기다려져요. 고맙습니다."

"그래 다행이고, 고맙구나! 이젠 안 죽고 싶어지겠니?"

"네, 히히~~."

"JH, 스님도 JH랑 얘기 나눈 게 참 좋네. 나도 다음달이 기다려져~ ㅎㅎ."

다음달 2회기째 JH와 만났을 때의 일이다.

취미, 특기, 교우 관계, 진학문제, 포부 등 더 상세히 JH의 내부를 더듬어 가면서 JH가 당면한 가장 절절한 주제는 넉넉지 못한 경제 형편으로 어린 JH의 생각 속에서 마음껏 꿈을 그려볼 엄두가 안 났던 점이었다. 또한 둘째 주제는 어릴 적 Good Girl 역할을 하면서 자신도 모르게 쌓인 울화(슬픔과 분노)가 제법 커서 기초 정서가 부글부글한 것이다. 셋째는 그것을 **민감하게 감지하고 체계적 대응을 하지 못하는 엄마의 성품·기질적 특성과 심리 지식 부족의 한계로 인한 모녀간의 불소통 등이었다. 심성이 곱고 맑다 해서 자녀들과 잘 소통하는 부모가 되는 건 아니라는 것을 배우게 하는 참 좋은 사례 중 하나이다.** 우리 주변에서 흔히 볼 수 있는 정황이 아닌가!

이렇게 나누면서 JH에게 한 마디 건넨 피드백 후의 기적 같은 상황은 몇 년이 지난 지금에도 내 마음을 설레게 한다.

"그런데 말이야, JH! 너와 이야기를 하다 보니 네 아빠가 궁금해지네? 네가 말이야. 재능으로나 기질적으로나 긍정적인 면이 매우 많구나. 아마도 네가 아빠를 닮은 것 같아. 명석함과 저돌적인 도전 의욕과 말귀 잘 알아듣는 이해력, 경청력, 그리고 너의 내면을 표현해 내는 어휘 구사력이 대단해. 정말!!! '네 아빠가 그런 부분들을 잘 성장시켜서 확 피게 할 수 있었더라면, 지금과는 다른 모습의 아빠, 그리고 삶을 살았을 수도 있었겠다.'는 생각이 지금 드는구나. 너처럼 네 나이에 상담도 받고 지원도 해 주었으면 말이야, 그치?"

그때 갑자기 JH가 울기 시작했다. 꺼이꺼이 목 놓아 우는데, 울음이 도대체 그치지 않았다. 나는 JH의 울음이 그치도록 기다렸다. 큰 울음이 좀 잦아들자 아직 울면서 하는 JH의 말,

"큰스님, 고맙습니다. 아빠를 찾아주셔서 고맙습니다. 엉~엉~엉~ 고맙습니다. 정말~~ 제게도 아빠가, 그런 아빠가 ~~~~!!!!"

계속 울음이 그쳐지지 않으니까 울면서 쉬면서 한 얘기들이다.

"저는 아빠가 인간으로 안 보였습니다. 아무 쓸모도 없는, 짐승만도 못한 사람이라고 생각했습니다. 그런 우리 아빠를, 그렇게 말해 주셔서 고맙습니다."라고 하였다.

나는 경악했다. '아하, 이놈이 보통이 아니구나!'라고 생각하며 소름이 돋는 반가움에 같이 울었다.

사실 그 아빠도 슬프고 거친, 열악한 생육사가 있었다는 얘기를

그 엄마를 통해서 들은 터라 그렇게 말해 줄 수 있었는데 겨우 그 정도의 말을 듣고 그렇게까지 큰 의식 열림과 아빠 수용을 해 내다니!!!!!! 어찌 아니 놀랄 수가 있었겠는가! 한편 드는 생각은, JH가 아빠를 절실히 그리워했다는 점을 간과할 수 없다는 점이다. 누구나에게 필요한 그 '아빠' 말이다.

그 이후 JH의 엄마로부터 전해 듣기로 JH는 놀라울 만큼 변했고, 한 달에 한 번씩 찾아오는 아빠에게 눈도 맞추고 인사도 하고, 차츰 악수도 포옹도 늘려가며 아빠에게도 새로 딸을 얻은 듯 가족의 관계 분위기가 한결 좋아지면서 가정에 기적의 바람이 일렁인다고~~!!!

그렇게 일 년이 지났고, JH는 고교 입학, 나는 나대로 더 바빠지면서 방학 때만 겨우 서로 만났다. 수능 시험 마치고 아빠랑 여행 가기로 했다며, 기다림에 설렌다며 예쁘게 웃는 JH를 볼 때면, 내심 울컥 눈물이 나곤 했었다.

그러던 JH에게, 수능 고사 한 달 앞두고 아빠가 갑자기 저 세상으로 가셨다. "미안하다, 이렇게 가서! 그리고 사랑한다." 이렇게 짧디 짧은 메모 유서 한 줄 남겨놓고 간 것이다. 몸으로 때우는 노동으로 벌어서, 넉넉하지는 못해도 처자식 월 생활비는 안 빠뜨리고 대주던 사람이, 몸에 지병이 있는데다가 최근 체력도 현격히 떨어졌다는데~~ 감당해야 할 현실이 너무 버거웠을까, 이제 겨우 조금 살갑게 교류·교감하는 그 예쁜 딸을 두고 가다니!!!!

내가 장례식에 당도했을 때에는 저녁 9시쯤이었다. 아빠 가신 지가 만 하루가 되어 가는데, 아직 JH는 울지 않고 있었다. 엄마를 비롯해 집안 어른들은 걱정스러운 마음으로 쉬쉬 하고 있었다. 애가 너무 큰 충격으로 이상해진 게 아닐까 하고 조심히 바라보고만 있었다. 영전에 인사 올리고 JH에게 다가가서 가만히 안았다. 그리고 말했다.

"우리 JH이, 많이 놀랐구나!"

그랬더니~~~~~~~~~~~~~JH, 어깨가 들썩들썩 울먹거리더니

으앙~~~~~~~~~~~~~ 하고 터진 울음이 어찌 그리도 애절하고 뜨겁던지, 장례식장의 모든 사람을 울렸다. 울면서도 JH가 드디어 울어서 다행이라고, 내게 고마워했다.

"JH야! 네 울음은 아빠에게 보약이 될 거야. 아빠의 외로움과 고단함이 위로 받는 묘약이 되어 드릴 거야. 많이 울어라!"라는 말을 남기며 장례식장을 떠나왔다.

그 JH가 이제는 대학 2학년이 되었다. 내가 운영하는 참만남 집단 상담 클래스에도 여러 차례 참여했다. 들짐승처럼 거세고 막무가내였던 그 성정은 어디로 갔는지, 본래 예쁜 얼굴이 한창 물오른 과일처럼 싱싱하고 탱글탱글 빛나며, 예의 바르고 지성미 있는 숙녀가 되어 있다. 그 엄마와 JH 틈틈이 하는 말, "그때 큰스님 아니셨더라면!!!"이다.

그래, 그 말도 맞다. 그러나 JH의 총명함과 자기 삶에 대한 적극성, JH가 답답해 했던 그 어미의 성품이 지어 온 은은한 복덕, 그 공덕이라고 말해 주고 싶다. 남편이 별세하고 JH 엄마는 영아 돌보미로 생계를 보살피고 있다. 모녀의 삶의 여정에 축복 있으시길 비는 마음, 늘 촉촉이 훈훈하다.

내가 사적으로 만든 장학회가 있다. 일명 '참만남 장학회'라고. 내 수입의 전반을 인재 양성에 쓰고 있다. 나는, 내 장학회는, JH를 응원하는 기쁜 스폰서이다. 독일어를 전공 중인 JH, 졸업 후 행보도 궁금하다.

파이팅!!! 이 글을 읽는 모든 사람의 기도 응원이 보태질 것이니, 더욱 빙그레~^^.

♣ 이틀 전에 이 글의 대부분을 다 썼었는데, 키보드 클릭 하나를 잘못하여 원고가 날아가 버렸다. 글 한 꼭지를 쓸라치면 네댓 시간, 혹은 대여섯 시간씩 걸리는데~~~^^
'무슨 뜻이겠지' 하고 웃고 말았다.
오늘 다시 썼다.
이런 경험도, 빙그레 좋다.

♥ JH 엄마의 답신
스님! 안녕하십니까?
반갑습니다. _()_
이번 무더위에 건강은 괜찮으신지요?
우리 JH 이야기에 깜~짝 놀랐습니다.

사춘기가 한창 절정일 때 부모 잘못으로,(그때는 제 힘으로도 도저히 감당이 안 되었어요.) 참 아찔한 상황이 될 뻔했는데 스님께서 구원해 주셨습니다. _()_
그때 생각하면 얼마나 감사한지!
제가 살아오면서 정말 특별히 잘 살지도 않았는데 스님 은혜를 너무 많이 받았습니다. 그리고 JH가 아빠와 화해를 하지 않았으면 지금도 미워했던 죄책감을 품고 있지 않을까 싶습니다. 스님 덕분에 JH 아빠에게 스스럼없이 안기고 살가운 딸로 거듭 태어나, JH 아빠도 스님께 많이 감사해 하고 기뻐했습니다.
스님! 감사합니다. _()_ 어제 JH가 스님 덕분에 독일 연수도 잘 다녀왔습니다. _()_
스님! 감사합니다. _()_

스님! 사랑합니다. _()_ ♡♡♡♡♡♡♡

저는 지금,
──────────── 기적을 체험하고
있어요!

바른 생각이 부른 기적~

SR은 서른두 번째 가을을 맞이한, 아주 보기 좋은 체격을 가진 젊은 여성이다. 그런데 체격에 비해 체력이 달려서 늘 만성피로감 환자처럼 비실비실했다. 나에게 상담 요청을 하기 전 이미 다른 기관에서 개인 상담과 그룹 상담을 꽤 받아 왔다고 들었다.

"저는 왜 이렇게 항상, 주변 사람들에게 헌신적으로 전력투구할까요? 다른 사람들은 다들 안 그러던데~~ 투자만큼 메아리가 없고 혼자 너무 애쓰는 것이 손해 보는 것 같아 주변과 특히 직장에서 자꾸 자잘한 갈등이 생기고, 또 체력은 늘 달리고~ 그러면서도 부족하게 한 듯 여겨져 주변 눈치를 살피곤 하니 너무 힘이 들어요."라는 말로써 첫 상담이 시작되었다.

이런 상황일 때 상담자인 나는 내담자의 질문(want)을 세분화하면서 듣고, 대체로 두 가지 포인트를 주시하며 질문해 가면서 탐색작전을 편다. 그러한 행위(doing)를 할 때의 '기분(feeling)과 기대이다. 즉 행위의 동기를 선명히 함이다. 헌신적 작선(作善)을 할 때의 기분과 그 대가로 무엇을 기대하고 있는가?'를 자세히 더듬어 보면 선명하고도 확실한 '왜(why)'가 밝혀지고 그 동기가 드러나면 이어서 많은 것들이 해결되는 경험을 번번이 해 온다.

그녀의 표현에서 본인의 궁금증을 세분화하여 정돈해 보면,
○ 왜 나는 너무 애쓰면서 힘들게 사나?
○ 왜 눈치를 보나?
○ 왜 갈등, 말썽을 만드나?
○ 체력 회복이 가능할까?
○ 진짜로는 무엇을 구하나?

SR의 심리 내부를 탐색해 가는 데에 동원되는 옵션 소재들은 그녀의 목소리와 체격, 그리고 눈빛에서 내비치는 에너지 등이었다.

SR의 목소리는 조용조용 얘기하고 있어도 힘이 있고 까칠하게 거칠었다. 사실 SR의 어투는 겉보기로는 얌전한 편이었다. 그러나 잘 다듬어 숨기고는 있었지만, 분노와 공격적 에너지를 담고 있었다. 그 눈빛 또한 웃고 있어도 날카롭고 섬뜩한 광기가 있었는데 얼른 보기에는 눈동자가 반짝이는 것처럼 보일 수 있다.

이러한 것들은 그녀가 눈치를 볼 만큼 연약한 사람은 아니라는 것, 자신의 의도를 아직 제대로 규명해 내지 못해서이지 희생자 모드로 가장한 권력자 행세의 좌절임을 알아차리게 한다. 그 증거 중 하나가, '말썽이 자꾸 생기고~'이다. 진짜 눈치 보는, 힘이 없는 사람은 위축되어 있어 말썽을 만들 심리적 경황도 없다. 주거니 받거니 질의응답을 통해 여지없이 드러난 그녀의 정체는 역시, 권력형 주도자였다.

그녀의 헌신적인 행위들은 주도의 목적으로 쓰인 본인의 철저한 의도였고, 그 의도의 성과가 예상보다 늘 미흡해서 화가 나고 원망스러웠으며, 이런 과정들에 대한 심리를 선명히 인지하지 못한 연고로 뒤죽박죽 카오스 상태로 경험을 하노라니 체력 소모가 지나쳐 늘 피곤했던 것이다.

본인이 권력형 주도자 성향이라는 것, 강성(强性)을 감추고 선한 이미지로 어필, 선도해 가기 위해 헌신적 태도를 가장했었다는 것, 사실 본인이 그다지 희생적이고 이타적인 사람이 아니라 매우 이기적인 사람이라는 것이 분석되었고, 그것을 스스로 깨끗이 인정하면서 폭소와 실소가 그치지 않았다.

지친 노숙자 얼굴을 하고 와서는 실패한 권력 지향자의 어이없는 웃음으로 얼굴이 벌써 환해졌던 그녀였다. 이럴 때마다 알게 되는 흥미로운 사실 하나, 자신의 정체를 바로 알고 인정하며 정서적 변화를 확인할 때의 신체 반응이다. 피로감에 찌든 몸에 확 기운이 돈다는 것! SR 역시도 그때 그랬다. 갇혀 있었던 에너지가 터져 나오는 증상이다. 늘 놀랍고 재미있는 주제이다. 자신에 대한 바른 이해가 구원을 준 또 하나의 사례이다.

그런 SR이, 일주일 후 2회기부터 내놓은 삶의 얘기들은 아주 안타깝고 가슴 아팠다. SR의 초등 3학년 때 사업이 부도나고 나날이 술로써 위로를 삼으시던 아버지의 술주정이 심각해져 온 식구들이 오랜 세월 깊은 몸살을 치렀던 모양이다. 아버지 대신 어머니가 식당 일을 나가시며 가계를 책임지셨는데 SR이 중1 때 식당 칼국수 빼는 기계에 엄마의 손가락이 잘리셨단다. 그때부터 SR은 갑자기 성질이 폭발하여 아버지에게 대들기 시작, 스무 살 되던 해 아버지가 집을 나가실 때까지 죽기 살기로 난폭하게 몸싸움까지 하면서 아버지에게 폭언·폭행을 해댄 모양이다. 끝내 집을 나가신 아버지는 명절 때에도 아주 가끔 들리시고 다른 지방에서 남처럼 살아오기를 12년째라고 한다. SR은 아버지의 바뀐 전화번호도 모른 상태였고, 아예 연락하지 않은 지 약 3년이 다 되어간다고 한다.

1회기 상담을 한 이후 본인의 성정과 바탕 심성을 직면하고서는 자기가 왜 그토록 아버지에게 사납게 대들 수 있었는지 이제야 이해가 된다고 했던 SR이다. 장녀가 너무 심한 발작 증세로 아버지에게 대드니 엄마가 오히려 아버지 편이 될 수밖에 없을 정도로, SR의 신경증적 상태가 심각했던 모양이다. SR 왈, 차라리 죽고 없으면 좋겠다는 생각을 수도 없이 하며 아버지를 공격하고, 그분이 자기 아버지라는 것을 부끄럽게 여기며 힘들었다고 한다. 그 말들을 늘어놓으며 SR은 울고, 울고, 또 울었다.

"지금까지 다른 데서 개인 혹은 집단 상담을 받으면서 많이도 울어냈는데 아직도 울게 남아 있다니 우스워요. 아버지를 인간도 아니라고 생각해 왔기 때문에, 울 만한 가치도 없다고 생각하는데 또 눈물이 나다니, 어이가 없네요." 하며 모질게 입술을 다문 SR.

SR의 공격적이고 광기 어린 눈빛, 나지막하지만 까칠한 목소리 등이 이해되었고, 연민이 일었다. 그 힘찬 카리스마가 구겨져 온 세월이 안쓰러워 눈물이 났다. 어린 SR의 거친 세월을 충분히 공감해 주고 그 마음들을 안아 주었다. 그러나 내 눈에 보였던 커다란 희망, 확실한 사실 하나는, 'SR의 분노가 너무도 일방통행이었다는 것! SR의 존재가 뿜어내는 전체적 에너지는 충분히 사랑받고 자란 흔적이 가득하다는 것!'이다. 그것은 그냥 나의 예리한 촉수가 감지해 내는 각별한 감각으로서의 앎이다.

충분히 울음을 함께한 다음, 위의 뇌 촉수에 감각적으로 닿은 내용을 담보로 질문했다.

"그래, 네가 그토록 발악하며 거세게 아버지에게 대들 때, 아버

지의 반응은 어땠었니? 잘 기억해 봐."였다. 질문을 받은 SR은 잠시 눈을 감고 생각에 잠기더니,

"제가 미친 듯이 소리 지르고 물건을 내던지곤 해도, 아빠는 그냥 가만히 계셨어요. 아빠 술을 많이 드시고 말로 주정은 하셨어도 폭력적이지는 않았어요. 제가, 제가 폭력적이었어요. 정말 저는, 그때 미쳤었거든요!"

다음 질문~

"그랬구나! 그런 네 광기의 발악을 네가 다 표출하지 못하고 참았거나, 아니면 아빠가 맞서서 제압하셨더라면 너는 어떻게 되었을 것 같니? 얼른 대답하지 말고, 깊게 머물러서 생각해 봐~."

좀 있다가 SR이 하는 말

"아마 저는 더 미치든지, 죽었을 것 같아요. 정말!"

나는 빙그레 웃으며 말했다.

"흠~ 스님 생각에도 네가, 능히, 그랬을 것 같구나, 그치?"

"아버지께서 너의 그 광기를 받아주셨던 거지! 그것을 받아주실 수 있었던 건 무엇일까?

SR아! 네 내담자(학대 아동, 청소년)들의 부모들이, 잘못이 있었음에도 애들에게 폭행하여 상처가 되고 문제가 되는 것을 잘 알고 있지? 네 아빠도, 비록 당신에게 잘못이 있어도, 능히 네게 그러셨을 수도 있었어!"

SR도 모 상담센터에서 청소년 상담일을 하고 있는 상담자이다.

SR은 고개를 앞뒤로 ㄲ덕ㄲ덕하며,

"아, 정말 그러네요. 한 번도 생각 못 해 봤네요.~"

"부도가 나기 전, 아빠가 술꾼이 되기 전, 아빠는 네게 어떤 아빠셨니?"

"저를 정말 예뻐해 주셨어요."

"그래~ 아빠는 너를, 너무도 사랑하셨던 거야! 그 사랑으로 너를 수용하신 거지. 그리고 아빠는, 너처럼 강성의 기질이 아니고 순둥이셨던 거야. 선한 아빠가, 부도로 인해 그토록 사랑하는 딸을 난폭하게 만들었으니 미안한 마음이 무척 크셨겠지! 아빠는 너를 무지무지 사랑하셨던 거야. 사랑으로, 네 거친 꼬락서니를 다 받아주신 거야. 너는 두 가지 점에서 참 다행이고 감사한 일이 있어. 너의 속을 표출해 내며 비울 수 있었다는 점과 네가 사랑을 충분히 받았다는 점이지."

SR은 온몸으로 부정하고 싶어 했다. 극도로 적대시하고 무시하는 사람의 사랑을 인정한다는 건, 아버지에 대한 자신의 분노와 행위를 부정하거나 반성해야 할 것 같은 압박에서이다. 다시 어린 나이에 경험해 온 SR의 분노와 미움과 안타까움을 따스하게 토닥여 주면서,

"정서적으로까지 어떻게 느껴야 하는 건 아니야. 그냥 사실을 사실대로 인지·인정만 하자는 거지. 그 다음 자연스럽게 우리 마음이 어떻게 흘러가는지 지켜보는 거야. 화이팅!"

이렇게 아버지와의 사이에 가는 물꼬를 터놓고서 2회기 상담을 마쳤다. 그 이후부터 SR의 변화는 정말 놀라웠다.

아래에 몇 개의 본인 상담 후기를 싣는다. 본인의 글 그대로 교정 작업 없이 원문을 옮긴다. 더욱 실감나게, 생생함을 느끼게 하기 위함이다.

♬ 상담 후기 1(2018.07.23. 월)

버스를 타고 가는 지금도 땀이 날 정도로 더운데 뭔가 가슴은 찬 음료를 마신 것처럼 시원한 느낌이 계속 느껴집니다. 정말 신기해요.

아빠에 대해서 정말 하나도 진심으로 미안하지 않았어요. 약간 미안하다고 한다면 엄마가 말씀하신 것처럼 '그래도 아빤데 좀 너무한가?' 했던 정도인데 제 안에 있던 화, 거칠었던 에너지를 받아주는 타깃이 되어주셨던 것에 대해 생각해 보고 느껴 보면 조금이나마 미안한 마음이 느껴집니다. 정말 그렇게 생각해야 할 것 같아서가 아니라 진짜 그런 마음이 들어서 신기해요.

그런 마음에 내가 아빠에 대해 화해해야 할 것, 버릴 것들에 대해서 찾을 수 있을까 긴장도 느껴지고, 찾고 나면 또 어떤 것을 경험할까에 대해 기대감도 느껴집니다. 그리고 어정쩡하다는 느낌에 대해서도 명료해진 시원함이 있었습니다. 제가 참 열심히도 포장해 대다 보니 뭘 어떻게 해도 뭘 선택해도 자연스럽지 않고 시원하거나 명료하지 않은 게 그래서였다는 것을 알게 되는 마음이 있었습니다.

이렇게 오늘 상담에 대해 복기하다 보니 뭐랄까, 저는 참 제가 맥아리 없고 우울하고 처져 있다가도 가끔 에너지가 올라와서 경조증이 있나 했는데 어떤 식으로든 에너지가 많다는 것을 알고 인정하니 내가 그것을 잘 알고 잘 사용할 수 있다면 참 좋겠다는 생각도 들었습니다.

♫ 상담 후기 2(2018.08.06. 월)

삶에 기적이 있다면 눈앞에서 죽은 사람이 살아나는 게 기적이 아니라 저의 지금 마음이, 생각이 기적인 것 같아요.

이전에도 학대 피해 아동을 만나거나 뉴스를 봤을 때, '그래도 학대라 생각할 정도로 나를 때린 것도 아니고, 시설에 버리고 가거나 하지 않았으니까 최악에도 등급이 있다면 그래도 인간 쓰레기급은 아니지' 하고 생각한 적은 있어요. 하지만 그게 마음에 큰 울림이 있거나 하진 않았고 오히려 약간 빈정거리는 마음이 있었는데, 오늘은 진짜 감사하는 마음이 느껴졌습니다. 말씀드린 것처럼 인정하고 싶지 않고 받아들이고 싶지 않았는데, 머리로도 '그 정도에 감동받다니 진짜 쉽다.' 이런 저항들이 막막 올라오는데 그래도 진짜 사랑이 아니었으면 받아주기 힘들겠다는 생각도 딱 마음 한쪽에 자리 잡은 것 같습니다.

스님이 말씀하신 것처럼 오늘을 기점으로 진짜 인생이 바뀔 것 같고 덕분에 제가 놓치고 있던 깨알들도 앞으로 놓치지 않고 좋은 깨떡을 만드는 재료로 삼을 수 있겠다고 내 마음을, 생각을 수용하고 안아주는 것이 어떻게 다른지를 체험적으로 경험해 보니 다름

을 알고 깊이도, 선명함도 달라져서 정말 좋았습니다. 감사합니다.~

♬ 상담 후기 3(2018.08.13. 월)

스님께 상담받고 마음 공부 지도받고 있는 다른 도반들이 개인 상담에 대해서 이야기를 나눌 때, 내가 아직 모르는 내 속 모습을 받아들이고 싶지 않고 알고 싶지도 않고 아직은 알 준비가 안 되어 있어, 그런 나를 만나게 될 것이 두렵다고 자주 말했던 기억이 납니다.

그랬던 내가 지금은 두려움보다 시원함이 느껴지고 또 얼룩이 묻어 있던 안경이 깨끗해지는 느낌과 좀 더 안경을 더 깨끗하게 만들고 싶다고 하면 지금 이 마음이 설명될까 싶습니다.

아빠를 생각하면 분노, 짜증, 무시, 스스로에 대한 분노감 그리고 그것을 꾹꾹 누르고 머리로는 좋은 쪽으로 애써 해석하고 의미를 찾으려 했던 동시에 그것에 저항하는 힘들이 한데 모여 진창이 되었고 그 힘이 이전에는 100, 200 계속 올라갔었다면 지금은 50 정도로? 뭔가 바람 빠진 풍선이 된 것 같습니다.

돌이켜보면 저도 술을 한 1, 2년은 안 마시는 날이 드물었고 만약 몸이 안 좋아지지 않았다면 지금도 계속 마셨을 것 같습니다. 안 마시면 너무 마시고 싶고 마시면 기분이 좋아져서 끊기 힘들었는데 나이 오십에 담배를 끊을 정도로 독한 양반이 술은 못 끊고 있는 걸 보면 스님 말씀처럼 아프고 병이 난 사람인데 그 아픈 사람이 그나마 그 정신, 그 상태 유지하고 사느라 애썼다 싶습니다. 스님께서 아빠가 언제부터 술을 마셨는지? 어떤 아빠의 역사가 있는지 물으셨을 때 깨달았는데, 저는 아빠에 대해서 아는 게 정말 없었다는 겁니다. 처음으로 그것에 대한 자각과 진짜 무관심했다는 것도 알았습니다.

일단 지금은 이 평온하고 몽글몽글한 상태가 너무 행복하고 좋습니다. 사랑하고, 사랑하고, 사랑합니다. 사랑한다는 말을 쓰면서 이렇게 눈물이 난 적이 없었는데, 쓰면서 눈물이 나지만 그래도 좋고 좋습니다. 감사합니다. 감사합니다.

♬ 상담 후기 4(2018.09.03. 월)

1. 상담이 끝나고 나서는 집에 오는 내내 가슴이 트이고, 몸이 가볍고, 시원하게 한 숨 한 숨 쉬어지면서, 몸이 개운하게 느껴지는 것을 신기하게 느끼면서 돌아왔습니다.

2. 회피가 아니라 사랑에 대해서 분명하고 확실하게 느끼고 싶어서였다는 말이 무게감 있게 다가왔습니다. 또 다른 곳에서 징징거린다고 해결될 문제가 아니었다는 말에 많은 동감을 하였습니다. 제 안에 있는 양심에 감사하고, 제 안에 있는 사랑에 감사하고, 스님께서 잘 이끌어 주셔서 감사합니다.

3. 내가 받고 싶은 사랑만이 사랑이라고 여기며 다른 것은 되었으니 그것을 달라고 떼를 쓰고 있었다는 것을 깨달았습니다. 그 자리에 묵묵히 있어 주시는 묵직한 사랑을 느꼈습니다. 제게 어떤 조건을 달지 않고 그냥 딸이기 때문에 주어지는 무한한 애정, 묵묵하게 기다려 주신 것들을 느끼면서 저 또한 술을 마시지 않고, 다정하고, 돈을 잘 벌어오고, 가족한테 잘하는 아빠만이 아니라 그

냥… 정말 그냥 아빠니까 그 존재만으로도 감사하고 사랑해야 함을 느꼈습니다. 아빠는 잘못한 게 있으니까 상처받아도 된다고 생각했고, 다 자업자득이라고 생각하고 정말 못되게 많이 굴었는데 먼저 말을 걸어주거나 밥을 먹자고 한 건 아빠였네요. 그게 참 당연한 게 아니었는데 너무나 당연하다고 생각했던 것 같습니다.

아빠를 생각하면 예전에는 감정들과 생각들이 떡이 되어서 복잡하고 혼란스러웠습니다. 그런데 이젠 애정과 감사함, 나에 대한 사랑과 어쨌든 아빠의 병이나 운이 나쁘거나 무능했거나 하는 속성들이 분리된 것처럼 느껴집니다. 그러면서 제 양가적인 마음에서 오는 혼란스러움이나 괴로움들이 아주 옅어진 것을 느낍니다.

4. 할머니가, 아빠가, 엄마가, 내 동생들이 준 사랑들이 정말 양이 아니라 다른 색깔, 다른 질감들로 제 안에서 알알이 저를 만들고 있다는 느낌이 참 좋습니다. 내가 가진 좋은 것들도 당연히 그것들이 온 곳이 있었을 텐데 그냥 내 안에서 스스로 자랐다고 생각했던 것 같아요. 좋은 깨들을 주셨고 받은 것들이 잘 자라서 제 안에서 싹틀 수 있도록 도움이 많았던 것에 감사하였습니다.

♫ **상담 후기 5**(2018.09.10. 월)

새 학기가 시작되면서 여유로울 것이라고 생각했던 9월이 제 예상과는 다르게 너무 많은 일들이 물밀 듯이 밀려들어 오네요. 계속 '써야지' '써야지' 하면서 못 썼다가 아침에 스님 카카오 톡을 보고 '내가 또 일에 끌려 다니고 있었구나. 지금 중요하게 해야 하는 것을 해야 하는데 그러지 못하고 있구나. 급하다. 조금 차분해지자.'

는 자각이 있었습니다.

상담이 끝나고 어디 갈 일이 있어서 엄마가 데리러 와 주셨어요. 제 얼굴을 보시고는 오늘은 상담에서 무엇을 이야기했는지 관심을 보여주셨습니다. 지난번 장수에 한 번 같이 다녀온 이후에 제가 상담에서 아빠에 대해서 느끼는 감정과 마음의 변화에 대해서 엄마에게 말하면 이전과 달리 적극적으로 물어 오시는 관심이 좋았습니다. 좋음의 이유는 '엄마도 내가 변해 가는 걸 느끼고 있구나, 그리고 궁금하시구나' 하는 것들이 좋게 느껴졌습니다.

그렇게 말로 이야기를 하다 보니 정리되는 것들이 많았어요. 신기하고 놀랍고 기쁘다는 감정이 다시 체험되었고, 그것을 함께 나누고 피드백 받을 수 있는 것이 좋았습니다.

첫 번째는 처음 상담을 시작할 때 뭘 해야 할지도 잘 모르겠다가 아빠에 관해서 이야기를 하면서 놀랐던 것들 '아직도 이것들이 내 안에 깨떡으로 크게 있잖아!' 하는 불편감과 상담을 쭉 진행하면서 아빠가 그 자리에 아빠로서 있어 주시는 것들, 주셨던 사랑들에 대해 알아차림과 체험들, 저의 미안한 마음들에 대한 것들이 얕은 수준이 아니라 좀 더 깊은 수준에서 이해되고 공감되고 그것들이 알알이 뭉쳐가면서 제 단단한 뿌리가 되어주시는 것들이 신기하고 기적처럼 느껴졌습니다.

이렇게 아빠에 대해서 떠올렸을 때 가슴 답답한 짜증이 올라와 연민과 안타까움이라는 감정이 느껴질 것이라고는 진짜 몇 주 전에도 상상을 못했던 일입니다. 그리고 맛있는 걸 먹으면서 아빠가 떠올랐다는 것 자체가 너무 놀라웠어요. 슬프기도 하고 안타깝기도 하고 여러 가지 복잡했지만 절대 싫지 않은 감정들로 다가왔습니다.

이러한 놀라움에 대해서 엄마에게 말씀드렸더니 자신이 말할 때는 듣지도 않더니 하시면서 이번 추석에 아빠를 만나면 이 마음들에 대해서 이야기를 전달해 보라고 하셨습니다. 이전에는 엄마가 말씀하시는 '그래도 네 아빠잖아'라는 말이 참 화가 났는데 이제는 '그러네… 진짜 그러네' 하고 부드럽게 받아들여지는 느낌입니다.

두 번째는 부모님이 생명을 주시고 뿌리가 되어주고 이렇게 이어져 있구나 하는 것들이 정말 더 선명하게 다가오는 것이었습니다. 가족들이 어쩔 수 없이 함께 가야 하는 사람들이 아니라 좀 더 유기적으로 연결되어 있고, 따뜻한 사랑이 바닥에 흐르고 있다는 것을 느끼면서 B시에 살고 있던 동생도 심리적으로 더 가까워진 것 같은 느낌이 들었습니다.

그리고 '부모님 감사합니다. 사랑합니다.'라는 것이 의지적으로 하는 것이 아니라 훨씬 더 자연스러워지는 것이 좋았습니다.

세 번째는 이렇게 이 과정, 과정들에 함께해 주는 가족들과 스님에 대한 감사함이었습니다. 스님께서 말씀하신 외할머니와 아빠에 대한 것, 진짜 메마른 곳에서 그래도 나름으로 열심히 노력했던 아빠가 엄마를 만난 게 가장 큰 행운이 아닌가에 대한 이야기, 아빠의 외로움, 그것에 대한 안타까움, 연민들을 엄마랑 나눌 수 있는 것에 대한 감사와 스님께서 잘 안내해 주시고 저를 정말 깊이 공감해 주셔서 여기까지 잘 데려와 주셨구나 해서 감사하는 마음이 들었습니다.

또 엄마를, "참 바보다, 왜 저렇게 참고 살고 이혼 안 하지? 왜 아빠랑 이렇게 떨어져 사는데 할머니를 모시고 사는 거지?"에 대해서 내가 다 컸다고 생각했는데 그렇게 생각한 제가 너무 어렸다고 느껴지고 '엄마가 참말로 어른이시다, 이게 어른의 마음이구나' 하고 느껴지는 감탄이 있었습니다. 그래서 이 성질 못된 딸내미도 품어주시는 것 같아 감사했습니다.

쓰다 보니 너무너무 길어지는 것 같아요. 그렇지만 이렇게 생각했던 것들을 적으면서 내 자신의 삶이 더 선명해지고 정리되는 것들이 많아 참 소중하고 즐거운 작업이라고 느껴집니다.

감사합니다. _()_

♣ 이렇게 SR은 변했다. 생각의 대전환이 정서의 변화뿐 아니라 삶의 태도까지 달라지게 만들었다. SR은 요즘 아주 예뻐지고, 유순해지고 활기차졌다. 가장 달라진 것은 정말 많이 행복하다고 말한다. 이번 추석 명절이 기대된다. SR네 가정에 불어오는 훈풍, 가슴 뭉클하다.
사업 부도로 자식들에게 인정과 대접을 받지 못하고 거리에서 노숙자 생활을 하는 세상의 아버지들이 많다는 것을 안다. 이들의 가정에도, 그 어떤 식으로든 따뜻한 가족의 온정이 회복되길 빌며 깊게 마음 모은다.
이 또한 본인에게 허락받고 공유한다. 허락을 받기 위해 연락 드리며 사례 원고를 보냈더니 허락하면서 아래와 같은 메시지가 날아온다.

♥ "스님, 제가 진짜 지금 혼자 있거나 아니면 집에라도 있었으면 정말 영영 울었을 것 같아요. ㅠㅠ."

마음거울

일상의 삶에서도 마찬가지겠지만 상담 과정에서는 더욱,
매우 중차대하게 여기는 것이 바로
내담자의 느낌(정서·감정·기분)을 정확하게 라벨링 하는 것이다.

울보 병아리
──────── 처자가
투견(鬪犬)이 되다

W는 잘 울었다. 아담하니 작은 키에 얼굴도 딱 CD 한 장 크기로 이목구비가 제법 또렷하고 귀여운 생김새라 어디를 함께 가면 예쁘단 소릴 곧잘 듣는다. 늘 겁이 많은 표정으로 움츠리고 있기 때문에 연약해 보여서 연민지심을 갖게 하던 처자였다. 대학 4학년 때부터 알고 지냈고 6년여 동안 개인상담 및 집단상담 지도를 상당히 많은 횟수 받고 있는 단골고객(?) 중 한 사람이다. 마침 상담심리학과 전공생이기 때문에 개인의 내부 관리 및 상담자로서의 자질 향상을 위해서도 그 교육이 필요해서였다.

상담의 핵심과제 역시 자신의 여린 마음, 특히 아버지가 두려워

아버지 앞에만 가면 쫄려서 기(氣)를 펴지 못하는 자신의 마음경향을 제대로 좀 다스려보자는 것이었다. W의 부친이 W의 대학원 시절 나를 한번 찾아 오셨다. 객지에 유학 간 딸이 도대체 무엇으로 상담을 받고 있는지 궁금하셨고, 또 고만한 나이의 딸애에 대한 여러 궁금한 것들을 오랜 기간 상담해 주신 선생님께 물어보고 싶으셨던 것 같다.

아니나 다를까 그때 확실히 알게 된 사실 하나, "역시 W가 아버님께 쫄릴 만도 하다."였다. 얼마나 공격적으로 말씀하시고 권위적이시던지, 얼마나 자기중심적으로 자녀를 대하시던지, 옆에 함께하는 사람으로서도 조마조마하게 여겨지도록 다그치시던 모습, 아직도 생생하다. 그때도 W는 내내 겁에 질려 울고 있었고, 그런 딸을 보고 아이처럼 그저 질질 짠다고 소리 높여 나무라시던 W 부친의 모습, 사실 많이 놀랐었다. 그러시는 W 부친에게 내가 오히려 보호자처럼 좀 부드럽게 말씀해 주십사 하고 간곡히 호소하던 기억도 새롭다.

그랬던 W가 지금은 사자 같고, 투견 같이 사나워졌다. 레슬러처럼 위풍당당한 기세가 되었고, 이젠 더 이상 누구도 겁나지 않다는 듯 씩씩해졌다. 사실은 그렇게 변한 것이 아니라, 그 아버지의 그 딸로 아버지의 성격을 꼭 빼닮아 있는 본 모습을 회복했다고 하는 것이 옳다. 상담과정에서 아주 섬세하고 명료하게 자신의 내면을 직면하면서 비로소 거기, 자신의 본 성정에 가 닿은 것이다. 아직은 틈틈이 모가 있고 거친 모습들이 아슬아슬한 마음이 들게도 하지만, 전문상담가의 길을 걷고 있고 성실히 정진하는 마음공부꾼으로서 늘 타의 모범이 될 정도로 성심껏 자신을 닦아가고 있으니 걱정 없다. 오히려 과연 어떤 모습으로 숙성되어 갈까 기대된다.

수 년 동안 W가 개인적으로 나를 만날 때나 학우들과 집단상담 수업 중 함께할 때의 일관된 모습은 연약한 희생자 모드였다. 표현이 매우 소극적이고 곧잘 울면서 호소하듯 작은 목소리로 말하곤 했는데, 그녀가 어쩌면 강성(强性)일 수 있다는 생각을 하게 하는 단서가 한두 줄 엿보였다. 어느 집단상담 수업 시간에 또 그녀가 작은 아이처럼 애처롭게 울고 있을 때 동창생 한 분이 냉소적 태도를 보였다. 그녀에게 공감하지 않을 뿐만 아니라 질투인지 미움인지 노크해 보고 싶게 하는 굳은 표정이었다.

물어본 즉 매우 엉뚱한 고발이 나왔다. "재가 생활 속에서는 너무 다른 모습을 가끔 봐서요. 지금 이 모습이랑 헷갈리네요."였다. 생활 속에서는 가만가만 이기적이고 자기중심적이며 은근히 얄미운 과(科)라는 것이다. 그 사람도 매우 주저주저하다가 용기 내어 한 마디 한 것이었다. 그리고 또 한 자락, 우연히 W의 남자친구를 만나게 되었는데 그 사람 하는 말, "아니 개가 상담 받을 게 뭐가 있지요? 자기 하고 싶은 대로 다 하고 사는 사람이 또 뭐가 부족해서?"라며 농담처럼 웃으며 뼈 있는 말을 했다.

위의 두 정보를 유념하면서 차근차근 더 깊게 탐색해 가면서 정말 W는 애당초 연약한 사람이 아니라는 것이 드러나기 시작했다. 정돈해 본 즉, 어릴 때에는 그래도 제법 명랑하고 활기 있던 W가 자라면서 심히 강압적이고 신경질적인 아버지의 태도에 적응하기 위해 내민 카드가 바로 우는 것이었다. 일방적인 폭언폭행으로 어머니와 싸울 때 어린 W가 울기 시작하고 무서워서 덜덜 떨고 있으면 그나마 아버지의 행동이 일시정지 되면서 가정의 전쟁분위기가 다소 잦아들었던 것이다. 어린아이지만 그런 역동을 기민하게 알아차리고, 나름대로 가정 분위기를 조정하는 역할자의 소임을 자청한 것이다.

그리고 강력한 힘으로 나무랄 때에 얼른 울면 아버지의 행동이 좀 누그러지는 것을 확인하며 그렇게 울면서 연약하게 굴기 시작한 것이다. 그것이 익어지면서 자신의 습관이 되고 인격이 되어, 그 시작의 애처로운 의도는 스스로도 잊어버린 채 자신이 본래부터 연약하고 울기 잘하는 성정의 사람이었던 것처럼 행동하며 살았던 것이다. 그러면서도 한편 어떤 상황에서는 자기의 본성이 선명하게 드러나 위의 동창과 남자친구의 말처럼 이중인격을 만나곤 하니 자기 자신도 자신의 정체가 불분명하여 헷갈렸던 것.

이렇게 탐색하여 스스로 시인하며 조금씩 연약성에서 벗어나고 있던 즈음 방학 특강으로 집단상담 일주일 마라톤 수업을 하던 재작년 여름 캠프 때의 일이었다. 아무리 끈질긴 분석으로 본성을 선명히 마주했다 할지라도 너무 긴 세월 동안 다른 모습으로 가장한 삶을 살아오다 보니 본성이 현실화되는 데는 세월이 좀 걸리게 마련이다. 그래서 방학 특별 수업 때 간식처럼 프로그램 하나를 개설했다. 일명 '개싸움'이다. 두 사람이 마주하고, 머리만 직접 부딪히지 않고 조심하면서, 마치 개가 된 듯 소리 지르며 몸싸움을 하는 것이다. 기대효과는 짐승처럼 거침없는 소리 지름을 통하여 마음 속

울체된 분노나 우울 에너지를 쏟아내고, 몸으로 힘차게 밀며 기(氣) 싸움을 하면서 공격에너지를 자아올려 삶 속에서 타인의 강압으로 억압되었던 스트레스들을 털어내 보자는 깜짝쇼 같은 게임이다.

이때 W의 개싸움 광경을 본 모든 사람들이 경악했다. W 자신도 깜짝 놀랐다고 말했다. 어디서 그런 질풍노도 같은 소리와 에너지가 나오는지, 그런 속 모습을 어찌 감추고 살아올 수 있었는지, 감동과 기적의 한 장면이었다. 그렇게 허물을 홀라당 벗어던진 W는 그 후론 더 이상 연약모드의 모습을 보이지 않았다. "W가 달라졌어요."의 역사를 한 편 쓴 것이다. 아버지 앞에서도 이제는 너무도 당차게 자신을 표현하고, 오히려 아버지를 능가하는 에너지를 보이며 교류하게 되니 부모님도 놀라고 있는 중이다.

얼마 전 W의 어머니로부터 통화 요청이 왔었다. 근래에, 따님인 W의 심리적·경제적 자주독립 선언과 아버지와의 당돌한 부딪힘에 대해 걱정하면서 선생인 내게 자문을 구하는 의도가 실려 있었다. 나는 차근차근 W 성격 변화의 역사를 상담선생으로서 풀이해 드렸다. W가 건강한 어른이 되어가는 건강한 과정을 치루고 있는 중이라면서 걱정 마시라고 했다. 사실 W는 명석함과 기민한 감수성을 지니고 있으며, 깨우침과 실천을 성실히 쌓아가고 있는 수행자의 한 사람으로 믿을 만하기 때문에 그렇게 말씀해 드리는 데 전혀 주저하지 않았다. 강하고 당찬, 그리고 자립적인 자신의 속 모습을 찾았고, 연륜 따라 다듬어 가기만 하면 되는 통쾌한 새 삶을 시작하는 W의 앞날에 힘찬 박수를 보낸다. 어린 병아리 같던 울보

처자가 투견 같은 힘찬 어른이 되다니!!!

이와 같은 사례들은 적지 않다.

부모의 성격, 교류방식, 삶의 형편 등을 적응하기 위해 아이들은 자신의 본성을 버리고 다른 옷을 갈아입고 살아온 나머지 다른 사람이 되어 있는 경우들 말이다. 다른 사람이 되어 있다손 어떠하랴! 그러나 대개의 경우 자신의 삶을 살지 못하고 다른 삶을 살아내기 위한 노력의 과정에 정서가 울체되기 일쑤이고, 또 자신의 본성이 가져다주는 삶의 경험을 하지 못한 데 대한 억울함이 남는다. 성장 과정에 왜곡된 타고난 성품을 직면하고, 잘 다듬어서 활용하며 살아간다는 것은 신나는 일 아닌가!

안정된 가정 분위기에서 충분히 존중받고 자란 아이, 그 아이가 어른이 되었을 때 보여주는 삶의 안정된 모습, 그려보기에 참 좋다. 그런 사회를 만들어 가는 것이 상담문화의 핵심 목표라 해도 과언이 아니다. 그래서 오늘도 나는, 사람을 만나고 있다.

【 나의 상담 사례 원고를 읽고 쓴 소감 】

먼저 스님께 감사드리는 마음을 전하고 싶습니다.

6년 전, 제가 학부 4학년 때, 스님을 처음 뵈었습니다. 그 이후로 지금까지 쭉, 저를 놓지 않으시고 자비와 지혜로 이끌어주신 은혜에 진정 감사드리는 마음입니다. 그 덕분에 제가 성장할 수 있었고, 지금도 새로운 과제를 접하며 성숙의 방향으로 힘차게 나아가고 있는 중입니다. 스님이시기에 가능하셨다고 생각합니다.

사례로 작성해 주시니, 저의 과거와 현재, 미래가 선명히 통합되고 그려지는 유익함과 그간 저를 지도하여 주신 과정이 뭉클하게 다가옵니다. 감사합니다. 스님, 사랑합니다_()_♥

○ 핵심과제에 따른 자기 직면의 시간

상담 초반의 제 모습을 떠올려보니 정말 유약했습니다. 아버지 앞에서는 속수무책으로 휘둘리고 후달렸습니다. 아버지로부터 받는 심리적 압박, 스트레스가 저의 세계를 온통 뒤흔들고 있었기 때문에, 이 여린 마음과 눌린 기를 회복하는 것이 중요한 과제였습니다. 스님께서는 그러한 저의 핵심 과제를 정확히 짚어내시고, 큰 그림 아래 저를 상담, 지도해 주셨습니다. 자기 직면의 시간은 너무 고통스럽고 괴로웠지만(그래서 상담 초기 중간에 도망가기도 했지만), 끝내는 제 자신의 자유를 찾아가는 과정이었음을 인식시켜 주셨고, 그러한 담금질의 과정을 통해 제 자신을 있는 그대로 받아들일 수 있게 되면서 제 삶에서는 큰 변화가 생기게 되었습니다.

○ 이중인격의 모습을 통해 숨겨진 본성을 찾아냄

때로는 욕심과 성취욕·이기적·자기주장이 강한 행동으로 미움을 사다가 또 어떤 상황에서는 유약·연약 모드로 울먹이고 한 없이 작아지는 모습은 굉장히 대조적이라, 저를 보는 사람들이 당황스럽고, 얄미워하는 마음이 충분히 있었을 것이라 받아들여집니다. 저도 장에서 들었던 피드백 및 스님의 가르침을 통해 이중적인 제 모습에 대한 알아차림과 혼란감이 더욱 커져가서 그 간극이 보기 싫고 괴로웠습니다. 제 문제에 떡이 되어가는 느낌이었습니다. 그런데 스님은 그런 저의 이중적 모습의 컷들을 잘 파악하시어 저의 성정이 원래 연약모드가 아닌 아버지의 근성을 타고난 아이임을 알아내셨습니다. 그 안목이 참 놀랍고 배우고 싶습니다.

○ 개싸움을 통한 본성의 회복

스님을 통해 발견된 저의 근성을 온전히 발휘하기 위해서는 그동안 꽁꽁 묶어 놓은 분노를 터뜨려야 했습니다. 유약한 제 모습은 워낙 오랜 세월 제 본성과 다름없을 정도로 한 몸처럼 살아왔기에, 그 과정은 단순 상담으로만 해서는 쉽게 풀어질 문제가 아니었습니다. 스님 말씀대로 '억압된 분노, 에너지를 털어내고 쏟아내야 연약모드의 피부 껍질을 벗겨내고, 본 모습을 되찾을 수 있기' 때문에 이 작업은 상당한 고난이도의 작업일 것입니다. (물론 저는 상상도 할 수 없습니다.) 잘못해서 분노를 쏟아내게 했다가, 그 분노가 어느 상황이든 터져 나와 그 분노 자체가 자신의 인격이 될 수도 있기 때문입니다.

그래서 스님께서는 충분히 준비가 될 때까지 기다리셨다, 터트릴 시기에, 개싸움을 붙여주셨습니다. 그 개싸움을 통해 저는 저의 연약 모드에서 확실히 탈출할 수 있었고, 저의 근성을 온전히 마주할 수 있었던 효과가 있었습니다. 그리고 거기에서 끝나는 것이 아닌, 이어진 후속 작업을 통해, 휴화산처럼 어느 때고 터져 나오는 저의 거친 분노를 다듬어 갈 수 있도록 지도해 주셨습니다. 그 과정도 한세월이었고, 고비도 정말 많았지만, 스님께서 자비와 날카로운 지혜로 저를 품어주신 덕분에, 큰 불은 상당수 끄고, 새로운 삶의 방향으로 전환할 수 있게 되었습니다.

○ 앞으로 삶의 방향성 명료화

상담 사례를 통해 저의 과거를 바라보니 잊고 지냈던 기록이 새록새록 나며 흥미롭습니다. 스님의 기억력이 신기하고, 상담과정을 훑으면서는 놀라움에 새삼 더 존경스럽습니다.

상담의 핵심 문제 속에는 과거·현재·미래가 모두 농축되어 있음을 깨달으며 유익합니다. 제가 걸어왔던 발자취를 들여다보니, 현재의 모습과 과제가 당연시하게 여겨지며 편안해집니다. 또 현재의 과정 끝에 있을 미래의 모습을 떠올려 보니, 앞으로 삶의 방향성과 정진에 대한 의지와 희망감이 생겨나며 차분한 마음으로 현 문제가 달게 받아들여집니다. 큰 그림이라는 것이 바로 이런 것일까, 혼자 상상해 보며 이러한 과정을 함께 해 주시는 스승님이 계셔 주심에 참 복되고 감사하다 여겨집니다. 더 열심히 정진하여 저의 역량을 잘 발휘해가고 싶습니다.

○ 자신의 본성을 되찾는 것이 중요한 이유

마지막으로 제 사례는 상담에서 내담자의 기질(본성)을 발견하는 것이 왜 그렇게 중요한지 그 이유를 선명히 알 수 있었습니다. 자신의 성정대로 살지 못할 때, 유익하지 못한 이유들을 스님의 글을 통해 다시 한 번 읽어보며 정말 그렇다, 동의가 되고, 다사다난

한 과정이 많이 있었지만, 제 본래의 모습을 가지고 살아가는 것이 현재는 좋고, 다행이라 여겨집니다. 제각기의 기질에는 타고난 보석이 숨겨져 있다고 생각합니다. 다듬어지지 않은 원석만 보았을 때는 가망이 없다고 생각하여 본 모습을 숨기고 싶을 수도 있습니다. 저 또한 그런 마음이 있었으니까요. 스님은 그런 원석 속에 숨겨져 있는 보석을 알아보시고, 빛나는 부분은 살리시고, 거친 부분은 다듬을 수 있도록 안내해 주시는 분이십니다.

저 또한 아직도 다듬어 나갈 부분이 많이 있고, 갈 길이 멀지만, 제가 받은 수혜를 생각하면, 미래에는 스님처럼(스님만큼은 불가능해도) 저도 사람들의 원석 속에서 저마다의 보석을 찾아주는 상담자가 되고 싶다는 마음이 올라오며 뭉클합니다. 저의 과거를 발목을 붙잡는 도구로 쓰지 않겠습니다. 스님의 말씀대로 안정적이고, 서로 존중하는 가족 문화의 중요성을 깨달으며, 미래의 아이들이 그러한 환경 속에서 자라날 수 있도록 조력하는 상담자가 되겠습니다. 온고지신의 자세로 임하겠습니다.

가르침을 주시는 스님, 감사합니다. 존경합니다. 사랑합니다. _()_

　　　　　　　　　　－ 스님을 존경하고 사랑하는 제자 W올림

♣ 스님 적다 보니 소감이 길어졌습니다.
　 스님께 편지 올리는 마음으로 한 자 한 자 적었습니다.

　 스님, 정말 감사드리고 존경합니다.
　 그리고 사랑합니다 _()_
　 앞으로도 성실히 정진하겠습니다 _()_ ^^♥

2부

참만남,
행복 여행

참만남 집단 상담 후기

삶은 표현이다. 표현과 교류를 위한 미학이다.

교류할 때 핵심 도구는 표현이다. 글이든, 말이든, 행동이든, 표정이든, 침묵이든, 우리는 표현으로 교류하고 관계한다.

표현이란 드러냄이요, 제대로 드러내야 최대의 창조, 효율이 이루어진다.

삶은 표현이다! 그리고 삶은 관계이다. 삶의 현장은 표현미학의 뜰이요, 표현을 통한 관계의 장(場)이다.

장(場)의
─────── 역동 미학

장(場)을 안내해 온 세월이 상당히 길다. 내가 여기서 말하는 장(場)이란 참만남 집단상담 교육장을 말한다. 그 교육장은 삶의 축소판이라 해도 과언이 아니다. 곧 삶 속의 관계의 내면 모습을 아주 잘 나타내는 곳이라는 뜻이다. 또 나는 말하곤 한다. 장(場)은 업경대(業鏡臺)라고⋯ 장에서의 교류를 통하여 여러 측면의 마음 상태와 인격 수준을 보여주는, 생생하게 비추어 주는 거울이라는 의미다. 장 경험을 해 본 사람이라면 위의 말들을 유감 없이 이해하고 받아들일 것이다. 게다가 심리학도들은 사람의 심리에 대한 구조적 이해체계가 기본적으로 갖춰져 있으므로 더욱 절절히 직·간접적으로 체험한다.

약 35여 년 동안 참만남 교육장을 안내해 왔다. 그런데도 새로운 장이 열릴 때면 늘 긴장된다. 긍정적 긴장감이다. 이번에는 또 어떤 마음들을 만나게 될까? 나눔 속에서 구성원들은 각자 자신의 마음에 어떻게 가 닿을까? 어떻게 인지하고 공유하며, 깊어지기도 하고 자유로워지기도 하며, 혼란을 겪기도 하고, 서로 다투기도 하며, 친근해지기도 하면서 어떤 드라마를 펼칠까? 또 어떤 역동(逆動)을 그리며 한 생(生), 한 생(生), 큰 일생(一生)을 만들어 갈까?

또한 나는 늘 설렌다. 구성원들의 삶들을 내가 어떻게 함께해 가게 될까 하는 궁금함으로… 그것은, 새 얼굴에서만 기대되는 것이 아니다. 오래 묵은 장도 마찬가지이다. 구면(舊面)의 묵은 장일수록 만남이 더 새롭고, 깊어지고, 관계도 더 돈독해진다. 물론 구면의 묵은 장에서까지 이와 같은 체험을 할 수 있다는 것은 이 계통에서 보낸 세월의 연륜과 경륜의 공덕일 것이다. 사람에 대한 통찰력과 통찰의 깊이만큼의 사람 사랑, 사람의 성숙에 대한 어버이 같은 마음으로서의 염원, 그 무엇보다 사람의 행복을 온전히 빌며 대하는 기본 태도가 이제는 어느 정도 인격으로 자리한 덕택일 것이다.

즐겁기만 한 단순 설렘이 아니라 경건한 긴장감으로 기대하게 되는 것은 그곳이 진지한 학습장이라는 점에서이다. 크게는 마음의 자유(해탈)와 사랑(자비)의 인격을 길러가고, 작게는 다양한 삶의 지혜를 익혀 갈 수 있는 곳, 그 무엇보다 인간 이해의 폭을 넓혀갈 수 있는 삶터로서 그만한 곳이 없다 할 정도로 인간의 다양한 내면 모습들을 한꺼번에 접하게 된다.

외향적 성향이 농후해 보여도 끝내 내향적 작업을 통하여 안정감과 성숙을 꾀하는 나로서는, 또 더불어 있을 때보다 홀로 고요히 있을 때 더 에너지 충전이 되고 내면의 깊이를 더해가며 만족감을 느끼는 나로서는, 어쩌다 시작한 참만남 집단상담 안내자 역할이 때로는 너무 힘겹고 귀찮아서, 훌쩍 벗어나고 싶은 마음이 굴뚝같을 때도 많았다.

그런데도 이 일에 꾸준히 매력을 느끼며 그만두지 못하는 여러 가지 이유가 있다. 충분히 책 한 권의 분량이 될 수도 있는 참만남에 대한 여러 이야기, 그동안의 경험을 바탕으로 한 이론 체계와 실재들을 정돈하여, 언젠가 차분히 글로 써서 한 권의 책으로 묶어보고 싶다. 그 생각은 항상 나에게 심중(深重)한 책임감을 동반한 숙연한 기쁨을 준다.

참만남 학습장에서 기대할 수 있는, 기대하게 되는 하고많은 의미, 유익함 중에서 기록할 만한 것 하나가 장 역동이다. 역동으로 인한 개개인의 심층(深層) 심리 터치와 탐색, 일파만파의 드라마틱한 교류들, 교류 속에서의 치열한 성장통(成長痛), 그리고 한 고비한 단계씩 나아가는 과정들을 지켜보는 일은, 하면 할수록 신비하고 자못 경건하다.

사람에 대한 존중과 축복을 하지 않을 수 없게 한다. 사람에 대한 자가류 판단을 경계하고 끝없이 지켜보게 하며, 사람과 사람의 삶이 얼마나 귀하고 소중한가를 거듭 깊이 깨닫게 한다. **한 마디 한 마디에 이어지고 이어지는 심리역동 속에서 깨우쳐가는**

삶의 지혜는 말할 것도 없고, 우리가 암암리에 억압하며 내동댕이친 자신의 그늘진 마음들이 얼마나 많은지를 소름 끼치게 알게 한다. 그 마음들이 역동 속에서 고개를 쳐들고 민낯을 드러내며, 어떤 식으로든 존재 자체를 인정받고 사랑받고 수용해야 녹는다는 것을, 그러기 위해 표현을 수단으로 삼는다는 것도 알게 한다. 그래서 일단 입을 쳐다보게 되고, 여하튼 그 어떤 표현이든 높이 여기게 된다. 장의 역동! 장맛의 진수가 거기에 있다 해도 결코 호들갑스러운 말이 아니다.

장 역동은 연기(緣起)다. 중중연기(重重緣起)다. 처음에는 한 사람 한 사람의 개인적 교류가 시작된다. 한 사람의 입에서 나오는 그 어떤 내용의 마음 자락도 구성원 전체의 마음에 가닿아 어떤 식으로든 영향을 미친다. 이때 그 파급 영향은 각기 다 다르다. 각자 주관적 인지체계로 받아들이기 때문이다. 물론 대체로 같은 마음이라고 여길 만큼 상식적 이해 영역이 있다. 그러나 그 상식적 이해 영역이라고 하는 것에조차 틀림없이 개인적인 경험을 바탕으로 한 각자의 받아들임이라는 것을 철저히 알게 한다.

이 대목에서 그룹 안내자에게 두 가지 미션이 주어진다. 하나는, 각자 자기 안에서 화자(話者)의 말이 어떻게 접수되고 있는지 명료하게 알아차리게 한다. 어떻게 필터링하여, 자신의 내면에 있는 과거 경험의 마음과 만나게 되는지 깨어 있도록 하는 일이다. 다른 하나는, 가능하면 화자(話者) 입장에 서서 화자의 마음을 온전히 이해하고 공감하고자 하는 에너지를 학습하게 할 일이다.

전자(前者)가 후자(後者)에 밀려 자신의 마음을 제대로 만나는 데 방해가 되어서도 안 되며, 전자에 치여서 후자의 인격이 길러지도록 하는 의지가 약해서도 안 될 일이다. 절묘한 조화를 가지고 전자와 후자가 개운하게 성취되도록 해 간다면 참으로 멋진 성숙 놀이가 된다. 이 성숙 놀이의 놀이터가 장(場)이라면, 안내자는 이 놀이를 잘 안내해 가야 할 책임자이다. 수많은 국면에서 이같이, 현재 자신의 마음과 지향 인격의 마음이 서로 조화를 이루도록, 현재를 온전히 수용하며 미래를 힘써 부지런히 지향해 가도록 해 가야 한다.

이 모든 과정의 역동이 연기적(緣起的)으로 진행되며 흘러 간다. 이것을 함께하며 바라보는 일, 참으로 벅찬 경이로움이다. 사람이 얼마나 이기적인지, 주관적인지, 과거 지향적인지, 그러면서도 끝내 얼마나 총체적으로 객관적일 수 있으며 사랑이 가득한 존재인지, 짧은 시간에 진한 경험을 하면서 푸지게 알아가게 하는 곳이 참만남 장이요, 참만남 역동의 장면들이다.

사실 이러한 장(場)은 더불어 살아가는 세상의 모든 순간에 임하게 된다. 학습장에서는 더욱 더 바람직한 마음 모습, 관계 인격을 학습해 보자는 것이다. 생활 장에서는 그러한 연기적 역동 속에서 의식적으로 깨어 있지 않는다면 자칫 관계에 휘둘리며 살아가게 된다.

상담심리학 대학원생들 및 상담일을 맡은 사람들과 더불어 꾸준히 참만남 학습장을 해 가고 있다는 것이 새삼 의미 있게 여겨져 감사하다. 우리 모두 관계 역동에 눈을 뜨고 서로에게 행복의 주체가 되고 조력자가 되면서, 사람을 대하는 일이 호흡처럼 자연스럽게 되어 가시길 기원하며 글을 마친다.

위의 글은 약 3년 반 전 2015년 7월에 쓴 글이다. 거듭 읽어보아도 좋다. 사람과 함께하며 그 내면을 치열하게 들여다보며 깨어 있게 하고, 잘 나누게 하며, 이해와 사랑의 인격 지향, 끝내는 그것에조차 얽매이지 않는 자유의 인격을 지향하는 학습을 지도해 온 지 어언 39년 세월이 흘렀다. 내게 이런 인연이 맺어짐에 늘 감사한다. 좋은 인연으로 거듭날 수 있도록 이끌 수 있는 소양 역시 진정 감사히 여긴다. 오늘도 내일도 날마다 기도와 정진, 그리고 사람 사랑의 업무에 나름의 최선을 다한다. 그 결실의 한 소쿠리를 이렇게 한 권의 책으로 엮어보고자 하는 지금의 마음, 고맙고 설렌다.

2019년 1월 힐링캠프 명상의 집 대화 씀

01

복둥이공주
이정은

'나'는

_____ 참 행복한

사람입니다

○ 삶의 끈을 놓고 싶었던 까닭

3년 전, 22층 아파트 베란다에서 투신자살을 꿈꾸는 나를 발견했다. '아, 내가 창문을 열고 뛰어내릴 수도 있겠구나.'라는 생각이 들어 마음공부 중에 있는 친구의 도움을 받아 스승님을 만났다.

스승님께서는 힘겨운 삶을 전투적으로 살아내느라 너덜너덜해진 내 마음을 한눈에 꿰뚫어 보셨고, 삶의 끈을 놓으려는 나를 가치지향을 향해 굳건히 걸을 수 있도록 인도해 주셨다.

나는 평생 '가난'이라는 굴레 아래 '나'를 버리고 살았다. 부모님은 당신들의 부모님에게 사랑받고 성장하지 못하셔서인지 경제적으로도 정서적으로도 늘 가난하셨다. 그래서인지 나도 늘 가난했다. 부모님은 사이가 좋지 않으셨고 그 사이에서 나는 불행했다. 부모님처럼 살기 싫었고, 부모님보다 나은 사람이 되는 것으로 복수하고 싶었다. 그래서 책을 읽으며 더 나은 사람이 되고 싶었고, 더 나은 삶을 꿈꾸었다. 그러나 현실은 녹록하지 않았다. 수도원으로 도피한 적도 있었으나 하느님의 선택을 받은 것이 아니었기에 끝끝내 살아내지 못했다.

수도원에서 보낸 4년여의 공백으로 사회 일원으로 바로 서기란 쉽지 않았다. 그래서 공부하기로 작정하고, 몇 달 노력 끝에 대학에 진학할 수 있었다. 장학금을 받으며 공부했고, 어렵게 임용고시에 합격해 교사가 되었다. 그러나 나의 삶은 나아지지 않았다. 알코올 중독자가 되어 가족들을 힘들게 하시는 아버지, 그런 아버지를 미워하며 우울증으로 눈물 흘리며 그 한풀이를 내게 쏟아내시는 어머니, 두 분을 거두며 제대로 살기란 쉽지 않았다.

술에 취해 어머니를 폭행하고 주방에서 칼을 들고 나와 칼부림을 하려 드시는 모습을 보고는 고민 끝에 아버지를 정신병원에 강제 입원을 시켜 1년간 치료를 받게 하였다. 그러나 아버지는 당신이 알코올 중독 환자임을 인정하지 않으셨고, 나를 원수처럼 여기셨다. 병원에서 나온 뒤에도 근 2년 동안 술 때문에 가족들을 괴롭히셨다. 하지만 2년간 극진하게 모시면서 아버지를 설득하여 끝내 술을 끊게 했다.

이러한 삶을 사는 동안 나는 그분들의 쓰레기통이었다. 그분들의 감정을 받아내야 하는 쓰레기통. 그러나 나는 내 감정을 알아주지도 않았고, 그 감정을 무시하며 살았다. 그러다 임계치에 다다랐고 자살을 꿈꾸는 나를 발견하게 된 것이다.

스승님은 이런 나에게 '참만남 마음 수련'을 제대로 해 볼 것을 권하셨고, 이 기회를 잡지 못하면 죽을 수도 있겠다는 생각이 들었다. 그래서 매달 P시에서 장수를 오가며 공부하기 시작했다.

정신적·경제적 가난은 나를 온전히 나로 살지 못하게 했다. 여성으로서의 삶도 포기하게 했고, 제자들과 지인들에게 사랑을 갈구하며 성취 지향적 삶을 살아내게 했다. 미친 듯이 일을 하며 그것으로 존재의 가치를 부여하고는 했다. 내가 나를 존중하고 사랑하지 않다 보니, 그러한 삶이 지속되기는 어려웠다. 탈진(Burn-out syndrome)이 온 것이다. 그게 바로 3년 전 자살을 꿈꾸던 시점이다.

스승님의 가르치심과 도반들과 함께 하는 공부를 통해 나는 내가 왜 이러한 삶을 궤적을 그렸는지 이제는 안다. 이러한 생육사의 그림자가 내 생각의 발목을 잡아 부정적 감정을 지니게 한다는 것을 안다. 어떻게 다루어야 하는지도 안다. 참으로 행복한 일이다. 나와의 참만남으로 인한 내 마음 알아주고 안아주기, 그리고 도반들의 진정한 공감을 토대로 한 위로와 격려, 나 또한 도반들의 가슴에 마음으로 가닿는 성심 어린 참만남 등을 통하여 나는 거듭났다. 새로운 삶을 찾았다. 얼마나 감사한지! 나는 이제, 나의 어떤 마음도 삶도, 있는 그대로 만나고 존중하고 격려한다. 나 스스로~ 그곳에서 삶의 에너지를 얻는다. 또한 도반들과의 진정한 마음 나눔,

삶 나눔 등으로 충전 받는다. 참만남 공부는 나를, 우리를, 평화롭게도 자유롭게도 풍요롭게도 한다.

○ 삶을 온전히 수용하자 찾아온 행복

지금 나는 사춘기보다 더 무섭다는 갱년기를 앓고 있다. 오십 평생을 '가난'이라는 굴레에서 벗어나기 위해 '나'를 버리고 살았기에, 이렇게 빨리 청춘을 보내기 싫었고, 나이 듦에 따른 신체적 변화를 받아들이지 못해 몸부림을 치고 있었다. 나는 다시 꼬꾸라졌다. 그러던 중, 왜 이리 갱년기를 'welcome!'하지 못했는지 스승님과의 개인 상담에서 또 한 번 깨우치게 되었다. '그래지는 거야!'라는 스승님의 말씀 한 마디가 내가 살아온 삶과 그리고 앞으로 살아가야 할 삶을 온전히 수용하도록 이끌어 주셨다. 그러자 마음도 몸도 편안해짐을 느꼈다.

개인 상담을 마친 후 스승님을 모시고 공부하는 월례정진을 받는 동안 허리가 아프고 왼쪽 하지로 저림 증상이 심해짐을 느꼈다. P시로 올라온 다음날 병원을 가니 '디스크 파열'이라는 진단명이 내려졌다. '피식' 웃음이 나왔다. '오셨습니까, 온전히 수용하고 잘 받아들이겠습니다.'라는 기도가 저절로 나왔다. '참만남'은 이런 변화를 가져오게 한다.

나이 50이 넘은 싱글로 80이 되어 가시는 두 부모님을 모시고 살아내야 할 삶이 쉽지 않음을 안다. 여전히 사이가 좋지 않은 부모님과 일상을 살아내면서 내 마음을 다루어 내는 것부터 부모님과 이별을 준비하고 이별 후 홀로서기를 해야 하는 것, 그리고 노화로 인해 예전 같지 않을 내 몸 상태와 조우하는 것 등 어려운 일들이 줄지어 있을 것이다. 그러나 두렵지 않다. 나를 이끌어 주시는 스승님과 함께 공부하는 도반들이 있기 때문이다.

나는 행복하다. 행복하지 않을 이유가 없다. 가치 지향점을 분명히 하고, 내 마음이 어떤지 순간순간 멈추어 감지할 줄 알고, 그 감정을 온전히 알아주고 수용할 줄 아는 힘이 있기 때문이다. 또한 그 마음이 어떤 생각에서 기원한 것인지 알기 위해 애쓰고 있으며, 그 생각의 밭을 풍요롭고 가치 있게 하기 위해 독서하고 사색하고 있기 때문이기도 하다. 나와의 참만남, 저항하지 않는 수용의 만남을 하고 있기 때문이다.

매월 둘째 주, 나는 장수 '명상의 집'에서 공부를 계속해 가고 있을 것이다. 자유롭고 행복한 나, 자유롭고 행복한 세상을 위하여!

마음거울

02

일광
김혜숙

새로운

삶

올해 여름이 너무나 더워서 가을이 올까 하는 의구심이 들었다. 그런데 9월에 접어들며 서늘한 바람이 불기 시작하더니, 이제는 올여름 더위가 기억나지 않을 만큼 아침저녁으로 바람이 차다. 무더웠던 여름은 무더웠던 대로 좋았고, 서늘한 가을은 가을대로 좋다. 드높고 푸른 가을하늘을 배경으로 나뭇잎이 선명하게 빛난다. 내 삶도 저 나뭇잎처럼 참만남을 배경으로 더욱 선명히 빛날 수 있길 기원하며 나에게 참만남의 의미가 무엇인지 되짚어본다.

○ 등에 업은 아이 찾기

2012년, 나의 세상은 하얀 구름으로 덮여 있었다. 아니 푸른 바다에 잠겨 있는 회색도시 같았다. 나는 살아 있었지만, 살아 있다고 느껴지지 않았다. 몸은 물에 젖은 솜방망이처럼 무거웠고, 햇살 아래 서 있을 수 없을 정도로 어지러웠다.

참만남의 계기가 된 그날도 몸이 많이 불편했지만, 남편과 함께 장수 명상의 집에 계신 스님을 뵈러 갔다. 스님은 본채에서 우리 부부에게 차를 대접해 주셨다. 그리고 '등에 업은 아이 찾기'라는 말씀을 들려 주시며 스님께서 쓰신 '마음의 고향에 닻을 내려라'라는 글을 권해 주셨다. 집에 오자마자 스님이 보내주신 글을 읽었다. 그리고 그날 밤 하염없이 울었다. 왜 나에게 사는 것이 그렇게 힘들고 지치는 일인지 알게 되었기 때문이다. 나는 어디에 마음의 닻을 내려서 살아야 할지를 모르고 있었다. 바람 부는 대로 쉼 없이 흔들리며 어디로 가야 할지 모른 채 떠돌며 살고 있었다.

그해 봄, 나는 스님을 찾아뵙고 공부하고 싶다고 말씀드렸다. 스님은 주 1회 매주 화요일 저녁 3시간 개설되고 있는 팀에서 공부할 기회를 열어주셨다. 그리고 그때를 계기로 나는 지금까지 명상의 집 큰학교 학생으로 공부하고 있다. '인생의 목적은 무엇인가?', '인생에 있어서 가장 중요한 것은 무엇인가?'라는 물음으로 시작된 공부는 때로 표류하기도 하고 뒷걸음질치기도 했다. 하지만 내 마음을 알고, 다루고, 나눌 수 있는, 성숙한 인격을 갖추고 질 높은 삶을 살겠다는 지향점으로 지금까지 참만남을 가장 가치 있는 공부로 여기며 하고 있다.

나는 참만남 공부로 새 삶을 얻었다. 참만남을 공부하기 전에도 나는 책임감이 강하고 성실한 직장인이었고, 가족에게 충실한 엄마였고 아내였으며, 사회에 정의로운 관심을 가진 착한 시민이었다. 하지만 나는 깊은 우울감에 빠지는 날이 많았으며, 가슴이 답답하고 열심히 일하며 살아도 끊임없이 허전하고 외로웠으며 행복하지 않았다. 아이들이 자라면서 나의 삶은 더욱 삐거덕거렸다. 내가 이루지 못한 것들을 아이들이 이루어 주길 원했다. 하지만 아이들은 내 뜻대로 되지 않았다. 아이들은 아이들대로, 나는 나대로 불행했다. 마음대로 되지 않는 현실은 지옥과 같았다.

그런데 참만남 공부를 통해 그 모든 것들이 오직 나의 욕구로부터 비롯되었다는 것을 알고, 나와의 참만남이 시작되면서부터 괴롭던 현실이 하나, 둘 풀리기 시작했다. 깊이 있는 참만남 공부를 위해 개인 상담을 하며 나는 얼굴에 핏줄이 터지도록 울고, 기도하고 또 울고 배우고 기도하면서 마음의 고향에 닻을 내렸다. 그리고 끈질기게 나를 괴롭혔던 우울감에서 벗어났다.

○ 기적처럼 새로운 세상이 열리다

2018년, 지금 나는 젖은 솜처럼 무겁던 인생에서 깃털처럼 가벼운 인생을 살고 있다. 회색도시이자 흑백도시였던 세상은 이제 제 모습 그대로 찬란하게 빛나고 있다. 머릿속에서 쉼 없이 재잘대던 소리가 멈추기 시작하면서, 마음은 고요하고 몸은 가벼워졌다. 이제는 햇살 아래 서 있어도 더는 어지럽지 않다. 그리고 기적처럼 나의 삶과 세상이 바뀌었다. 나는 세상이 야속하다고 생각해 왔다.

하지만 내가 내 안의 그림자에 갇혀 세상을 제대로 보지 못하고 있을 뿐이었다. 시비가 그치고, 시기가 멈추고, 세상을 향한 나의 울부짖음이 잠잠해지자 가족, 동료들, 지인들, 세상의 참모습이 보이기 시작했다. 그들로 인해 내가 외로웠던 것이 아니라 내가 그들을 외롭게 하고 있었다. 그 존재 자체로 별처럼 아름답게 빛나는 그들의 이야기를 듣고 그들의 마음에 머물고 사랑하자 그들이 내게로 왔다. 가슴이 떨렸다.

새로운 세상이었다. 오직 나의 채널로 상대를 보고 판단하고 느끼다가, 상대에 관심하며 그 이야기에 귀 기울이고 마음에 가닿자 기적처럼 교류 온도, 삶의 온도가 달라지며 새로운 세상이 열렸다. 지금 나는 오랫동안 만나왔던 가족들, 동료들, 지인들을 새롭게 만나며 울고 있다. 그동안 그들이 외로웠을 마음이 아파서 울고, 새롭게 알게 된 그들이 너무도 좋아서 운다. 이제 나는 그들과 물리적인 친밀감을 넘어 정신적 유대감을 느끼며 나와 그들이 다르지 않음을, 하나로 연결된 큰 고리의 형제임을 안다.

일을 대하는 나의 모습도 바뀌었다. 나는 일하는 것을 좋아하고 성취해야 할 일이 있으면 앞만 보고 달려가는 사람이었다. 그렇다고 동료들을 챙기지 않았던 것은 아니지만, 성취해야 할 일이 가족보다 동료보다 우선이었다. 하지만 질 높은 삶, 교류 인격을 지향점으로 두면서 삶에 있어 가장 고귀한 성취는 가족, 동료들과 나누는 삶, 교류라는 것을 알게 되었다. 일의 성취의 핵심에 참만남의 교류가 있으며, 참만남의 교류가 없는 성취는 허깨비처럼 의미가 없었다. 일의 성취 또한 결국은 사람의 행복을 위한 것이기 때문이다.

오후 늦게 큰딸에게 전화가 왔다. 실습장에서 속상했던 일들을 쉴 틈 없이 거친 말들로 쏟아냈다. "그렇구나!" 맞장구를 치며 잘 들어줬다. 한참을 불평불만을 쏟아내더니 "엄마한테, 말하고 나니 속이 다 후련하네! 이젠 괜찮아."라고 하며 밝은 목소리로 말한다. 단지 잘 들어줬을 뿐인데 큰딸은 스스로 중심을 잡고 자신의 위치로 돌아갔다. 큰딸과 나는 일상 몇 가지를 더 나누고 서로를 응원하며 사랑의 메시지를 주고받고 전화를 끊었다.

예전에는 행복해지려고 그렇게 노력해도 행복해지기 힘들었다. 아니 오히려 더 깊은 불행 속으로 빠져들었다. 그런데 이제는 행복해지는 일이 참 쉽다는 것을 안다. 내 생각 속에 그들을 가두지 않고, 세상 밖으로 나와서 그들을 만나기만 하면 된다. 나에게 끊임없이 깨어 있기만 한다면 행복은 항상 내게 있었다. 단지 내가 모르고 있을 뿐이었다.

내 가슴에 관심을 기울여서 나와 참으로 만나면서 나는 외롭고 막막했던 터널을 벗어나 밝고 새로운 세상으로 나올 수 있었다. 그리고 상대의 가슴에 관심을 기울여서 상대와 참으로 만나면서 세상이 얼마나 따뜻하고 아름다운지 알게 되었다. 50이 다 되어 알게 되어 미안하고 안타깝지만, 지금이라도 알게 되어 가슴 떨리며 기쁘다. 알지 못했다면 그들이 나를 얼마나 사랑하는지, 내가 그들을 얼마나 사랑하고 싶은지, 세상이 또한 나를 얼마나 사랑하며 응원하고 있었는지 제대로 알지도 느끼지도 못하고 살아갔을 것이다.

지금 세상과 맨살로 함께 마음을 나누며 알아가는 순간들이 참 귀하고 감사하다.

알게 된 나,
─────── 변화한 나

인생은 혼자 살아가는 게 아니다. 온, 오프라인에서 누군가와 매 순간 만난다. 참만남은 관계 속에서 내 마음을 만나게 하는 과정이다. 내 가슴과 네 가슴에 안부를 묻는 것으로 시작되어 1/n의 역할을 하고, 입으로 마음을 공유한다. 참만남은 관계 인격의 달인이 되게 하는 배움의 장이다. 상담자라면 반드시 평생 해 가야 할 공부라 생각한다. 지난날들을 회상하며 참만남이 나에게 미친 영향들에 대해 적어본다.

2010년, 나이 27세, 아는 사람 없이 광주에서 전주로 이사와 기숙사 생활을 하며 석사과정 중에 있었다. 학부에서 사회복지를 전 공하고, 상담학을 부전공하다 고민 끝에 심리학 석사까지 오게 되 었다. 입학하고 이틀 뒤 지도교수님의 명예퇴직 자리에 참석했다. 허탈하고 외로웠다. 그렇게 홀로 지내다, 석사 2학기에 이영순 교수 님이 오셨고 지금의 지도교수님이 되셨다. 그때는 그저 지도교수님 이 생긴다는 것 자체가 안도였고, 반가움이었다. 교수님께서는 우 리의 이야기를 귀 기울여 들어주셨고, 관심하며 물어봐 주셨다. 무 엇을 더 배우고 싶으며, 무엇이 필요한지, 무엇이 어렵고 힘든지….

심리학은 단순히 이론만 잘 알면 되는 학문이 아니다. 사람 그 자체가 치료 도구로 쓰이기 때문에 '나'라고 하는 사람에 대해 잘 알고 인격과 실력을 동시에 닦아야 하는 학문이다. 인격 수련의 일 환으로 이듬해 봄에 대화 스님을 초청하여 마음수련 프로그램을 수강하게 되었다.

2011년에 다시 참만남 공부가 시작되어 2018년 현재까지, 나는 전북대학교 참만남의 시작이자 현존하는 가장 오래 묵은 제자이 며, 개근생(皆勤生)이다. 흘러온 세월만큼 시간, 돈, 에너지도 많이 들었다. 내가 투자한 시간, 돈, 에너지 몇 배 이상의 유익함과 삶의 질이 달라졌기에 대화 스님을 초청하여 과정을 들을 기회를 열어 주신 이영순 교수님과 참만남을 안내해 주신 대화 스님께 깊은 감 사를 드린다.

아래의 수식어들은 참만남을 통해 알게 된 '나'이다.

거칠게 공격적인

알량한 자존심을 내세우는

내 말만 하는

허세, 허영심 있는

과장되게 표현하는

이기적이고 철없는

시기심과 질투심이 많은

내 마음에 맞지 않으면 관계를 끊는

표현하지 않고 알아주길 바라는

지나가는 사람의 말 한 마디에도 푹푹 쓰러지는

존재감 없는

열등감에 사로잡힌

권위에 납작 엎드리는 비굴함

화가 나면 스스로 못마땅한

아무 말도 안 하고 울기만 하는

부모님을 무시하는.

　하나씩 알아갈 때마다 가슴이 미어질 듯 통증이 왔고, 두통을 모르고 살던 내가 두통에 시달리고, 이것은 내가 아니라고 부정하고, 하루에도 수십 번씩 감정이 오르락내리락 하고, 다 때려치우고 내 고향으로 돌아갈까 고민에 고민을 거듭하고, 이런 내가 달라질 수 있을까? … 사람이 달라질 수 있을까? … 정신이 아득해지고 이런 나를 어떻게 해야 하나 막막했던 세월이 흘러갔다. 어느 날은 너무 괴롭고 고통스러워 제발… 제발… 내가 사람이 되면 좋겠다고. 스스로가 받아들여지고 스스로를 사랑할 수 있었으면 좋겠다고 간절하게 간곡한 기도를 올렸다. 참만남을 통해 '나'라는 사람이 거듭날 수 있다면 될 때까지 해보겠다고 다짐을 했었다.

스님께서는 매 장이 시작될 때마다 설문지 명상을 통해 묻고, 또 물으셨다. 자신의 마음을 있는 그대로 이해와 존중과 사랑으로 수용하며 보다 성숙한 방향으로 스스로 안내해 갈 수 있는 사람이 된다면 좋겠는가? 참만남을 진짜 원하는가? 참만남이 필요한가? 등 가치성에 대하여 깊게 사색하도록 안내하셨던 것이 참만남을 더욱 지속하게 했다. 그 덕분에 참만남을 통해 유익함과 부도나지 않을 안전한 행복을 얻었다.

인생은 표현이라는 것.
표현하지 않으면 하느님도 모른다는 것.
그 어떤 감정도 소중하다는 것.
자기 자신에게 진실해지려는 것.
10만큼 느꼈으면 10만큼!
10만큼 느꼈는데 50을 표현하지 않도록 유념하는 것.
정직하고 힘 있는 자기표현을 통해
자기 자신을 옭아매던 것들로부터의 자유.
사람을 향한 관심과 자비 온도 증가.
부모님을 이해하고 존중하며

자기사랑이 생겨남.

아무 말이나 많이 하길 좋아하던 내가 표현을 조절할 수 있게 됨.

장 역동과 장 미학에 눈을 뜨게 됨.

그 사람의 마음, 그 사람의 필터체계,

그 사람의 역사까지 깊이 공감하는 것을 배움.

내 필터에 철저히 깨어 있으며 경청해야 한다는 것.

공동체 의식 및 주인의식이 생겨남.

가까운 사이일수록 더 섬세한 교류가 필요.

모두 나누었다고 생각했는데, 실금처럼 남아 있던 찜찜함이

장에서 교류되는 순간 고속도로가 뻥 뚫린 것처럼 개운해짐.

사람과 나누는 것이 참 좋구나! 사람 만남, 나눔의 기술이

인격화되도록 해 가야 한다는 것 등등!

참만남은 끊임없이 나를, 그리고 나와 연결된 타인과의 관계를 바라보게 한다. 그래서 참만남 하는 일은 때론 고단하고 고통스럽다. 왜 긁어 부스럼 만드나? 모르고 살아도 잘 살 거라고 말하는 사람들도 있다. 그러나 있는 그대로 이해와 존중과 사랑으로 수용하며 보다 성숙한 방향으로 0.1mm의 나아갈 때의 쾌감이란, 그 보람이란, 경험해 보지 않으면 알기 어렵다. 지금 나에게는 즐거운 고단함이다. 스님께서는 돼야 할 모습 때문에 현재를 놓쳐서는 안 되고, 현재를 존중하느라 지향해야 할 가치가 절하되어서도 안 된다고 하셨다. 상황에 따라 탄력 있게 해 가는 것은 끊임없는 연습뿐이다. 관계의 미학을 아는지라. 관계의 역동을 배우고 깨달은지라

그 지향과 가치로써 참만남은 호흡처럼 해야 한다.

지난 세월 동안 참만남을 하며 많은 인연이 스쳐 갔다. 인연 따라 계속해 갈 일이라 생각한다. 나도 잘 모르는 나를 훤히 들여다보듯 0.001mm의 변화를 보고 안내해 주신 스님이 계셨기에, 그리고 함께 가는 도반님들이 있기에 가능한 일이었다. 이 세상 많은 사람이 참만남에 눈을 뜨고, 함께해 가는 기분 좋은 상상을 해 본다.

내 삶의
전환점

'참만남과 나'라는 주제를 받고 참만남을 하면서 그동안 내 모습에 대해 떠올려보았다. 대학원에 들어온 2011년 가을부터 시작해 2018년인 지금까지, 참만남 정진을 했던 세월을 머릿속에 떠올려보니 참 많은 일이 지나가며 뭉클하고 울컥해진다.

고등학교 때 동경했던 친구의 닉네임을 빌려서 시작했던 '햇살 한 줌'에서 스님의 가르침을 따라 인격과 실력의 두 날개를 가지자 다짐하며 스스로 선택한 '날개'로 살기까지, 그 많은 삶이 머릿속에 지나가며 깊은 감사와 안도, 기쁨, 감격이 마음속에 울렁인다.

나는 올해로 32세가 되었다. 20대 참만남을 시작해서 30대가 되었고, 아가씨에서 유부녀로 그리고 아이를 키우고 있는 주부가 되었다. 그 많은 변화 속에 참만남이 내게 어떤 의미일까 생각해 보니 딱 한 줄로 요약이 되었다. 내 삶의 전환점!!! 내 삶은 참만남을 하기 전과 참만남을 한 이후로 나눠진다. 그만큼 참만남을 하면서 나는 다시 태어나 새로운 인생을 살았다고 말할 수 있다.

내 삶 속에 많은 물리적 변화가 있었지만, 참만남을 하고 나서의 내 삶은 그전에 살아온 인생을 모두 변화시킨, 거듭난 삶이었다.

○ 삶의 축소판

참만남 장은 모든 인생을 맛보고 경험할 수 있는 삶의 축소판이었다. 매주 3시간, 길게는 5박 6일 동안 경험했던 참만남 장에는 모든 사람의 삶이 녹아 있었다. 삶의 축소판에서 많은 것을 경험하고 배우고 연습하며 살아갔다. 삶을 어떻게 살아야 할지, 어떤 태도로 살아야 할지, 어떻게 삶을 꾸려가야 할지 분명하게 보고 배우고 꿈꾸며 살아갈 수 있는 곳이었다.

물론 내 삶도 참만남 장에서 다 펼쳐졌다. 잔뜩 물먹은 솜처럼 우중충했던 우울감이 펼쳐졌다. 내 속에 오랫동안 꾹꾹 눌려 담겨 있던 분노가 튀어나왔다. 게으르고 뺀질거리고 이기적인 모습도, 남들 앞에서 흐트러지기 싫어하는 모습도 삶의 축소판인 그곳에서 다 펼쳐졌다.

장에 펼쳐진 인생은 깊은 사랑과 위로로, 혹독한 아픔과 깨우침으로, 분명한 생각 정리와 명쾌한 생각 전환으로 새로운 인생의 신

넘과 나침반이 되어주었다. 물론 이럴 수 있었던 것은 대화 스님의
깊은 사랑과 지혜로운 안내가 있으셨기에 가능했다.

　어디에서 이렇게 깊게 삶을 보고, 느끼고, 만날 수 있을까? 이것
만 생각해도 내 삶에서 참만남을 하게 된 것이 가장 큰 복이라고
자신 있게 말할 수 있다. 참만남을 하기 전에는 심리학을 공부하
긴 했지만, 사람을 대하고 삶을 바라보는 안목이 매우 좁았다. 물
론 내 인생도 제대로 대면하지 못하고 머리로만 살아왔다. 그렇게
살고 있는지도 몰랐다. 그런데 참만남을 하면서 사람을 보고, 삶을
보고, 인생을 보면서 좁은 안목이 점차 넓어지고 깊어지는 것을 느
낄 수 있었다. 물론 아직도 가야 할 길이 참 멀지만 분명한 삶을 살
아가시는 스님을 보며 내 삶을 그려보고 지향하며 살아갈 수 있어
참 행복하고 감사하다.

　참만남을 하지 않고 상담자가 되어 살고 있다면 나는 어떤 상담
자가 되어 있을까? ……. 사실 가끔 생각해 보면 참으로 아찔하다.

○ 살아 움직이는 공부의 장

　상담자로, 심리학도로 가장 자신 있게 자부하는 것은 대학원 생
활을 마치고 나서도 계속해서 공부하고 있다는 것이다. 서울에서
심리학을 공부하고 상담자로 사는 28년 된 내 소꿉친구도 내가 참
만남 장에서 계속 공부하고 있는 것을, 그것도 지도교수님과 함께
하는 것을 듣고는 매우 부러워하고 대단하다고 인정해 주었다. 내
지도교수님께서도 스님의 제자로서 우리와 함께 삶을 나누며 동
문수학해 오신다. 다른 사람의 인정이 아니더라도 상담자로, 전문

가 소리를 듣는 직업을 가진 사람으로서 전문 분야에 필요한 공부를 계속하고 있는 것은 뿌리 깊은 자신감과 자부심이 된다.

그래서 지도교수이신 이영순 교수님께 늘 감사하다. 교수님의 안내가 아니었더라면 스님도 못 만났을 것이고, 지도교수님과 함께 삶을 나누며 공부하는 장도 없었을 테고, 지속해서 공부하는 본을 보여주시는 것을 보며 도전하는 일도 없었을 것이기 때문이다.

학교에서 상담교사로 학생들을 만나면서도 상담자를 꿈꾸는 학생들에게 당당하고 자신 있게, 상담자는 끝없이 수행하고 공부해야 한다고 말할 수 있는 것도 이런 공부의 장이 있기 때문이다. 감사하고 감사하다.

참만남 장은 살아 움직이는 공부의 장이었다. 그저 마음을 알아주고, 공감하는 것으로 끝나지 않고 모든 상황 속에 있는 원리를 통해 삶을 바라볼 수 있는 큰 틀을 배울 수 있었다. 섬세하고 깊이 들어가 삶을 만나는 살아 있는 곳이었다. 이런 살아 있는 공부의 장에 참석할 수 있었던 것과 그런 기회가 다른 사람들보다 쉽게, 많은 기회로 주어진 것에 정말 감사드린다. 글을 쓰며 그 감사가 더 깊어진다. 상담자로 사람을 만나며 삶을 같이할 때 받은 가르침과 복을 기억하며 더 성실하고 전문가답게 소명감을 가지고 살아가야지, 글을 쓰며 더 깊게 다짐하게 된다. 참 감사하다.

○ 있는 그대로의 나로 사랑받다

나를 감추기 위해 몇 겹의 갑옷을 입었는지 모르겠다. 마치 그것이 내 살인 것처럼 살았다. 그래서 그게 나인 줄 알고 살았다. 갑옷을 벗고 있는 그대로를 보여주면 내쳐질 것 같았다. 그런데 참만남 장에서는 그 갑옷이 허용되지 않았다. 그냥 내가 드러났다. 순간순간 드러나는 벌거벗은 내 모습이 나도 싫었고, 인정되지 않아 얼마나 감췄는지 모른다.

하지만 장의 역동과 예리한 스님의 안내는 나를 슬슬 드러나게 했다. 있는 그대로 나를 드러내도 괜찮았다. 있는 그대로 나를 '그게 너구나' 보여주고 사랑해 주는 곳이 있다는 게, 그것이 과정이고 그 과정이 지나면 또 지향해 갈 모습을 그리며 지향해 가면 되는 거지, 이야기해 주며 응원해 주신 것이 참 감사했다. 있는 그대로의 나로 인정받고 사랑받는 곳이 있다는 것이 내 삶에 얼마나 큰 힘이 되는지 모른다. 지금 생각해도 참 뭉클하다. 뺀질거리는 내가 튀어나와 과제도 하지 않고, 참만남 장에서도 뺀질뺀질 뒤로 물러나 있었다. '욱'하는 성격의 내가 튀어나와 불쑥불쑥 불을 뿜었다. 때론 날카롭고 잔인하게 찌르기도 했다. 우중충한 모습으로 나도 모르게 외면하고 뒤로 숨어 있었다. 이랬던 나를 그대로 보여주고 그 과정을 지나가게 기다리고 응원해 준 곳이 스님과 참만남 장이다. 어린 나는 그곳에서 있는 그대로 나로 사랑받으며 어른으로 자라가고 있다. 뭉클하고 감사하다. 참 다행이다.

○ 태도의 변화

참만남을 하고 가장 큰 변화는 물론 내 안의 변화이지만, 겉으로 드러나는 사회적 모습으로는 사람을 대하는 태도의 변화였다. 참만남을 하기 전 사람을 대하는 내 첫 마음은 경계심이었다. 적개심으로 대응하고 조심하고 사리는 근본 마음이 많았다. 사람을 대할 때 선뜻 다가가지 않는 마음으로 너와 나를 경계 짓는 마음이 많았다.

그런데 참만남을 배우고 공부하며 무엇보다 사람을 사랑하는 마음을 많이 배웠다. 스님께 가르침으로 배운 것도 있고, 더 깊게 사랑을 받았기 때문에 사람을 대하는 마음의 우호감이 점점 더 커짐을 느꼈다. 참만남을 하고 나서 사람을 대하는 태도와 생각이 분명하게 우호적으로 변하고 사랑이 생김을 느낀다. 그런 나를 보면 따습고 참 좋다. 사람을 만나는 직업을 선택한 내가 그런 마음가짐이 없었더라면, 굳이 직업이 아니라 내가 만나는 사람들을 그런 마음가짐 없이 계속 경계하며 살았더라면, 나는 참 많이 외로웠을 것 같다.

○ 좋은 습관을 만들다 : 느낌 노트

어려서부터 마음속 이야기를 일기로 자주 썼다. 썼던 일기장을 다시 보고 스스로 댓글을 남기며 좋아하기도 했었다. 그런데 참만남을 하며 내 삶에 좋은 습관 하나가 생겼다. 일기의 내용을 좀 더 향상해 준 느낌노트를 쓰는 것이다. 스님께서는 느낌노트 쓰기를 강조하고 강조하셨다. 매일 과제로 내 주셨다. 지금 내 상태를 가장 명확하게 말해 주는 느낌노트 쓰기, 처음에는 과제로 시작했는데 지금은 내 삶을 귀하게 모시는 습관으로 익어져 있다. 참 감사하다. 느낌노트를 통해 내 삶을 귀하게 들여다보고, 다시 생각해보고, 공부 거리로 삼는 과정이 이제는 자연스러워졌다. 참 뿌듯하고 좋다.

참만남과 나라는 주제로 글을 쓰다 보니 참만남을 통해 얻은 것이 정말 많다는 것을 알게 되어 감사하고 뿌듯하고, 뭉클하다. 대학교 1학년에 들어갈 때 이루고 싶은 소원 100가지를 쓴 적이 있다. 거기에 평생 존경하고 따를 수 있는 스승과 마음을 다 나눌 수 있는 벗 다섯 명이 있었으면 좋겠다고 썼는데, 참만남을 하며 그 소원이 다 이루어졌다. 평생 존경하고 따를 수 있는 스님과 교수님이 계시고, 내 삶을 그대로 함께해 주고 사랑해 주는 도반들이 다섯 명이 넘는다. 지금까지 32년의 삶의 결실이라고 본다면 정말 알찬 결실이다. 뭉클하고 감사하다.

참만남을 만나고 내 인생은 거듭나고 새로워졌다. 행복하고 가치 있는 삶을 꾸려가며 살 수 있도록 안내해 주신 대화 스님께, 참만남 수업을 할 수 있도록 안내해 주신 교수님, 그리고 늘 함께해 주시는 도반님들, 감사하고 감사하다. 참만남을 통해 받은 대로만 살아도 앞으로 내 인생은 참 멋진 인생이 될 것이라 믿는다. 새로운 삶의 시작인 참만남. 다시 떠올려도 감사하고 감격이다.

사랑하는 스님, 교수님, 도반님! 이런 귀한 기회가 제 삶에 주어진 것에 깊이 감사하며 감사한 만큼 세상에 나누고 살겠습니다. 사랑합니다. 감사합니다. 제가 그립고 사랑한다는 말을 거리낌 없이 쓰는 걸 보면서 저 스스로 늘 감동하고 감사하고 있습니다. 그런 대상이 되어주심에 감사드립니다.

이번 글을 쓰며 더 깊게 느낀 사랑에 감사드립니다.

사랑합니다. 사랑합니다.♡♡

마음거울

삶에
한 발을
내딛다

○ **내 안의 또 다른 나를 만나다**

18년 전 쯤 성공회대 교사 아카데미를 통해 대화 스님(촌장님)의 강의를 듣게 되었고, 그 인연으로 스님께서 이끌어 주시는 5박 6일 일정의 심성개발 수련회를 두 차례 하며 마음공부에 관심을 가지게 되었다. 그 길로 촌장님과 인연이 되어 왕래를 하던 중 우연히 참만남 집단 상담 수업에 참여하게 되었다. 참만남이 무엇인지도 모르고 그냥 참여했다. 현재 있는 마음만을 내어 놓는 장이라 하였는데, '이게 뭐지' 하고 낯설고, 부끄러워 적극적으로 못할 것 같았는데 전혀 아니었다. 그냥 있는 현재의 내 마음의 감정을 '~해서 ~하다'로 잘하든 못하든 일단 내어 놓으니 참으로 가볍고 가벼워서 좋았다. 나의 무거움이 덜어지는 느낌이었다. '내 안의 감정을 보지 않고, 표현하지 않고, 묵히고, 묵히고, 묵혀 두어서 무겁고, 무겁고, 무거웠구나…'가 점점 조금씩 보이기 시작했다.

어릴 때의 가정환경으로 인하여 내 감정과 타인의 감정을 온전히 보고 느끼고 사는 것이 너무나 힘들고 괴로워서 내 안에 느껴지는 감정의 통로를 차단하고 살았다. '되어져야 하는 이상적인 모습'을 목표로 놓고 강력한 Superego로 그래야 하는 대로 의지를 내어 살고 또 살았다. 그래서 그냥 보기에 좋은 사람, 도덕적인 사람으로 잘 살고 있는 것처럼 남들에게 보였다. 하지만 스스로 나의 모습을 떠올려 보았을 때, 내게는, 삶이라는 게 기쁨이 아닌 너무나 무거운 짐으로, 과제로 여겨져, 죽고 싶지만 죽을 생각조차 하지 못하고 사는 '그냥 사는 인생'이었다. 이것이 스스로 떳떳하지 못하는 나만이 아는 내 인생의 비밀이었다.

그런데 참만남 수업을 하면서 일단 콘크리트 밑에 깔려 있는 내 안의 감정을 보기 시작했다. 일단 쉬운 것부터 감정을 표현하기 시작했고, 물론 서툴렀다. 생각이나 평가를 이야기하기 일쑤였다. 그래서 망설일 때도 많았고, 말하고 나서 민망하고, 부끄럽고, 후회될 때도 많았다. 그러나 그 수많은 여정 속에 그 모든 것을 극복할 수 있게 해 주었던 것은 촌장님이 말씀하시는 지향점이었다. "태어나 한 생을 사람 숲에 살면서, 내 마음 온전히 알아주고 솔직하고 용기 있게 표현하며, 타인의 가슴에 관심하며 함께 공감하며 메아리

하는 삶~ 좋지 않느냐고? 지향해 봄 직하지 않느냐?"고, 촌장님은
그렇게 생각하신다고 하셨다.

바로 내가 꿈꾸던 삶 그 자체였다. 참 좋았다. 하지만 현실에서의
실천은 더디고 더디며, 넘어지고 꼬꾸라지고를 끊임없이 계속하고
있다. 지금도 마찬가지이다. 그러나 반복이 천재를 낳는다는 촌철
처럼 참만남 장마다 지향점을 짚어주시는 스님의 정성으로 지향점
을 향한 온도가 머리에서 가슴으로 내려오며 조금씩 따끈따끈해
지고 있는 삶을 지금은 살아가고 있다. 감사하고 감사한 일이다.

따끈따끈 나긋나긋 좀 더 유연해진 삶의 핵심 원인은 나의 감정
을 알아주기 시작한 것이다. 참만남 장에서 현재의 내 마음이 어
떠한지, 핵심감정이 무엇인지 찾아 표현해야 했고, 그러다 보니 껍
데기 속에 들어 있는 양파 같은 내 감정을 자꾸만 들여다보게 되
었다. 때로는 거짓일 때도 있고 진실일 때도 있었다. 거짓이려고 거
짓이 아니라 내가 나를 진짜 몰라서, 거짓을 진실로 나 자신조차도
진실인 채로 잘못 알고 산 것도 많았다.

그렇게 나를 새롭게 만나가며 있는 그대로의 나를 느끼고 표현
하며 내가 스스로 수용되어지는 이 여정이 쉽지는 않았다. 아프고
힘들고 인정하기 싫은 때도 있었다. 정말 정말 인정하고 싶지 않고,
보기 싫은, 아픈, 고통스런 그 어떤 것들은 도반님들의 표현에 대한
내 반응(감정, 신체)을 통해 더욱 더 불쑥불쑥 만나곤 한다. 그것은
혼자서는 할 수 없는 참만남의 장이 이루어 내는 역동의 힘이다.
그 속에서 나는 하루하루 조금씩 나를 솔직 담백하고 용기 있게
표현하는 연습을 오늘도 조금씩 하고 있다. 그것이 바로 나를 사랑

하는 과정임을 알게 해 주었다. 참만남이…!

○ 삶에 한 발을 내딛다

그동안 내 삶을 지탱하기 위해 내 안에 갇혀 있었다. 진정으로 누군가와 소통하며 세상과 만나려고 하지 않았다. 지금 내 앞에 있는 현실이 힘들고, 그것을 해결해야 하니 서로 소통하며 살아가는 삶에 큰 가치를 두지 않고, 그저 주어진 범위 안에서 선량한 마음으로 그냥 착하게 살아왔다. 그게 다였다.

참만남 장을 하면서, 촌장님의 평소 말씀처럼 "정말로 모든 사람들은 소통하고 싶어 하는구나, 나도 정말은 소통하고 싶어 하는구나. 그런데 우리는 제대로 소통하며 살고 있지 못했네… 그래서 서로들 너무나 힘들어 하지… 그러면서도 참만남의 가치를 지향점으로 분명히 세우지도 않고 그것을 연습하려 하지 않고 그냥 살았지… 그저 알아주기만을 바라면서"의 내용이 더욱 더 깊이 스며들며, 중요성 자각이 높아지게 되었다. 진정한 어른이 되어야겠다고 마음먹는 계기가 되었다.

'그동안 착하게 살았다고 생각했는데 그게 전부는 아니었네… 내 취향과 코드에 맞는 선택적 착함이었네…' 하고 나를 성찰하게 했다.

내 안의 감정을 인지하여 정직하고 용기 있게 표현하고, 관심의 바탕 위에 공감하며 메아리 하는 것이 얼마나 큰 위로와 감동을 주는지 참만남 장마다 몸소 체험하며, '끝끝내는 사람에 대한 관심이구나!'를 계속해서 깨달아간다. 그 사랑도 표현해야 알 수 있고,

표현은 연습을 통해 익어지는 것이라는 것을, 그 연습의 장이 바로 참만남의 장이라는 것을….

참만남의 장을 통해, 촌장님의 적절한 안내를 통해서 인간에 대한 이해와 깊이를 더해가며 삶에 조금씩 눈뜨고 있다. "용서할 일 없구나… 내가 몰랐을 뿐이지… 내가 아는 게 전부가 아니구나…. 서로 미숙해서 그럴 뿐이지…" 하고.

삶이 나에게 좀 더 다가온다. 내가 삶 속을 걸어가고 있다. 참만남이 나에게 준 선물이다.

삶, 사람,
——————————— 그리고
사랑

'참만남과 나'라는 주제를 받고 글을 시작하기까지 꽤 오랜 시간이 걸렸다. 최근 나와의 참만남으로 알게 된 나의 게으름 때문이기도 했고, 또 한편으로는 지금까지의 인생에서 진정한 첫 변화 포인트가 되어준 참만남에 대해, 그리고 그로 인한 나의 변화들에 대해 어떻게 잘 쓸 수 있을까에 대한 고민 때문이었다. 가장 좋은 글은 진솔한 글이라 생각하며 그간의 과정에서 가장 기억에 남는 몇 가지 소재들로 글을 쓰고자 한다.

○ 참만남, 그건 어떻게 하는 거죠?

대학 졸업 후 심리학을 계속해 나갈지에 대한 고민으로 조금 늦게 대학원에 입학했다. 입학 후 여러 공부와 새로운 생활에 적응하느라 힘들었지만 가장 큰 새로움은 참만남과 대화 스님을 만나게 된 일이었다. 참만남이 무엇인지 제대로 감도 오지 않은 채 첫 장을 시작하게 되었다. 그때의 긴장감과 낯섦, 신기함이 아직도 내 안에 생생하다. 사람들이 자신의 '마음'과 '감정'을 얘기하고, 또 서로 공감하고 이해하는 장. 이곳은 어떤 세상이지?

돌이켜보면 나는 그 이전까지 누구와도 이런 대화를 나누어 본 적이 없었다. 관계에 대한 철학도 없었으며, 그저 적당히 눈치 보며 맞춰주고 큰 갈등 없이 지내면 되는 것이 관계라고 생각했다. 그리고 누군가에게 자신의 마음을 담담히, 힘 있게, 진실하게 표현해 본 적도 없었다. 나는 말이 없는 사람은 아니었지만(사실 말이 많다), 그 장에서 무언가 얘기한다는 것은 너무나 긴장되고 낯설었다.

그래서 참만남 첫 한 학기 내내, 나는 제대로 내 마음을 담담하게 얘기해 본 적이 없었다. 그저 울고, 또 울었다. 매주 3시간의 집단상담을 마치고 나오면 내 눈은 퉁퉁 부어 있었다. 다른 사람의 말에 무언가 반응되어 울고, 듣다가 슬퍼서 울고, 그저 무언가 서러워서 울고, 왜 우는지조차 잘 모르고 예민한 감정에 울기만 했던 울보였다.

그렇게 한 학기를 울기만 하다가, 방학 첫 2박 3일 마라톤상담에서 울지 않고 담담하게 얘기를 할 수 있었다. 집단상담에서 "저도 울지 않고 얘기를 할 수 있네요?"라고 말했던 그 순간이 아직도 생생하다. 한 학기 내내 울기만 했지만 다른 사람들의 '마음'을 듣는다는 것, 듣고 공감하고 이해하는 것, 그리고 자신의 마음을 정확하게 감지하고 표현하는 것, 그건 나에게 큰 재미와 유익을 주었다. 그렇게 울면서도 잘하고 싶어 주위 사람들에게 참만남을 어떻게 하는 거냐고(어떻게 울지 않고 입을 뗄 수 있는 건지) 참 많이 묻기도 했다. 그렇게 나는 조금씩 참만남의 매력을 느끼기 시작했다.

○ 삶, 사람 그리고 사랑

내가 참만남의 매력을 느낄 수 있었던 건 너무나 진솔한 만남이었기 때문이다. 그곳에서는 일단 '나'를 만날 수 있었다. 또 '너'도 만날 수 있었다. 그렇게 나와 너의 마음을 만나며 '사람'을 만날 수 있었다. 그 사람의 '삶'도 만날 수 있었다. 어느 곳에서 이렇게 진실하게 사람을 만날 수 있을까? 자신의 '참'마음과 마주하기 때문에 그 마음을 들으면서 그 사람을 이해할 수 있다는 게 참 좋았다. '아! 저래서 그랬구나', '아! 그랬겠구나', '그렇다면 그럴 수 있겠다.' 조금씩 사람과 삶을 알아가는 이해의 폭이 넓어져서 좋았고, 말하지 않고 현상만으로 보았을 때는 이해되지 않을 상황과 마음들이 느껴져서 좋았다.

하지만 모든 순간이 이해되고 좋았던 것만은 아니었다. 때로는 장 안에서 갈등도 생겼고, 나와의 역동이나 평소 껄끄러운 모습으로 싫기도 했지만 비겁하게 표현하지 못한 적도 많았다. 특히 부정적이라고 생각하는 감정을 표현하기 어려워하는 나는 그럴 때 표현하지 못하기 일쑤였다. 그러나 정말 자신과의 참만남을 위해 정진하는 집단원이 자신의 어떤 마음이라도 감지하고, 또 표현하고 (그 마음이 타인에 대한 부정적 감정일지라도), 그 마음이 사랑으로 수용받고, 진솔한 만남과 지향으로 인해 갈등이 해소되기도 하는 걸 지켜보면서 '이럴 수도 있구나!' 하는 경험들을 참 많이 했다. 그러면서 점차 나도 내 진솔한 마음을 내놓는 것이 두렵지 않았다.

장의 세월이 조금씩 쌓이고 쌓일수록, 결국엔 상대에게 일어나는 모든 감정은 투사이며 나의 그림자라는 것을 단순한 심리학 이론이 아닌 체험으로 알아갈 수 있었다. 장의 역동으로 끊임없이 나와 내 그림자를 만나가는 것, 또 있는 그대로의 나와 너를 만나가는 것, 그것은 실로 경이로운 일이었다. 이것은 그저 이런 마음 나누기를 한다고 이루어질 수 있는 것이 아니었다.

대화 스님의 참만남의 기본 철학과 지향점은 '사람 사랑'과 '관계 인격'이 탄탄하게 밑바탕 되기 때문이다. 그 인격이 되기 위해서는 관심, 표현, 진실한 공감, 섬세한 깨어 있음, 폭넓은 이해 공감 등의 내용이 이론적으로도 체험적으로도 조금씩 더 쌓여가기 때문에 가능한 일이었다. 이렇게 나는 참만남을 통해 삶도, 삶의 지혜도, 사람도, 사랑도 배워갈 수 있었다.

○ 다시 '나'로 태어난 나

참만남을 통해 내가 얻은 가장 큰 소득 하나는 '진짜 나'를 만난 것이다. '진짜 나'라는 표현이 그럼 지금까지는 '가짜 나'였나? 하는 생각도 들게 하지만 내 안의 진정한 마음을 만나면서 나의 욕구, 기질 등에 대해 깊은 곳까지 알아가며 '진짜 나'를 만날 수 있었다.

나는 참 열심히 살아왔다. 최근까지도 정말 열심히 살았다. 그 열심의 원동력이 되어 준 것은 가난과 그로 인해 성공하고 싶은 나의 한(限) 때문이었다. 그 한으로 참 원망도 많이 하고, 부정적인 생각(살기 싫다는 생각)도 많이 했었다. 그리고 진심으로 내 삶이 소중하다고 느껴본 적이 한 번도 없었다. 이 고단한 삶을 왜 살아야 하는지, 언제까지 살아야 하는지, 내 깊은 마음속에는 늘 그러한 마음들이 자리 잡고 있었다.

그런 한스러운 고단함으로 열심히 했기 때문에 남들에게 잘한다는 칭찬과 인정을 많이 받아도, 나는 늘 그저 고단할 뿐이었다. 언제쯤, 이 고단이 끝날 수 있을까 생각했다. 그러면서 더 잘하지 못하는 나를, 무언가 더 해내야 하는(끝내는 성공) 나를 참 많이도 채찍질하며 살아왔다. 쉬고 싶어도 충분히 쉼을 누린 적이 없었고 놀고 게을러지고 싶어도 마음껏 충분히 누려본 적이 없었다. 그러면서 최근 상담을 통한 나와의 참만남으로 나는 원래 게으르고, 귀찮고, 노는 것을 좋아하고, 욕심이 많은 속물, 거기다가 허영심이 많다는 사실을 깊이 알게 되었다.

예전에도 대충은 알고 있었지만, 그간의 살아온 역사가 아닌 것 같았고, 그러면 안 된다는 생각이 지배적이었다. 하지만 그런 나의 '원래' 모습을 충분히 알고 수용하니 본래의 나로 다시 태어날 수 있었다. 그래서 최근의 과정은 이렇게 게으르고 나태한 내가 그 세월을 버텨왔음을 진심으로 위로하고 격려하며 충분한 게으름과 휴식을 취하는 중이다. 본래의 나로 살 수 있는 시간을 내게 마음껏 허용하는 중이다. 진정으로 나를 수용하니 나는 나를 짓눌렀던 고

마음거울

단과 올가미 같은 생각들 속에서 참 자유로워질 수 있었다. 처음으로 쉬는 것 같고, 처음으로 노는 것같이 누리고 있다. 이 경험이 눈물 나게 참 좋다.

내가 이 과정까지 올 수 있었던 원리는 대화 스님의 큰 사랑과 수많은 장을 통해 조금씩 만날 수 있었던 나의 모습과 그리고 언제나 함께 공감하고 수용해 주신 도반님들 덕분이었다. 나는 내가 어떠한 부분에서 수용하기 참 어려웠는데, 그 모든 부분과 과정 함께 사랑으로 지켜보고 함께 해 준 대화 스님과 집단원 분들께 진심으로 감사하다. _()_

참만남을 이후로 나는 처음으로 정말 내 삶이 소중하다고 느낄 수 있었다. 가끔 돌아보면, 이런 모든 과정이 나의 숱한 노력도 있었지만 정말 기적처럼 느껴진다. 그저 참 감사할 뿐이다.

○ 사람을 사랑하자

인격과 고급 사교를 위해 대화 스님의 참만남 장은 '사람에 대한 사랑'이라는 지향점이 있다. 우리가 모두 인격을 향상하고 수행자가 되는 이유이다. 진정한 사람에 대한 두터운 관심, 그 관심이 곧 사랑이 되는 것이다. 관심의 지평 위에 I-message로 표현하며 내 마음 감지도 섬세하게 하며, 화자의 가슴에 충분히 머무는 것. 참 많이 이론적으로도 배우고 연습도 하고 있지만, 쉽지 않다. 다른 사람의 이야기를 들으며 비슷한 나의 경험 속으로 매몰되기도 하고, 내 안이 너무 복잡하면 제대로 들리지 않기도 하고, 또 게으르기도 하고 이기심으로도 안 되는 부분도 많다. 정말 쉽지 않은 과정이다.

하지만 나는 참만남을 하며 제대로 알게 된 것이 있다. 쉽지는 않지만, 그것은 정말로 가치 있다. 지금 모두 잘 되진 않아도 언젠간 해낼 것이고 하고 싶다. 결국은 스님의 말씀처럼 지향점과 노력이다. 현재 비슷한 상황이더라도, 진정한 사람 사랑을, 인격 도모를 하고 싶은 명확한 지향점을 가지고 노력하는 사람과 잘 안 된다고 생각하는 사람은 시간이 지날수록 큰 차이가 있을 것을 안다.

나는 그 과정을 꼭 해 나가고 싶다. 나의 욕심처럼 언젠가 짠! 하고 하루아침에 이루어지는 과정이 아니라는 것은 알고 있다. 그래서 가랑비에 옷 젖듯이 조금씩 더 스며들도록 관심하고, 사랑하고, 표현하고, 이해 공감하며 연습하고, 스님의 가르침을 통해 인격을 도모하는. 그런 사람이 되고 싶다. 정말 사람을 사랑하자. 고급스러운 사교와 인격을 통해.

○ 가족과의 소통, 그리고 변화

내 기억 속에 아버지는 참 무서운 분이셨다. 그래서 권위자를 보면 참 많은 투사를 했었다. 그리고 내게 아버지는 큰 원망의 대상이었다. 나는 오로지 어머니의 편에 서는 것이 쉬운 딸이었다. 참만남을 하며 나의 과거 기억들을 만나며, 고통의 기억들 속에 있던 어린 시절을 만나며 나는 변할 수 있었다. 그렇게 밉고 증오스러웠던 아버지를 용서하고 수용하게 되었다. 그러자 내게 괴로웠던 '어떠한 부분'의 아버지가 아닌 한 개인의 삶으로, 중년 남성의 삶으로, 또 나를 지극히도 사랑하고 아꼈던 아버지의 삶을 넓고, 깊게,

치우치지 않게 만나고 이해할 수 있었다.

평생 내게 상처를 준 아버지를 원망하며 살 거라 다짐도 했었는데, 그런 아버지를 진심으로 사랑할 수 있었다. 그 원리는 표현의 힘이었고, 공감의 힘이었고, 그렇게 내 안의 그림자들을 덜어내면서 새로운 진실들을 볼 수 있기에 가능한 일이었다. 또한 개인이 아닌 집단으로 이루어졌기에, 타인의 삶의 모습을 통해 우리 아버지를 많은 부분 이해할 수 있게 되었다. 장의 역동을 통해 얼마나 많은 변화가 일어날 수 있는지 느낄 수 있었다. 참만남을 통해 상처가 많이 치유되고 힘이 길러지자, 아버지와도 조금씩 소통하며 내 마음을 힘 있게 표현할 수 있었다.

완전히 치우쳤던 엄마에 대한 마음에도 중심이 잡혔고, 내가 조금씩 변하자 우리 가족 안에서의 역동도 조금씩 변하게 되었다. 한때 내게 원망의 대상이었던 부모님을 나는 지금 너무도 사랑하고 사랑한다. 그리고 이제 안다. 그분들은 나를 낳아주셨다는 그 사실만으로 나에게 모든 걸 다 해 주셨다는 것을…. 참만남으로 내 그림자와 누구에게도 말할 수 없을 것 같았던 나의 깊은 상처, 과거와 대면하면서 나는 변할 수 있었고, 나 한 사람만 변해도 이렇게 가족이 변할 수 있다는 것을 느끼며 살아가고 있다. 가장 가까운 가족 간의 진정한 사랑을 회복할 수 있었던 중심은 바로 나의 참만남이었다.

○ 상담자로서의 성장과 자부심

내가 상담자로 성장하며 가장 잘한 일은 우리 교수님을 만난 것,

또 대화 스님과 집단을 만난 것이다. 사실 내가 아무리 이론적인 상담 공부와 실습을 많이 했다고 해도, 참만남을 만나지 못했다면 나는 이만큼의 성장을 이루어내지 못했을 것이다. 그만큼 참만남은 한 개인의 성장으로도, 상담자로서도 많은 점을 배우고 느낄 수 있었다. 느낌에 깨어 있기, 정서에 깨어 있기, 내 마음에도, 내담자의 마음에도, 작은 마음 하나도 섬세히 감지하고 반응하는 것, 정말 충분한 사랑으로 수용하는 것, 결국 내담자의 변화는 사랑과 수용에서 온다는 책에서 본 내용을 참만남과 스님을 통해 느낄 수 있었다. 한 사람, 한 사람을 어떻게 사랑하는지, 또 그 사랑을 통해 어떻게 치유하고 성장으로 이끌어 가시는지 직접 보고 체득할 수 있었다.

스님의 사람을 사랑하는 태도와 역할은 내 수준에서 지금은 까마득할지라도 보고 배울 기회가 있다는 것이 큰 자부심이다. 나도 그러한 태도와 큰 사랑으로 사람을 사랑하고 싶다. 내가 관심 받고, 사랑 받고, 수용 받은 이 경험들이, 내 안에서 따뜻한 온도로 쌓이고 배움으로 함께하여 누군가에게 그런 사랑의 온도로 함께할 수 있는 사람이 되고 싶다. 좋은 배움들, 세상에 꼭 베풀고 살아갈 수 있기를 간절한 마음으로 기도한다.

○ 참만남은 나의 '연구 주제'

나의 석사학위 논문은 참만남과 초보 상담자에 대한 연구이다. 이러한 참만남을 통해서 초보 상담자들이 어떻게 변화하고 성장하였는지를 현상학적으로 나타낸 논문이다. 성장 과정에 대해 연구

마음거울

한다는 것은 나에게도 매우 뜻 깊은 연구 주제였다. 이 논문을 통해 학술적으로도 이러한 배움과 성장이 얼마나 소중한지 또 한 번 알아갈 수 있었다. 그 논문은 자랑스러운 나의 재산이며, 내게 매우 가치 있는 논문이다. 이러한 연구를 할 수 있도록 허락해 주신 스님과 교수님, 도반님들께 다시 한 번 감사드린다.

'참만남과 나', 참만남에서의 많은 원리와 배움은 결국은 '인격 향상'에 있다. 즉 사람을 사랑하는 것. 그 자체가 너무 큰 복이고 행복이다. 가끔은 아득하다. 정말 '언젠가는 내가 인격자가 되어 스님처럼 큰 사랑으로 사람을 품을 수 있을까?'라는 생각도 든다.

하지만 지향점이 있고 믿음이 있으며 아주 작은 변화라도 꾸준히 해 나가고 있으니, 나는 계속 정진하며 성장하고 싶다. '인생은 끝내 사람 사랑~~~'이라는 가치관이 내 삶을 좀 더 거름지고 풍요롭게 한다.

'참만남과 나'라는 주제로 글을 쓰다 보니 어느새 나의 변화가, 내 삶이, 나의 가장 중요한 부분들을 다시 만날 수 있었다. 그 깊었던 과정들을 다시금 떠올리며 진정한 감사와 가슴 깊은 따뜻함과 뭉클함이 일어난다. 이러한 변화를 함께해 주신 지도자와 대화 스님께 다시 한 번 감사를 드린다. 또한, 이렇게 참만남과 또 대화 스님과 많은 도반님과 인연이 될 수 있게 해 주신 이영순 교수님께도 진심 어린 감사를 드린다. 눈물로, 웃음으로, 공감으로 매 순간 함께 해 주셨던 많은 도반님께도 감사하고 감사하다. 사랑합니다.

우연한 만남,
─────── 완성된
행복

우연한 만남이 한 사람의 인생을 바꿔놓기도
합니다.

2016년 봄, 저에게는 대화 스님과의 만남이 그러했습니다. 처음
대화 스님의 수업을 듣고 얼마나 반가웠는지 모릅니다. 지금껏 살
면서 '행복'에 대해 이렇게나 명쾌한 설명을 들은 적이 없었습니다.
삶을 대하면서 참 서툴렀던 저였기에 삶을 다뤄가는 방법론에 대
해 늘 목마름이 있었습니다. 시원한 빗줄기가 타는 목마름을 해갈
하듯, 대화 스님의 가르침을 삶에서 적용하면서 하나씩 하나씩 재

미를 느꼈습니다. 대화 스님은 '행복'을 복잡하고 거창한 방법으로 설명하지 않기에 더욱 그러했습니다. 쉬운 말로 설명하지만, 매우 심오하고, 가만히 사색할수록 마음속에 새겨지는 것이 있기 때문입니다.

○ 지금 기분이 어때요?

저는 참 운이 좋았습니다. 심리학 전공이 아님에도 대화 스님을 만났고, 강의를 들었고, 크나큰 유익함을 느끼고 참만남 수업에 관심을 가질 수 있었기 때문입니다. 참만남을 호기롭게 시작했고 재미도 느꼈지만 혹독할 때는 꽤 혹독했습니다. 특히나 대화 스님과의 개인 참만남이 더욱 그러했습니다. 감기처럼 앓아 왔던 삶의 고민, 서투른 삶을 어떻게 살아가야 할지 다뤄 나가면서 마주한 것은 저 자신이었습니다. 눈 돌리지 말아야 할 것에 눈 돌리며 비겁하게 살아왔다는 분명한 사실을 눈이 시리도록 쳐다보았습니다.

개인 참만남이 끝난 후에 녹음된 상담기록을 읽어보곤 했는데, 그때마다 스스로가 얼마나 부끄러웠는지 모릅니다. 그런데도 꾸역꾸역 읽어볼 수 있었던 것은, 제 노력도 있겠지만 대화 스님께서 상담 주제를 잘 이끌어주셨기에 가능했습니다. 때로는 서슬 퍼런 선기(禪氣)로 저의 이기심을 단칼에 베어 주셨기에, 또 외과 의사가 환부에 메스를 갖다 대듯 섬세하게 저의 마음을 들춰 주셨기에 아픔도 없이 숨김도 없이 자신을 성찰할 수 있었습니다.

참만남 집단수업을 하면 대화 스님께서 장의 사람들에게 꾸준히 물어오는 게 한 가지 있습니다. "지금 기분이 어때요?"입니다.

그리고 참만남 장이 끝나더라도, 매일 나의 느낌을 점검하는 연습을 위해 '느낌노트' 쓰기 과제가 매일 있습니다. 이것이 연습이 되니 현재 나의 느낌을 온전하게 알 수 있었습니다. 크나큰 선물이 아닐 수 없습니다. 지금의 느낌에 충실하게 되니 다른 이차적인 생각을 잘 구분하게 되었습니다. 그 덕분에 스스로와 대화하며 성찰하는 즐거움을 알게 되었습니다.

이처럼 선명한 자기에 대한 이해가 바탕이 되니 다른 사람과의 관계에서 빛을 발하게 되었습니다. 바로 '화자(話者) 중심'의 대화가 가능해진 것입니다. 말을 주고받는 상대의 마음에 가닿아 깊게 공감하고 적절한 맞장구로 메아리 할 수 있게 되었습니다.

상대방의 말을 경청할 때 우리는 상대에게 몰입하고 나를 잊게 되는 물아일체(物我一體)의 경지를 경험하게 됩니다. 이는 화자에게 집중하지 못한 채로 내 말을 하고 싶은 마음이 가득할 때는 경험할 수 없었던 일입니다. 나의 욕심을 집중하니, 옛날에는 부담되기만 했던 관계도 이제는 편하고 좋습니다. 이제야 타인을 알아가는 재미를 느낍니다. 그동안 저는 참 많이도 다른 사람의 말을 듣는 시늉만 해왔습니다. 듣는 척하면서 저의 할 애기에만 신경 써 왔습니다. 인정욕구가 가득해서 다른 사람의 말에 경청하지 않았던 지난날을 반성하게 됩니다.

○ 참만남, 인격 성숙의 장

대화 스님의 참만남 장은 지향점이 분명한 장입니다. 사람 사랑과 관계 인격을 연습하기에 더욱 가치 있게 여겨지는 장입니다. 장에서 이것을 표현하며 연습하고 스님의 토막강의를 듣기도 합니다. 이렇게 지향점이 분명하기에, 대화 스님의 참만남 집단 수업은 철저한 구조화집단이라는 설명을 들었습니다. '구조화집단'이 무슨 뜻인지 몰라서 이후에 찾아보았습니다. 그리고 알게 되었습니다. '대화 스님의 참만남 집단은 다른 참만남 집단과는 조금 다르구나' 라고 생각했고, 대부분의 참만남 집단은 비구조화 집단이라는 것을 알게 되었습니다.

저는 다른 집단을 경험한 적이 없기에 판단하는 것이 주제넘을 수도 있지만, 그런데도 대화 스님의 참만남 장은 다른 참만남 집단과는 차별점이 있으리라 여겨집니다. 그뿐만 아니라 삶에서 만날 수 있는 다른 모든 집단 및 관계와는 차별되는 무언가가 있다는 생각이 듭니다.

대화 스님의 집단수업이 다른 점은 평화로운 인격으로 성숙하고 싶다는 그리움을 갖게 한다는 점입니다. 이런 인격을 지도해 줄 선생님이 계시고, 함께할 집단 장이 있다는 것은 참 감사한 일입니다. 저 또한 그리움을 느끼며 인격을 흠모하는 삶을 힘껏 지향해 가고 싶습니다.

천사
소진선

어른 되기,
━━━━━━━━━━ 지혜를
배우기

🌿   대화 스님의 참만남 장에 들어서 공부한 지 6
년이 되었다.

처음 시작부터 그리고 중간마다 장에 참여하기 위해 많은 것을
투자했어야 할 때도, 내 인생에서 참만남 수업의 끈을 놓지 않으
려 했다. 부산에 첫 직장을 마련하고 주말 참만남 장에 참석하고자
할 때는 대중교통으로 왕복 7시간이 넘게 걸렸지만, 참만남은 나에
게 너무 귀했다. 오히려 참만남 없이는 성장의 끈을 놓칠 것 같다
는 긴장감이 있었다. 임용고시를 준비하기 위해 직장에 다니지 않
고 주말엔 노량진을 오가며 1년을 오로지 공부에만 집중하던 때

에도 지도자 수업은 놓칠 수 없었다. 지도자 수업을 놓친다는 것은 '당연히 안 되는 일'이었다. 참만남을 접하고부터 내 인생에서 한시도 떨어뜨리지 않고 살아온 이 시점에서 참만남이 내게 어떤 영향을 주었나 생각해보려 한다.

○ 따뜻하게 삶을 동고동락하는 촌장님, 도반님들~

전북대학교에서 참만남을 할 때는 다 몰랐다. 이 수업이 이 세상 어디에도 없는 전무후무한 수업이라는 것을! 사실 대학원 시절 내게 참만남이 좋기는 한데(그 당시 너무 휴식이 없었던지라) 수업을 참석하며 주말이 없다는 것이 팍팍하기도 했다. 그런데 다른 지역에서 직장을 다니다 보니 알게 되었다. 내가 어마어마한 집단공부를 하고 있다는 것을. 참만남을 과외수업 하는 일 자체가 '아주 특별한 케이스'라는 것을, 게다가 촌장님(대화 스님)처럼 자비와 지혜를 갖추신 분은 눈 씻고 찾아보려야 찾을 수 없다는 것을.

참만남 장에서는 서로 간의 갈등이 터져 나온다. 동기·선배·후배·교수님에 대해서까지 서로의 마음을 있는 그대로 드러내 놓지만, 그저 '표출'만 하는 것이 아니었다. 지향점이 분명한 촌장님의 장에서 생성된 갈등은 화해와 이해·수용으로 나아갔다. 시간이 적게 걸리든 오래 걸리든 분명히 그랬다. 서로 간의 갈등을 딛고 생육사도 함께하는 도반님들과는 끈끈해질 수밖에 없었고, '안으로 해탈, 밖으로는 자비'를 늘 강조하시는 스님의 가르침 아래서 우리는 성장을 위해서 정말 피를 흘리듯 정진해 가는 공동체 같았다. 서로에 대한 애정으로, 믿음으로 굳어진 이곳이 참 좋았다. 그 어떤 어려움 속에서도 기댈 수 있는 언덕 같은 곳이었다. 그 어떤 갈등도 풀어내는 참만남 장, 그것을 증명하는 도반님들과의 관계에 흐르는 깊이와 우호적인 감정, 촌장님 덕분에 또 하나의 가족과 같은 분들을 내 생에 함께할 수 있음이 감동이고 감사이다.

○ 어른 되기, 지혜를 배우기

미성숙하고 어렸다. 촌장님께서 "그 나이라면 나라를 다스릴 수도 있다."고 하셨지만, 그에 걸맞지 않은 어린 모습들이 참 많았다. 장 안에서 나타나는 여러 상황에 어떻게 대처할지 몰라 입을 다물고 있기도 하고, 누가 대신 말해 주겠지 하며 눈치만 보고 있을 때가 많았다. 많이 혼났고, 많이 배웠다. 지금 내가 하는 행동들은 참만남을 통해 습득된 것들이 참 많다. 관심하고 사람의 마음을 헤아리는 것, 마음을 적절하게 노크할 수 있는 것, 격과 예를 갖춰 대하는 것, 사회생활과 조직의 생리를 이해하고 적절하게 대처하는 것 등등. 하나하나 쓰기 어려울 정도. 덕분에 한층 어른스러워졌다.

○ 상담자로서의 성숙

상담의 길을 걷기로 한 자로서, 참만남 수업이 나의 상담의 깊이와 넓이에 미친 영향은 정말 말할 수도 없이 지대하다. 촌장님께서 장에서 직접 보여주시는 끝없는 경청, 사람에 대한 사랑, 삶을 보는 안목 등은 상담의 기본이지만 제대로, 진정으로 실현해 내기에는 어려운 필수요소들인 것 같다. 그것들을 매 순간 장에서 촌장님을 통해 체험하고 감동하며 얼마나 중요하고 소중한지 가치를 알 수 있었고, 거듭거듭 깊어져야 함을 새길 수 있었다. 덕분에 든든하다. 나는 부족하지만, 촌장님의 모습을 보며 진정한 상담자가 어떤 모습인지 알게 되어 벅차게 뭉클하다. 촌장님을 지향하고자 하는 것, 그러한 방향을 향하고자 하는 것 자체가 큰 복이다.

○ 한없는 사랑의 경험

최근에 든 생각인데, '촌장님께 받은 사랑을 갚는다면 그게 가능할까?'라며 울컥한 적이 있었다. 사실 참만남이 나에게 가져다 준 가장 큰 선물은 촌장님과의 인연이다. 누가 이렇게 나를 깊게 알아주시고 정말 내가 느끼지 못하는 나의 마음마저 헤아려 줄 수 있을까? 이렇게까지 나를 생각해 주시고 베풀어 주실까? 생각하면 촌장님께 받은 사랑이 참 벅찬 감동이다.

대학원 때 참만남 수업을 통해 촌장님께 감사하고 감동하며 이런 생각을 했다. '대화 스님은 정말 엄청난 분이신 거 같은데, 교수님께서 스님을 모셔주신 덕분에 인연이 돼서 너무 다행이고 신기하고 감사하다. 만약 전북대학교 수업을 맡아 주시지 않았으면 나는 살면서 평생 동안 이분을 만날 수 있었을까? 전북대학교 인연이 아니었다면 과연 내 개인적인 인연으로 가능했을까?'라는 생각이 들며, 만약 못 만났으면 너무 아쉬웠을 것 같아서 이 대단한 분과 연결 끈이 있다는 것 자체가 횡재라는 기쁨이 있었다.

스승의 날에는 이 생각이 빠지지 않고 일어난다. 스님과의 인연을 만들어 주신 교수님께 마음 깊이 감사하다. 상담공부를 시작하며 내 삶에서 참만남과의 인연이 시작됐는데, 나는 그것이 내 인생에 커다란 축복이라고 생각한다. 사실 고백하건대, 다른 학교의 심리학과가 아닌 전북대학교 심리학과에 진학하게 된 건 내가 촌장님을 만나게 하려는 하느님의 큰 선물일 거라는 생각을 종종 한다.

참만남과의, 촌장님과의 인연에 깊이 감사하는 이로서 이렇게 공부할 수 있도록 환경을 마련해 주신 교수님께 진정 감사드립니다.

♥ 천사 소진선 두 번째 소감

"사람 사랑의 가치에 눈뜨다."

참만남을 통해 어른이 되었다.
참만남을 만나기 이전에는 나의 좁은 경험만큼, 안목만큼 세상을 이해했다. 장은 또 다른 세상이었다. 장 경험을 통해 내가 알지 못했던 세상을 배울 수 있었다. 그중의 제일은 사람 사랑이지 않을까 싶다. 사람을 사랑하는 것이 얼마나 소중한지, 끝끝내 우리가 지향하는 것은 사람 사랑의 깊이를 성숙시키는 것이었다. 사람 사랑의 가치에 눈을 뜨게 된 것이.

되는 대로 살아가는 나에게 큰 가르침, 큰 감동, 태도의 변화를 가져다 주었다. 지향점이 있으면 표류하다가도 다시 돌아갈 곳이 생긴다. 가끔 성질이 나서 사람 사랑이 잊힐 때도 참만남에서의 가르침은 잔잔히 내가 가야 할 곳을 일러주었다. 욕심을 순화하고 수심하는 나를 지탱하는 좋은 방향키가 되었다. 이 가르침들을 잊을 만하면 떠올리게 하시고, 감동을 주시어 바른 길로 안내해 주셨다.

내 수준을 뛰어넘은 성장·성숙을 가능케 해 준 참만남, 이러한 배움 아래 살아갈 수 있는 것이 진정 큰 복이었습니다. 사랑하고 감사합니다.

마음거울

사랑과
자비심
깨닫기

'참만남과 나'라는 주제의 글쓰기 과제를 받고 나니 자연스럽게 처음 참만남 장에 참여하였던 2012년 가을이 떠올랐다. 대화 스님(촌장님)께 '불도저 같다.'는 피드백을 받았던 그날, 피드백에 부끄럽고 얼굴이 화끈거리던 내가 생생하게 떠오른다. 그랬던 내가 지난 참만남 지도자 장에서는 많은 변화와 성숙이 보기 좋다, 부럽다는 피드백을 받았다. 이렇듯 참만남과 함께해 온 8년의 세월 동안 나에게 많은 변화가 있었다. 과제를 통해 나의 참만남 시간을 돌아보며 성숙과 깨달음의 경험들을 정리하고자 한다.

○ 나의 기질, 성향을 알아가는 시간

참만남 초기, 나는 타고난 기질과 성향을 수용하고, 건강하게 표출하는 방법을 익혔다. 당시 나는 함께 공부하던 대학원 선배 언니들과 친근한 사이로 지내면서도 자잘한 갈등을 경험하고 있었다. 주도적이고 목표지향적인 나의 모습이 울퉁불퉁 표현되어 갈등을 일으키고 있었다. 나는 이러한 기질과 성향 때문이라고 생각하며, 부정적으로 평가하고 숨기기까지 했었다. 마음 한편에는 나의 기질대로 살다가는 또 관계가 깨지겠구나, 항상 불안하고 긴장되었다.

다행히도 대학원 시절 동안 나는 언니들과 꾸준히 참만남을 함께 하며 교류했다. 그 시간 동안 언니들은 듬뿍 우정을 주고 내가 다듬어지길 기다려 주었다. 그 정답고 아기자기했던 시간은 내 마음을 좀 더 튼튼하게 하고, 자연스럽게 나의 주도적인 기질과 성향을 수용할 수 있게 하였다.

지금의 나는, 나의 기질과 성향이 좋다. 힘 있게 나라는 존재의 특성을 드러내 주고, 힘 있게 삶을 살아가게 하는 멋진 캐릭터로 여겨진다. 그리고 감사하다. 정이 고파 나를 숨겼던 모습도 정답게 함께해 준 언니들을 떠올리며 그립고, 감사하다.

○ 나의 그림자를 수용하는 시간

참만남은 내 안의 깊은 심층, 어두운 그림자를 만나게 하고, 그것을 수용해 가는 과정을 안내했다. 그 과정은 아프고 힘들기도 하여 때론 도망치고 싶을 정도였다(실제로 도망간 적도 있다). 참만남을 하며 만난 그림자 중 하나는 '외롭고 쓸쓸한 나'였다. 어린 시절 부

모님 없이 동생과 맞이하는 저녁이 쓸쓸하고 무서웠다. 익숙한 듯
집 앞 돈가스 집에 가서 저녁을 먹고 돌아오는 시간은 스산하고 암
울했다. 세상에 혼자인 기분이었다. 초등학생 때는 어린이 합창단
을 너무 하고 싶었다. 그러나 엄마가 데려다줄 수 없으면 활동하기
힘들다고 했다. 하고 싶은 것을 포기하는 게 힘들었고, 같은 반 친
구가 즐겁게 활동하는 모습을 부러워하는 것도 자존심이 상했다.
나는 마치 든든한 백이 없는 것만 같았다.

이러한 어린 시절의 경험들은 생각보다 깊숙하게 내 안에 뿌리내
리고 있었다. 장 내에서 집단원이 표현한 외로움을 통해 떠올랐고,
집단원의 행복한 표현에서도 떠올랐다. 이처럼 내 그림자는 알아달
라고, 수용해 달라고 불쑥불쑥 고개를 내밀었다. 다행히도 나는 안
전하고 따뜻한 촌장님의 참만남 장 안에서 이 그림자들을 만나갔
다. 그림자를 선명히 탐색하고, 표현하고, 위로와 응원을 받으며 그
림자의 무게는 가벼워졌다. 장롱 속에 넣어둔 쾌쾌한 옷에 볕을 쬐
듯 내 외로움은 산뜻해져 갔다.

여전히 내 그림자는 불쑥 고개를 내밀기도 한다. 그러나 나는 이
제 한의 눈물 없이 이것들을 어루만질 수 있을 만큼 여유로워졌다.
더불어 나는 다른 사람들의 그림자도 함께 할 힘이 생겼다. 내가
그러했듯이, 당신도 이 과정 중에 계시는군요! 존중하며 그림자를
수용해 가는 시간을 응원한다.

○ 나의 이기심을 타개해 가는 시간

몇 해 지나 이제는 참만남이 뭔지 알겠다 싶던 순간에, 나는 또

하나의 어려움에 봉착했다. 이제 나의 본래 성향대로 살아가고, 그림자의 아픔도 수용해 가는데, 나는 왜 여전히 관계에서 갈등이 생기고 삶이 불만족스러운 걸까?

이쯤, 촌장님께서는 교류의 핵심 '사람 사랑'을 안내해 주시곤 하였다. 나는 그 사람 사랑이 잘 되지 않는 나의 모습을 장에서 혹은 생활에서 적나라하게 마주하곤 하였는데, 그 이유는 바로 이기심 때문이었다. 편해지고자 하는 이기심, 공짜로 얻고자 하는 이기심, 내가 우선인 이기심, 나! 나! 나! 너무도 견고하게 우뚝 솟아 있는 내 ego가 나를 두껍게 감싸고 있는 것이 느껴졌다. 그 이기심 때문에 사람들의 이야기를 온전히 경청하고 공감하는 게 잘 되지 않았다. 그 이기심 때문에 항상 머릿속으로 득실을 계산했다.

이런 나를 눈치 채는 순간, 부끄럽고 자책이 되었다. 사람들에게 이런 나를 들킬까 불안하고 떳떳하지 않았다. 결국 나는 '이러다가 스님께서 나를 버리시겠구나!'라는 파국적인 생각까지 하게 되었다. 그만큼 무자비하게 자신을 비난했고 지긋지긋하게 불신했다. 온 세상을 불신했다. 다시 그 시간들을 돌아보는 지금도 눈시울이 붉어질 만큼 나에게 큰 덩어리 이기심을 타개하는 시간이 지난했다.

그러나 얼마 전 나는 그 시간이 지나갔음을 느꼈다. 근래 들어서 다른 사람의 이야기가 온전히 공감되는 경험과 또 나보다 타인이 우선인 경험을 했다. 이런 경험들이 쌓여 스스로 '괜찮은 사람이구나.' 하는 생각이 들었다. 이런 나를 볼 때마다 마음 가득 행복했다. 참만남 장 안에서 지지고 볶으며 버텨온 시간 동안 기적 같은 변화가 일어난 것이다. 이 성장의 모든 공은 단연코 대화 스님의 사랑

덕분이다. 내가 나를 불신하는 순간에도 나를 사랑해 주신 분, 내 동댕이쳐질까 두려웠던 내 마음을 아파해 주신 분, 포기하지 않겠다고 약속해 주신 분, 지향점을 잃지 않게 등불이 되어 주신 분, 이로써 나는 사람다워졌으며, 계속해서 더 나은 사람이 되기 위해 이기심을 다듬고, 사람 사랑을 높여가고 싶다.

○ 사랑과 자비심을 높여가는 시간

대화 스님의 참만남 장에서는 '결국은 사람 사랑'임을 안내한다. 내가 참만남을 시작한 초반에는 사람 사랑에 대해 생각할 겨를 없이 나를 탐색하고 정화하는 데 많은 시간을 할애했다. 그런 과정을 거치고 나니 스스로 한결 편안해지고 여유가 생겼다. 그래서 이제는 사람 사랑이라는 새로운 지향점을 가지고 이를 심화해 가는 시간을 보내고 있다.

사람을 사랑한다는 것이 뭘까? 도저히 사랑을 알 수 없어 그 경험을 상상하면서 끙끙거렸던 시간이 떠오른다. 사랑을 모르는 나를 자책하고 비난했던 시간이 있었다. 그러나 어김없이 촌장님은 내 안에 사랑을 불어넣어 주셨다. 꺼진 듯 보였던 불씨에 계속해서 사랑의 훈풍을 불어넣어 주셨다. 그러던 와중에 미세하게 불이라도 붙을라치면 놓치지 않고 장에서 표현해 주시며 박수해 주셨다. 이 반복되는 과정에서 어느새 나는 내 안의 사랑의 온기를 스스로 느낄 수 있게 되었다. 참 안도가 되고 편안하고 든든한 느낌이었다. 내 안의 사랑이 커져갈수록 스스로 신뢰할 수 있게 되고 다른 사람도, 세상도 더 잘 보였다. 지금의 나는 이런 상태이고, 근래의 참만남 장을 돌아보며 내 마음의 온도, 변화를 돌아보는 지금도 참 행복하다.

얼마 전 스님께서는 '영혼을 담아 들어라.'라는 말씀을 하셨다. 몇 주 지난 지금까지도 마음에 담겨 묵직한 울림을 주는 말씀이다. 이제 나는 그 사람을 사랑하기 위해 내 온 몸과 영혼을 담아 함께하는 그날을 꿈꾼다. 누군가를 그토록 사랑할 수 있다면 참 아름다울 것 같다. 그 길은 여전히 멀 수도 있다. 그러나 하고 싶다.

글을 쓰며 참만남 8년의 세월이 내게 주었던 의미, 행복을 정리할 수 있어 유익하고 즐거웠다. 참 가득하게 행복하다. 지금, 이 순간 스스로 뭉클한 감동과 박수를 보내고 싶다. 그리고 꾸준히 함께하시며 본을 보여주시는 교수님, 이제는 가족처럼 함께해 주신 도반님들에게도 감사의 인사를 드리고 싶다. 귀하고 소중한 가르침, 사랑 주시는 스님께도 감사드립니다.

마음거울

참만남은
나에 대한 너에 대한 관심이다.

천 리 길도
────────── 한 걸음부터,
자기 직면과 수용

○ **나는 참만남을 생각하면 무엇이 떠오르는가?**

참만남을 생각하면 여러 가지 떠오르는 생각들은 있지만, 워낙 거대 범주의 이론으로서, 사색·생각을 정리하는 것이 부족한 나는 항상 애를 먹고 진도가 잘 나가지지 않는다. 전체의 개념들이 압도적으로 다가와도 그 정체가 불분명해지고 모호하게 다가오기 때문이다. 오랜 세월 공부한 사람으로서 무색하고 반성되는 부분이다.

이런 애로 사항을 겪던 중에 스님께서 '참만남과 나'라는 글감을 내어주셨다. 주제가 정해지니 우선 그 범위가 좁혀짐에 안도가 되고, 좀 더 명료하게 글을 써 내려갈 수 있게 될 거라는 기대감이 생긴다.

이번 글쓰기 연습을 통해 나의 참만남 역사를 되돌아보고, 그 소감을 자세히 풀어내 보려 한다. 나의 체험담이 몇몇 사람들에게라도 참만남에 대한 호기심을 불러일으키고, 관심을 두게 하는 실마리가 되기를 바란다.

○ 천 리 길도 한 걸음부터 - 자기 직면과 수용

누구든지 변화에 관해 말하려 한다면, 그 전과 후를 대조해 보아야 할 것이다. 먼저, 나의 과거 이야기를 꺼내어 본다. 나는 참만남을 통해 나 자신이 '인간 개조'가 되었다는 생각이 들 정도로 과거력이 어마어마하다. 돌이켜보면 과거의 나는 이기적이고, 욕심이 많고, 사특한 구석이 있는 사람이었다. 물론 지금 이러한 모습이 모두 사라졌다는 이야기는 아니다(여전히 변화를 위하여 사투 중이다). 핵심은 스님을 만나고, 참만남을 알기 전까지는 나는, 내가 그런 사람이라는 것을 몰랐다는 사실이다. 좀 더 정확히 말하면 '내 단점까지도 받아들일 힘이 없었다.'라고 말할 수 있겠다.

부모님의 기에 눌려서 있는 그대로 수용하는 경험이 부족했던 나는 늘 다른 사람의 눈치를 보고, 평균 수준 이상으로 긴장하며 지냈다. 필요 이상으로 바깥에 에너지가 많이 쓰여 괴롭고 쉽게 지쳤던 것 같다. 그 때문에 나는 내가 힘이 없고, 약한 사람이라는 개념을 가지고 살았다. 그러나 한편으로는 내 욕심·이기심을 잔뜩 취하는 습(習)들이 보이니, 타인이 보기에는 그 틈이 상당했을 것이다. 거기에서 오는 갈등이 많았다. 억울하고 속상했다.

이러한 난국에서 스님은, 그런 나의 모습을 사랑으로, 자비로 날카롭게 직면시켜 주셨다. 처음에는 받아들이기 너무 힘들었다. 나에게 이렇게 추악한 면이 있었나, 보기 싫고, 도망가고 싶고 얼굴이 화끈, 가슴이 덜컥 내려앉는 순간이 훨씬 더 많았다. 이 시기가 겪어내기 제일 괴로웠던 것 같다. 한 세월을 이 악물고 버티고 나니, 변화가 생기기 시작했다. 비로소 전체의 '나'가 그려지며 통합이 되었고, 안정감이 생겼다. 더는 나의 그림자를 부정하지 않게 된 것이다. 있는 그대로 받아들일 수 있게 되니 힘이 회복되었다. 그 힘이 다시 나를 재건해 나갈 수 있는 원동력을 만들어 주었다.

○ 빈 자루는 똑바로 서지 못한다
- 관계 인격, 철학, 지혜 쌓기

나 자신으로 회복된 후, 살을 붙여 제대로 설 수 있게 만들어 준 것은 스님께서 가르쳐 주신 건강한 신념·생각들이었다. 내 욕심·욕구에만 몰두했던 세월에는 스스로 떳떳하지 않으니 자기 신뢰감이 미비했다. 자아존중감이 낮아 불안정했던 마음을 알아주지 못하고, 이기심을 내세우며 내 것으로 취하려, 가지려 들기 바빴다. 그러한 방황 중, 대화 스님의 참만남 집단은 나를 멈춰 세워 다시 생각할 수 있게 도와주고, 바로 잡아 주었다.

스님은 관계에 관한 사유에 많은 자극을 주셨다. 나는 그 배움터 안에서 관계에 대한 철학을 바로 알고, 익혀갈 수 있었다. 스님의 말씀처럼, 사람은 태어나서 죽을 때까지 사람을 만나고, 부대끼며 살아가는데, 인간관계에 대한 생각을 정리하지 않고 살아간다는 것은 단팥빵에 팥 앙금이 없는 격일 것이다. 관계를 맺을 때 나름의 철학과 기준을 가지고 사람을 대한다면, 그 인격의 수준을 높여간다면, 어떤 상황, 어떤 관계 안에서도 선을 추구하며 아름다운 공동체를 이루어 갈 수 있을 것이다.

이기심으로 단단하게 뭉쳐 있던 나의 사고에 균열이 일어나며 한 신념이 비집고 들어오기 위해 연습하고 노력했던 세월이 그려지며 뭉클해진다. 이제는 가끔 일상 속에서 관계를 생각하며 나오는 행동들이 자연스레 배어 나와 자신을 떳떳하게 만들어주고 미소 짓게 한다. 아직도 가야 할 길은 많이 남아 있지만, 질 높은 삶을 지향할 수 있도록 지도하여 주시는 스님, 참만남의 존재가 내 삶을 구원해 주었기에 눈물겹게 감사한 마음이다.

○ 두 사람의 머리가 한 사람의 머리보다 낫다
– 경이로운 장의 역동

홀로 참만남 이론을 공부했다면, 짧은 세월 안에 이 많은 배움을 다 체험하지 못했을 것이다. 참만남이라는 장이 있었기에, 또 그 장을 이끄는 지도자의 역량이 있었기에, 참만남 철학을 바탕으로 도반님들과 함께 한 배를 타고 많은 것을 배우고 느낄 수 있었다.

장을 할 때마다 정말 신기했던 것이 바로 장의 역동이었다. 그날 모인 사람들이 부른 역동, 그 역동적 과정에서 충분히 한 생을 보내고 나면, 많은 사람의 한 맺힌 생이 깔끔히 정화되는 것을 여러 번 경험하곤 했다. 살아가면서 '창자가 씻겨 나가는 듯한(스님 말씀)' 이런 개운한 체험을 몇 번이나 할까 싶다. 그 안에서 나도 많은 치유를 받았고, 덕지덕지 붙어 있는 검불들을 잘 정리하고, 다시 새 삶을 살아갈 수 있었다. 장 안에서뿐만 아니라, 밖에서, 온·오프라인을 통해서도 도반들의 성장, 성숙 과정이 많은 자극이 되고 정진할 수 있게 만들어 주는 힘이 된다. 원래 습관대로 살아가고 싶은 게으름이 생기다가도 도반님들의 밴드 속 글과 모습들에 감화 받고 다시 애써보려는 마음이 일어날 수 있는 공동체 안에서 살아가고 있다는 것이 소중하다.

참만남과 함께한 역사만큼, 그동안 참 많은 성과와 배움이 있었구나, 알알이 세어보며 기쁘고 유익하다. '구슬이 서 말이라도 꿰어야 보배'라는 속담이 떠오른다. 내 구슬이 어딘가에 잘 쓰일 수 있도록 구슬들을 여기에 더 추가하여 예쁘고, 영롱하게 잘 다듬어 가보고 싶다. 스스로 해야 하는 부분이지만, 사랑과 관심으로 정리할 수 있도록 과제 내어주심에 감사합니다. 사랑합니다. 스님_()_

참만남을 배울 수 있도록 기회를 마련하여 주신 교수님께 깊이 감사드립니다. 스님의 참만남 집단이 없었다면 제 삶이 어떻게 나아가게 되었을지, 정말 아찔합니다. 후학을 위해 기꺼이 참만남 집단을 열어주신 교수님, 감사합니다. 사랑합니다. _()_

마음거울

행복
윤경선

나는 참만남을
지향하는
마음공부인이지!

　　'참만남과 나'에 대해 생각해 보니 그동안 스님 과 함께 공부했던 세월이 떠올랐다. 조우에서 1년간 근무를 하며 스님의 집단 장을 세팅하는 업무를 도맡아 하면서 '매주 늦은 시간 모여 무엇을 하는 걸까? 참만남이 도대체 뭐지?'라는 호기심과 '매 주 모여서 무언가를 이렇게 열정적으로 하다니, 참 대단하다!'라는 감탄을 느꼈다. 그렇게 1년의 세월이 흐르면서 자연스레 관심이 깊 어지고 스님의 1등 팬인 선우님과 소장님의 강력한 추천으로 나도 참여해 보고 싶은 욕구가 커지고 두려움 반, 설렘 반인 긴장되고 떨리는 마음으로 시작했던 시절이 아련히 떠오른다.

○ 너무나 충격적인 참만남

참만남을 만나기 전 나는 되는 만큼, 해지는 만큼, 그저 주어진 만큼으로 하루하루를 살아가는 참으로 게으른 사람이었다. 그러면서도 욕심과 이기심은 끝이 없어 건설적인 노력이나 질적인 성취에는 무관심한 채 그저 눈앞의 일들을, 혹은 속물적인 욕심으로 아등바등하며 살아왔다. 그런 내가 다른 여러 도반님과 스님과 함께 참만남을 하며 삶에는 속물적인 욕심이 아닌, 질적인 성취를 위해 노력하는 길이 있다는 것을 알게 되었고, 그를 위해 돈과 시간, 에너지를 아낌없이 투자하며 치열하게 공부해 가는 사람들이 있다는 것에 눈 뜨게 되었다.

이런 사람들, 이런 집단이 있다는 것을 처음 몸소 체감하던 날, 정신이 번쩍 날만큼 충격적이고, 실제로 그를 위해 불타는 열의로 실천해 가는 사람들이 있다는 것이 놀라웠다. 지금까지 살아왔던 내 모습이 무척이나 창피하고, 동시에 내가 이걸 정말 할 수 있을까 자신이 없고, 위축되며 도망가고 싶은 마음도 들었었다. 그러면서도 스님의 말씀처럼 그래도 이곳에 함께 있으면 언젠가는 또 얼마만큼은 나도 저런 모습이 되어 있지 않을까 하는 얄팍하고 막연한 기대로 참만남 공부를 시작했다.

미미한 시작이었지만 수년간 참만남 공부를 해 오면서 나도 어느새 조금씩 사람과 사람 간의 만남에서 '깊은 관심과 훈기 넘치는 사랑으로 함께하고 싶다.'는 향심으로, 또 그것이 참으로 귀하고 지향할 만하다는 분명한 관점을 가지고, 그것을 위해 수심하고, 관심 온도를 높이고, 사랑과 자비의 마음으로, 대원심의 마음을 향해

　　　　　　　　　　　　　　　　　마음거울

공부해 가는 '공부인'이라는 정체감을 확실히 장착해 가고 있다.

이 정체감은 참만남 장뿐만 아니라 일상에서도 마음공부를 하는 사람으로서 내가 있는 어떤 상황에서도, 어떤 장소에서도 마음공부를 하는 사람의 이름에 걸맞은 역할을 하려고 노력하고, 마주치는 사람에게 정성 들여 관심을 기울이고, 어떤 장안에서의 나의 미학적 역할을 염두에 두기 위해 노력하고 있다. 이러한 노력이, 이러한 나의 마음 상태가, 내 정체감이 참으로 나 스스로 느끼기에 떳떳하고, 자부심이 느껴지며, 때로는 마음만큼 잘 따라주지 않아 아쉬워하기도 하고, 자책하기도 하지만 그래도 '나는 참만남을 지향하는 마음 공부인이지!'라는 정체감만큼은 내 안에서 아름드리 나무처럼 확실히 자리를 잡고 있다.

○ 나의 삶을 지탱하는 근본이 되다

앞서 말했듯, 나는 이기적이고 자기중심적인 사람이다. 타인에 관해 관심도 별로 없고, 관심을 가지고 사람을 사랑하고 싶다는 마음도 없었다. 그 밑바닥에 있는 핵심적인 마음은 이기심이었다. 스님과 공부를 하면서도 한 세월 이기심의 벽을 넘지 못하고 참만남을 멀리하기도, 도망가기도 했던 다년간의 세월도 있었다.

그 과정 동안 월례 정진을 통해 이론적 정립을 차곡차곡 해 가면서 어느새 내 안에서도 슬금슬금 진정 사람을 사랑하고 싶은 마음이 생겨나고 있다. 사람에게 깊게 관심하고, 화자의 입장을 그분의 온도만큼, 또 그 마음에 가닿아 느끼고 함께하고픈 마음이 선명하게 자리를 잡아가고 있다. 또 더 높은 온도와 밀도로 해 가고 싶은, 화자의 마음에 깊게 가닿아 느끼고 싶은! 그 향심 또한 깊어가고 있다. 언젠가 무한의 사랑과 대원심의 태도로 이 세상 모두를 대할 수 있기를 소망해 본다.

참만남 공부를 해오면서, 또 세월이 더해가면서 이런 공부를 할 수 있다는 것이, 이런 가르침을 받을 수 있다는 것이, 스님과 인연이 됨이 정말로 귀하고 소중하게 느껴진다. 내 생에 있는 모든 행운을 사용하여 스님과 인연이 됨이라고 생각될 만큼이다. 제가 스님과 인연이 될 수 있도록 해 주신 모든 인연에 깊이 감사드리고, 감사드립니다. 이 배움은 저에게 큰 자부심이고, 저를 지탱하고 제 삶을 지탱하는 근본입니다.

사랑하고 존경하는 어버이 스님, 이 공부를 오랜 시간 동안 해오시고, 지금도 함께해 주시며, 앞으로도 함께해 갈 도반님들, 귀한 공부를 할 수 있도록 다리 놓아주시고, 함께 공부해 주시는 교수님 깊이 감사드립니다.

세상을 보는 눈,
——————— 사람을 대하는
태도를 배우다

스님, 혜령입니다. 오늘 글을 쓰며 참만남을 했던 저를 볼 수 있었고, 그저 감사하다는 생각이 들었습니다. 감사합니다. 스님♡♡

○ 참만남과 나

덜덜 떨던 병아리 석사, 어느새 말하는 것이 어렵지 않게 됐네….

2013년 대학원을 진학하였다. 심리학과를 나오지 않은 터라 심리에 대한 관심만으로 선택한 진로였다. 익숙하지 않은 것이 익숙하던 시절, 선배들의 말에 곧잘 귀를 기울이던 때였다. 선배들을 통해 참만남에 대한 이야기를 들었고, 어느새 기대하는 마음으로 자연스럽게 참만남을 접하게 되었다.

내로라하는 선배님들과 더더구나 어려울 수 있는 교수님이 함께 공동체를 이루어 이야기를 나눈다는 것은 석사 병아리에게는 영광이고 자랑거리였지만, 한편 두려움도 있었다. 누군가 앞에서 말하는 것이 너무 무섭고, 떨렸던 약체인 나였기에, 많은 이들, 더구나 선배들과 함께 자신의 이야기를 한다는 것은 두려움 그 자체였다. 하지만 두려움을 넘어서면 보이는 표현의 아름다운 향연들이 보였기에 마음속 부담을 잠재우며 참만남에 참여하게 되었다.

참만남의 첫 느낌! 아 따뜻하다, 그리고 나에 대한 희망이 생기네?

참만남을 처음 접하며 나는 따뜻함을 경험했다. 나의 부족한 모습에도, 덜덜 떨며 표현하는 나에게 집단원은 격려와 칭찬을 아끼지 않았다. 처음 느껴보는 환대와 지지, 그리고 '표현하는 것이 참 좋은 것이구나!' 하는 새로운 관점의 시작이었다. 말하는 두려움을 꿋꿋이 표현하여 이겨내는 그 과정은, 스스로 새로이 보게 하고, '나에게도 잠재된 뭔가가 있구나!' 하는 희망으로 나는 성장을 염원하는 공부꾼이 되었다.

○ 여기를 봐도, 저기를 봐도 내 그림자로구먼…?

참만남은 이중적이었다. 하면 좋은데, 나를 보는 두려움은 늘 존재했다. 집단원과의 소통 속에서, 누군가의 말과 행동 속에서, 내 생각 면면 어느 곳에서나 나의 그림자를 엿볼 수 있는 노다지 같은 곳이었다. 그래서 나의 내면은 참만남을 하면 좋은데, 나를 보는 것은 참 고역이구나 하는 양가의 마음 상태였다.

그런데도 계속 참만남을 찾았던 것은, 하나의 그림자를 대면하면 그 순간 아픔과 고통, 피하고 싶은 강렬한 유혹은 있지만 희한하게도 시원했고, 마음이 맑아지는 체험이 있었기 때문이다. 짧은 고통, 그리고 긴 여운의 자유와 평화로운 체험….

그림자와의 대면 수준이 점점 대담해지고, 받아들일 수 있다는 것은 상담자로서 성장을 의미하였고, 나와 만나는 내담자들에게 떳떳해질 수 있는 과정이기도 했다. 상담자는 늘 자기 문제와 대면할 수 있어야 한다. 치유의 과정을 거치지 않으면 지금 수준에 머무르고, 또한 내담자를 제대로 보지 못하는 직무유기를 할 수도 있게 된다. 자신의 그림자를 처리하는 것은 상담자의 윤리라고 할 수 있다.

나의 그림자와 만나며 통찰하고 거듭나는 집단원을 보며 자신의 문제로부터 빠져나오는 여러 과정을 보게 하였고, 나의 성장뿐만 아니라 사람을 깊이 이해할 수 있는 배움의 터였다.

○ 세상을 보는 눈, 사람을 대하는 태도를 배우다

참만남은 단지 자신의 그림자를 털어내는 곳만은 아니었다. 어려움이 있을 때, 고통스러울 때 의지가 되는 포근한 쉼터이기도 했지만, 지혜를 배울 수 있는, 사랑을 경험할 수 있는 살아 있는 교육장이기도 했다. 어찌 이렇게 어린 사람이, 내담자들의 마음을 끝없이 어루만져 줄 수 있겠는가? 단지 학교에서 배우는 이론적인 틀로 사람을 보는 것이 아니라, 세상을 어떻게 봐야 하는지, 사람을 어떻게 대해야 하는지 인생철학을, 인격성숙을 위한 책장이기도 했다.

참만남을 하기 전, 어떻게 살았을까 싶을 정도로 사람을 보는 눈이 없었다. 나의 시선으로, 나의 편견으로, 나의 이기심으로 사람을 어떻게 이해해야 할지 몰랐다. 참만남은 여러 사람을 보고, 또한 지도자께서 삶을 보는 안목을 말씀해 주시기에 더 깊고, 많은 사람의 마음을 접하게 된다. 한두 해씩 거치며 알게 된 사람의 마음들, 보고 듣고 느끼게 된 사람에 대해 알아가는 것이 커짐을 느끼고 남들에게 조언해 주며, 간혹 방향성을 일러주는 때도 있는 상담자로서 커가고 있다. 철딱서니 없이 이기심에 징징거렸던 나의 변화를 가장 먼저 엄마가 잘 아신다. ㅎㅎ

책으로 접하고, 이론으로 배우는 것은 내가 느끼는 것이 덜하기에 마음으로 닿지 않았으나, 입을 통해 숨을 쉬는 감정을 주고받는 참만남은 마음에 혹 들어오고, 온몸으로 느끼며 배우는 바가 컸고, 내 살에 더 가까이 다가왔다. 그렇기에 사람에 대한 이해가 더 높아져 가지 않았을까 생각해본다.

또한 사람을 대하는 태도를 지도자이신 스님의 모습을 보며 배웠다. 이웃을 사랑하라, 자기 자신을 사랑하라. 고리타분하고 당연한 말들이, 지도자의 모습을 보며 체감되니 저항 없이 수용하는 마음으로 배우게 되었다. 내 사랑의 온도가 미약함에 화가 나고, 답답했지만 '저렇게 살면 참 행복하겠다. 상담자로서 참 좋겠다.' 하는 마음은 늘 있었다. 사랑을 보고, 받게 되니 내 사랑의 크기에도 변화가 생겼다. 나눌 줄 모르고, 챙기기에 바빴으며 나만 생각했던 이기적인 내가, 나눔을 알게 되고, 거기에서 기쁨을 느끼게 되고, 그런 자신을 사랑하게 된 것이다.

사랑의 크기가 커지니, 다른 이를 더욱 품고 이해할 수 있으며, 행복을 함께 느낄 수 있는 존재가 되어가고 있다. 사랑은 끊기는 것이 아니라, 이어지기 마련이라는 것을 알게 되어, 정체된 사랑의 존재가 아닌 존재가 될 수 있어 다행이고, 또 다행이다.

참만남은 나를 표현하게 했고, 나를 보게 했으며, 사람과 함께 살아갈 수 있는 이가 되도록 했다. 때론 힘들어 지칠 때도 있었고, 버거워 피하고 싶을 때도 많았던 것이 사실이다. 그리고 나는 간절함이 부족하고, 가치를 모르는 어린아이여서 쫓겨나기도 했었다. 하지만, 참만남의 기본적 신조는 사람이 먼저이고, 마음의 평화를 추구하는 것이기에, 그 과정을 위한 어려움을 고난보다는 성장의 턱으로 보는 시선이 맞다고 본다.

불안정했던 내가 있었다. 그리고 그 턱을 올라가면서 안정적인 내가 되고 있다. 참만남을 할 수 있어 다행이고, 큰 복이라 여겨진다. 나의 삶을 좋다 여길 수 있었던 이유가 되는 참만남, 사실 오래 하고 싶다. 너무 나에게 좋았던 것이라서… 나에게 참만남을 접하게 해 주신 교수님, 말로 할 수 없는 감사함이 있습니다. 감사합니다. 참만남의 가치를 눈물로 알려주신 스님, 참으로 감사합니다. 함께 걸어가며, 지지해 줬던 집단원들 감사합니다.

다 저의 복입니다. 감사하고 사랑합니다.

성숙

인격의 장

———————

아주 오래 전 두 아들이 초등학생일 때부터 생활에 여유가 생기자 마음을 나누는 것에 관심을 두게 되었다. 그 후로 참 많은 집단 상담에 참여하였고 개인 상담을 일주일에 한 번씩 서울에 가서 일 년간 받기도 했다. 정식으로 공부하고자 전북대학교 상담학과 석사과정에 입학하였고, 그 과정 중에서도 기회가 되는 대로 다양한 집단 상담에 참여했다. 그때 근원님의 주선으로 대화 스님을 알게 되어 스님께서 안내하는 여러 영성 프로그램에 참여하여 내 마음을 터득하면서 삶이 편안해졌다. 대화 스님 집단 수업의 맛을 조금 알게 되면서 나는 친정 부모님을 포함한 여섯 명의 언니와 외아들인 오빠가 1박 2일 가족 집단 상담도 받을 수 있도록 이끌었다.

이제 어느 정도 내 마음과 다른 사람의 마음을 알게 되었다고 생각되어 개인 상담과 두 차례의 의대 학생들 집단 상담도 안내하였고, 의대 교수님들의 워크숍 진행도 도울 수 있게 되면서 나 자신의 인격 정진으로부터 멀어져 갔다. 그 후에 두 차례의 큰 수술을 받게 되니 나의 마음을 살펴보는 관심이 줄어들고, 스님과의 인연도 소원해졌다.

그러다가 스님의 환갑 축하 행사에 초대받으면서 참만남 지도자 과정에 입학할 수 있는 특혜를 받았다. 처음 지도자 과정에 들어오니 참 답답하게 마음을 표현하지 않는구나 하며 당돌하게 그리고 불쑥불쑥 내가 튀어나왔다. 그런 나를 도반들은 기다려 주었고, 스님은 수용하고 지켜봐 주셨다. 그런 세월이 어언 2년이 되어간다.

나는 참만남 지도자과정과 심화 과정을 하면 할수록 다른 사람에 대한 자비심과 관심 부족이 확연히 드러났고, 이를 극복하기 위해서 벼락치기 시험공부를 하듯 하면 되리라 생각했다. 어느 날은 스님과의 개인 상담을 통해서 한 회기 만에 오랫동안 고통 받아 왔던 내용을 명료하게 짚어주셔서 나를 악몽에서 깨어나게 해 주심도 있었다.

때론 60년 이상 살아온 나를 한 번에 바꿔버릴 수 없음이 한탄스럽기도 하지만, 아주 조금씩 자비심과 관심이 일어났고, 이것이 나에게 먼저 이루어져야만 제대로 남에게도 관심을 가질 수 있음이 자각되었다. 처음 지도자 과정에서 몰랐던 세밀한 감정의 표현이 사람을 살릴 수 있음에, 그리고 그러한 만남이 참만남임을 각인하면서 이제야 제대로 참만남의 진수를 맛보기 시작했다.

모든 일상이 참만남의 달인이신 스님을 가까이에 보면서 지도자 과정뿐만 아니라 내 일상에서도 참만남이 물들게 하리라 다짐한다.

스님과의 인연을 맺게 해 주신 근원님께 고마움을 전하고 싶다. 무엇보다도 깊은 관심과 사랑으로 나도 모르고 있는 나까지 알고 계시면서, 적절한 시기에 직면하게 해 주시며 수용하게 해 주시는 스님, 대화 스님에게 깊은 고마움을 전하고 싶다.

인연이 되는
——— 모든 것에
감사하다

○ **우연히 행복이라는 단어에 이끌려 인연이 된 참만남**

2017년 2월 어느 날 저녁, 남편이 행복한 강의가 있다고 하면서 혼자 다녀오겠다고 한다. 어떤 강의냐고 물으니 "자세히는 모르지만 들으면 행복해질 수 있는 강의라고 하던데?"라고 한다. 보통 때 같으면 "그래? 귀찮기도 하고 혼자 다녀오세요." 하던 내가 "나도 행복해지고 싶은데 혼자서만 행복하려고?" 하며 적극적으로 가겠다고 하며 따라나섰다. 그곳에서 만난 대화 스님과의 첫 만남에서 신선한 충격을 받았다. 내용인즉 모든 것은 내 책임이다. 50~60%

가 아니라 그것도 100%가 내 책임이라니!!! 뭔가 억울함도 있었지만 한편에 드는 생각은 '다행이다.'였다. 나 자신도 바꾸기 힘든데, 모든 것을 남 탓 네 탓 하며 답이 없는 것을 보면 답답했는데, 내 책임임을 인정하며 나를 바꾸면 된다고 하니 얼마나 좋은가? 하고 말이다. 그렇게 그날의 강의를 듣고 더 공부해 보고 싶다는 마음을 가지고 있던 터에 감사하게도 그 다음달부터 명상의 집 큰학교에 합류하게 되었고 지금까지 함께 하고 있다.

○ 막연히 나에게도 인생의 멘토나 스승이 있었으면 좋겠다고 생각했는데 그렇게 원하던 스승님이 생기다

그리 긴 시간은 아니지만 분명 나와 내 주변은 달라졌다. 숨쉬기가 더 편해졌고 내 관심과 시야는 더 넓어져 있다. 그리고 행복한 순간에 더 머물며 내 마음은 분명히 평화로워졌다. '구체적으로 내 삶에서 무엇이 달라졌고 달라지고 있나?' 하고 둘러보면, 참 많다.

먼저 시간이 없어서 책을 읽지 못한다는 핑계로 살아가고 있었는데, 독서와 사색 사유의 중요성을 침이 마르게 강조하시는 스승님 덕분에 곁가지를 쳐내듯 하지 않아도 될 일은 과감하게 정리함으로 하루에 잠깐이라도 책을 읽음으로써 독서의 재미가 자리를 잡아가고 있다.

또한 아침마다 올리는 부모님에 대한 감사와 이미 가지고 있는 것의 감사가 늘어나서 환경이 크게 달라지지 않았음에도 마음만은 이미 부자임을 느낀다. 함께 정진하는 도반님들의 삶 노트를 통해 진솔한 삶의 진실을 엿보며 그 상황에서 깨어 있는 느끼는 점들을 통해 감동과 반성을 함께하며 나를 돌아보는 시간이 된다.

참만남 장에서는 만남을 최고로 한다는 목표 아래 내가 구하는 관심·이해·공감·배려·사랑을 나도 주는 관계 인격을 연습하는 장으로 "연습밖에 없다. 연습으로 표현하는 것이 내가 하고 있는 것이다." 할 정도로 관심하고 표현하고 듣고 메아리 함으로 미숙하여 잘 되지 않는 참만남을 연습하고 있다.

상대에게서 오는 불편함이 내 것임이 조금씩 인정되어짐이 늘어나서 상대 입장에서 공감하고 이해하려는 마음이 크므로 내 마음의 불편이 줄어듦이 느껴지고 제대로 잘 들으려 노력한다. 무엇보다 내 느낌과 감정을 소중하게 생각하게 되어 화가 나기 전에 내 느낌을 알고 내 감정을 잘 이야기하려고 깨어 있으려 하기에 마음속에 얘기하지 않고 꿍꿍 담아두고 나중에 후회하던 것이 줄어듦으로 개운한 마음상태를 유지함이 늘어났다.

그러므로 대화가 즐겁고 좀 더 상대의 마음에 가 닿아지고 가슴이 따뜻해짐을 느끼는 빈도가 점점 늘어가고 있다. 좋은 사람이 더 잘 알아봐지고 관계가 더 깊어지고 좋아짐이 느껴진다. 솔직함으로 내 마음을 제때에 잘 표현하는 것만으로도 마음이 가볍고, 이렇게 좋음이 느껴지니 다른 사람들에게도 잘 들어주고 메아리하고 여유가 생겼다. 이 모든 것이 이끌어 주시는 스승님이 계심으로써 바른 가치관 정립과 지향점이 있음에 가능한 일임을 안다.

○ 참만남과 나

나는 세 아이의 엄마이자 한 남자의 아내이고 부모님의 딸이다.

이제껏 제대로 나와의 참만남을 하지 못해 자신을 인정해 주지 않아 떳떳하지 않고 내 목소리를 내지 못해 답답하고 억울함을 안고 살아왔었다. 조금씩 나와의 참만남을 통해 이제 내 마음의 진실에 노크하고 느낌에 깨어 있으며 내 느낌을 인정해 줌으로써 제대로 보는 것, 제때 표현의 중요함을 알았다. 그리고 참만남의 장에서의 연습과 현실에서의 실천으로 가벼워지는 삶을, 내 마음의 평화를 지키려는 지향점을 장착하고 노력하며 살아가는 중이다.

참만남을, 명상의 집을 만나지 않았던 내 삶의 전과 후는 비교할 수 없을 만큼 삶의 질은 딴 세상임을 느끼게 된다. 일상의 삶을 살아가며 참만남을 한다는 것이 얼마나 가치 있는 일인지 알기에 아직은 서툴러 넘어질 때도 많지만 오늘도 1mm 정진하고 있음이 느껴짐에 스스로 뿌듯함에 좋다.

○ 인연이 되는 모든 것에 감사하다

그냥저냥 살아오던 내가 참만남을, 마음공부를 한다는 것이 아직도 믿어지지 않는다. 스승님이 계심에 사막에 서 있지만 나침반을 장착하고 어디로 가야 하는지 알고 가는 것이 얼마나 감사한지… 스승님과의 인연, 함께하는 도반님들과의 인연… 귀하고 감사하게 여기며 살겠습니다._()_

사랑합니다._()_

진실한
———————————— 나와
무애자재

참만남을 통해 거짓된 나와 진실한 나를 살피면서 하나 됨을 알 수 있었습니다. 걸림에서 벗어나 무애자재한 나의 본 모습을 볼 수 있도록 역동적인 힘을 키우는 장이 참만남입니다.

사람에 대한 사랑,
나에 대한 사랑

어느덧 대화 스님의 참만남 장을 접하고 참여해 온 지 햇수로 7년째이다. 대학원 석사 과정에 입학하여 이끌리듯 참여했던 첫 장의 기억은 언제나 생생하다. 당시 나는 서울 소재 대학원에 입학하기 위해 1년 반을 공부했었고, 마침내 건국대학교 교육대학원에 입학하였다. 원하는 서울로 입성한 것까지는 좋았지만, 홀로 공부하며 꿈꾸던 학업에 비해 교육과정이 실망스러웠다. 그래서 1학기 만에 자퇴하고 전북대학교 일반대학원으로 입학하면서 배움의 목마름과 기대가 컸다. 그런 나에게 참만남의 첫 장은 20~30명이 모여 앉아 무엇인가를 나누는데 말 한마디 한마디에 귀를 기울이는 모습, 풀어가고 함께하는 모습에 감동받았고 이렇게 배울 수 있다는 것에 신이 났었다.

그렇게 신명나게 시작했던 참만남의 시작이 7년째 깊어지고 있다. 사실 이렇게 지속해 오리라는 것은 예상하지 못했다. 숙련되게 금방 배워지는 것이라고 쉽게 생각했었다. 하지만 지속해 갈수록 '사람에 대한 사랑, 나에 대한 사랑'을 키워가는 곳이 바로 참만남 장이라는 것을 체험하며 깊어갈수록 그 생각이 얼마나 단순했었는지 새삼 낯 뜨겁게 한다. 사람에 대한 사랑이 깊어지고 사람이 되어가는 것이 어찌 기술로만 가능하며, 어찌 한순간에 이룰 수 있을까? 평생 해도 가능할지 모르는 그 대단한 여정인 참만남은 나침반이요, 지도이다. 나 또한 그렇게 해 오다 어느새 뒤돌아보니 '나'라는 사람이 정말 사람이 되었다.

○ 엇박자로 살다가 이제 비로소…

맏아들로서, 신앙인으로서 겉으로는 그저 착한 나였다. 하지만 내 욕구를 놓은 채 기질적 에너지와 활기를 가지고 하루하루를 어떻게 살아내는지 모른 채 불안정감으로 허덕이고 있었다. 아무도 몰랐지만, 나는 그렇게 세상과 엇박자로 살아가고 있었다. 그러던 내가, 그러던 내가 비로소 세상의 나와 어울리고, 목표를 향해 경쟁도 하며 인생 레이스를 펼치고 있다. 이 사실이 나에게 주는 안도감이 얼마나 큰지 모른다. 동떨어진 것처럼 앞서가는 사람들을 바라보고 아쉬워만 하던 내가 함께 달리고 있다니!!! 그저 착하기만 하던 내가, 더욱 진실하게 사람과 만나고 있다니!!! 이제는 사회에서 한 역할을 해 내고 있음을 느끼는 요즘 벅차게 감사하고 감사하다. 정말 비로소 사람답게 사는 것 같다.

이렇게 오늘의 '내가' 있기까지는 참만남 없이는, 대화 스님이 없이는, 함께하는 도반님 없이는 불가능했다. 참만남을 좋아하고 스님을 존경하는 자로서의 이야기일 수도 있지만, 사실이 그렇다. 지금까지의 수많은 장에서 끝없이 내 삶의 아픔들을 만나올 때마다 스님께서 때로는 사랑으로 품어주시고, 때로는 지혜로 통하고 넘어가도록 보호해 주시고, 또 해야 할 방향을 놓치지 않도록 해 주셨기에 그 눈물들을 흘리고 아파하면서도 파묻히지 않고 이렇게 성장해 올 수 있었다.

참만남의 장은 표현을 통해서 서로의 삶이 만나기 때문에 무겁고 깊다. 알면 알수록 그렇다. 그렇지만, 인생을 이렇게 수 놓아보고, 또 만나보고 하는 경험들은 내 삶을 다시 직면할 용기를 주기도 하고 절로 정화가 되기도 한다. 또 내 앞으로 다가올 삶의 여러 장면이 마치 어디에서 봤던 것같이 낯설지 않아 더욱 당당하게 맞이하도록 해 주었다. 그렇기에 아직도 성장해 가고 있고 더욱 해 가야 하는 나이지만, 지금의 내 삶은 참만남을 통해 이루어지고 있다고 해도 과언이 아니다.

○ 모두가 수혜자이자 성장의 주역

스님의 여러 가르침 중, 오늘은 특히 '장에 깨어 있으라'는 말씀이 더욱 새롭게 마음에 있다. 꼭 참만남 장이 아니더라도, 내가 일하고 있는 일터, 만나는 사람들 관계 등 삶 속에서 장이 열렸음을 알고 거기에서 한 구성원으로 존재하기에 해야 하는 것은 관심뿐이다. 관심하다 보면 보이고 보이면 무엇을 하게 된다. 그 무엇이 어떤 것들을 형성해 가는 등 삶의 미학을 만들어 낸다. 늘 잘 되는 것도 아니고 실패하는 경우도 많지만, 그 자체도 배움이 된다.

사실 그 안목과 여러 시도가 다른 사람들의 삶을 바라보는 태도도 달라졌음을 느낀다. 또 그런 피드백을 곧잘 듣는다. 그럴 때마다 이렇게 배워옴에 감사함과 뿌듯함이 든다. 그리고 더욱 배우고 싶고 익히고 싶어진다. 이것이 참만남을 꾸준히 해 오는 원동력 중 하나이다. 함께하는 도반님, 또 본이 되어주시는 교수님, 큰 스승님으로 계시는 스님과 함께 만들어내는 이 참만남은 그래서 나의 자랑이다. 내가 한 구성원으로 오랫동안 함께한 수혜자인데 자랑이라니 언뜻 어울리지 않을 수 있지만, 참만남은 일방적인 가르침이나 배움이 아니기에 모두가 수혜자이고 모두가 성장의 주역이다. 그렇기에 함께해 온 세월도, 한 분 한 분 모두가 감사하다. 덕분에 제가 잘 살고 있습니다.

표현과 정화로
——————— 새로 태어난
나!!

🍃 　　　　대화 스님의 참만남을 어느덧 7년 동안 해 오
며 많은 소감문을 써왔고 깨달음을 얻어 왔지만, 그동안의 것을 총
정리한다는 마음으로 글을 시작한다. 어떻게 그 방대한 경험을 나
눌까 고민하다 내가 생각하는 참만남이 무엇인지부터 시작하여 내
가 어떤 경험을 했는지 적어보고자 한다.

○ 참만남, 표현하는 연습의 장

참만남이란 내 안에 있는 표현을 해 보는 장이라고 할 때 그냥
되는 만큼이 아니라 해야 하는 만큼을 하려고 노력하는 연습의 장

이고 훈련의 장이다. 연습하고 훈련한다고 할 때 목표와 그 원리가 중요하다. 그것을 향하여 무엇을 할 것인지가 정해지기 때문이다. 그래서 참만남의 장이 시작될 때면 꼭 이 부분을 강의로써 안내해 주신다. 참만남의 장은 인격적 성숙과 삶의 질 향상을 목표로 한다. 우리가 산다고 할 때 빼놓을 수 없는 것이 관계이다. 즉 관계를 좋게 하지 아니하고는 행복을 논할 수가 없다. 거창한 행복이 아니더라도 잘 소통되지 않으면 외롭고 고독하며, 많은 오해와 갈등 속에서 휘청휘청 살아간다.

그래서 안정적으로 살아가는 데 있어 관계는 반드시 필수적이다. 관계한다고 할 때 우리는 언어적 표현 또는 비언어적인 표현을 교류하며 관계를 형성·유지·발달해 간다. 다시 말해 관계를 잘 형성하고 유지하는 것이 중요한데 그 핵심은 어떻게 교류하는 가이다. 결국 교류는 내가 어떻게 표현하고 또 표현에 대해 어떻게 반응하는가가 관계를 결정한다. 나아가 삶을 결정한다.

표현이 아주 중요하다고 할 수 있다. 하지만 표현하려다 보면 '어디서부터 어떻게, 무슨 말을 해야 하지'라고 고민하기 일쑤이다. 때로는 해야 할 말과 하지 말아야 하는 말을 고민하기도 하고 실수하기도 한다. 높은 자리일수록 그런 말 한마디 실수는 치명적임을 뉴스와 같은 여러 채널을 통해 접하고 있다. 즉 삶을 안정적으로 살아가기 위해, 또 관계를 잘 형성하기 위해 이 표현을 능수능란하게 할 수 있어야 한다. 그래서 참만남의 장에서 먼저 표현하는 연습을 한다. 잘 표현하기 위해서는 내 마음을 잘 알아야 하기에 내 마음에 집중하여 표현하는 것을 연습한다. 그렇게 마음을 담아 표현하다 보면 내 표현이 귀한 만큼 타인의 표현도 귀한 것임을 깨닫고 잘 듣는 것, 잘 듣기 위해 이해하는 것을 또 연습하게 된다. 그래서 참만남에서 했다 하면 관심 위의 지평 위에 감지·표현·이해·공감 이 전부이다. 그것을 연습하는 곳이 참만남 장이다.

○ 참만남이 빚어내는 것, 참만남을 통해 이루어지는 것

그렇게 연습을 하다 보면 반드시, 할 수 있는 일련의 과정을 경험한다. 그것은 바로 '나와의 만남', 직면이다. 내가 표현하는 것들은 내가 경험한 것의 복합체이다. 그 복합체는 단순해 보일 수 있지만 내 삶의 전부가 들어 있다.

내 삶 중에는 정리가 된 것도 있지만, 묻히고 그냥 지나간 삶들도 있다. 정리 안 된 내 삶이 지금 내 삶에 어떻게 영향을 미치고 관계에서 어떻게 발현되고 있는지 아주 생생히 경험하게 된다. 그 과정이 사실 유쾌하지 않고 괴롭고 괴롭다. 하지만 이해 받고, 공감 받으며, 또 지혜롭게 바라다보면 어느새 그 삶도 깨끗이 정돈되어 내 삶이 더욱 자유로워지는 경험을 하게 된다.

그래서 연습하려고 모인 장이 어느새 새 삶의 향연장이 되어 얽혀 있던 과거와의 만남, 용서와 화해, 또는 숨어 있던 나를 찾아가는 시간으로 채워지기도 한다. 이러한 경험은 주인공이 된 그 한 사람만이 아닌 유사경험자, 반대쪽의 사람으로 새롭게 눈뜨는 등 각기 다른 또 다른 삶의 경험을 하게 된다. 이렇게 표현들을 통해 삶과 삶이 만나고 풀어진다.

마음거울

○ 나의 수혜, 이젠 무엇이든 할 수 있다

나 역시도 그러하였다. 내 표현이란 그저 듣기 좋은 말만 하던 나였다. 나는 불만도 없고 아쉬움도 없는 듯 그저 반응하고 표현하다 보니 먼저 허울 좋은 껍데기 같은 나를 만났다. 용기 없고 자신감 없던 나를, 비겁하던 나를 만나고 표현하고 또 정화되고 하면서 점점 성장해 왔다. 지금도 완전하다 할 수는 없다. 하지만 새로 태어난 듯, 나를 찾아서 개운하다. 이제는 무엇이든 할 수 있겠다는 마음도 들고 실제로 내게 오는 일들을 잘 헤쳐가고 있다.

실로 놀랍다. 내가 이런 자신감으로 목소리 내며 살고 있다니, 가끔 부모님과 내 변천사를 나누다 보면 부모님도 감동하고 놀라워하며 감사해 하신다. 부모님과의 관계도 동생과의 관계도 주변 사람들과도 한결 따뜻하면서 튼튼하다. 잘하다가도 숨어버리는 것이 내 패턴 중 하나였다. 지금은 내가 찾아가니 주변 사람들이 놀란다.

개인적 삶의 변화뿐만 아니라 내 표현도 상당히 높아졌다. 또 잘 들린다. 내가 표현한 내용 자체가 좋다. 스스로 뿌듯하기도 하고 그 한마디가 또 좋은 영향을 미치는 것을 경험하면서 뿌듯하고 감사하고 감사하다. 참만남은 나를 변화시키고 성장시켜 왔다고 자신 있게 말할 수 있다. 그 깊이와 그 정도는 내 인생에서 어느 때보다 깊고 대단했다. 그렇기에 내 고향 같고, 앞으로도 배워가야 할 학교와 같다.

지금까지 함께해 온 도반님들, 안내해 주시고 품어주신 스님께 진심으로 감사드립니다. 지금의 이 결정에도 오로지 사랑이 가득하기에, 감사하고 감사할 뿐입니다.

참만남은
———————— 빛이다

○ 참만남과 인연

경기도 가평에서 처음으로 참만남에 대한 입소문으로 인연이 시작된다. 전주 사람이 아닌 대전에서 상담을 공부하는 분으로부터 집단 상담을 경험하기 위해 모인 장소였다. 그러나 그 후 잊히는 듯 하였으나 2017년 월례 정진 시작을 일주일 정도 앞둔 어느 날 전북대학교 행정대학원에 다니시는 선생님으로부터 월례 정진을 소개받고 바로 접수하였다. 3, 4월 월례 정진을 마치고 스님께서 집단 상담을 권유하셨고, 나 또한 요청할 생각을 하고 있던 참에 뛰어나가 참만남을 맞이하였다. 가뭄에 단비를 만난 것과 같았다. 이렇게 참만남과 인연이 시작되었다.

○ 나와의 만남

늦은 나이 상담심리 공부를 시작하여 정신없이 달려왔고, 지금도 쉬지 않고 달리고 있다. 누군가의 도움을 받기보다는 스스로 해결하며 살아왔던 삶은 "언제나 노력하면 얻을 수 있다."라는 굳은 신념이라 자리 잡기에 충분한 경험들이었다. 그러나 그 외의 상황들 즉 열심히 노력하지 않은 상황을 받아들일 여유는 없었다. 앞을 향해 달리면서 힘들지만 따라오기 위해 애쓴 또 다른 나를 외면하거나 돌보려 하지 않았다. 언제나 달리는 나만 존재할 뿐, 그 순간만의 감각만 살아 있었고, 애쓰는 나의 감각, 감정의 만남은 이뤄지지 않았다. 온전히 나를 만날 수 없었다. 알 수 없는 목마름이었다.

참만남에서는 나와의 만남을 우선하였다. 대상과의 교류에서도 나의 모습만큼 투사되어 반응하고 있다는 스님의 안내에 따라 도반님의 이야기에 내가 어떻게 느끼고 있는지를 살피는 나와 만나는 곳이다. 아직 나와의 만남이 온전하지 못하고 더디게 나아감에 답답함도 있으나 목마르지 않음을 느낀다. 이는 꾸준히 나와 온전히 만남을 준비하고 있음일 것이다.

○ 장과의 만남

나는 배우려는 강한 욕구와 함께 강한 아집도 가지고 있다. 이 아집 속에는 상대를 평가하거나 판단하는 가치 기준이 포함되어 있다. 거칠게 자라온 나의 역사(가슴이 철렁)이다. 장은 "화자 중심의 공감과 배려를 기본으로 표현하는 방법을 배우는 학습의 장"이었다. 장에서의 학습은 가슴으로 느끼고 머리로 이해하는 방식으로 진행되어 조금씩 물들어가기에 부담감이 없고 1년을 지속하는 꾸준함으로 관리되어 더욱 효과적이었다. 또한 다양한 생의 경험은 나의 좁은 시각을 넓혀 주었고, 변화되는 도반님들과 나를 통하여 화자 중심의 중요성과 표현의 중요성을 알아가고 있으며 실천하고 사색할 수 있는 곳이다.

○ 상담자로서의 만남

나는 초보 상담자로서 꾸준히 관리되어야 하는 의무를 가지고 있다. 참만남은 나를 관리해 주는 곳이다. 답답하고 숨이 막히는 상황에서는 숨을 쉬게 해 주는 위로와 따뜻함을 주고, 게으름과 나태함을 가지고 왔을 때 채찍으로 정신을 차리게 해 주며, 많은 소재를 던져주면 시각을 확장해 주는 배움과의 가교 역할을 한다. 상담자로서 '참만남을 만나지 못했다면?'라고 생각하니 개인적인 삶은 당연하고 만나는 내담자들에게 어찌했을지 아찔해진다. 상담자로서 참만남은 '빛'이다.

♥ 참만남과 나를 정리하며 참만남의 중요성을 동기나 동료들에게 수없이 이야기하였다. 그러나 오늘은 나에게 심혈을 기울여 전하고 있는 나와의 깊이 있는 대화를 나눈 뭉클함이다. 우연한 기회에 참만남과 인연을 맺었지만, 결코 우연이 아닌 참만남에 목말라 찾아 헤매는 나에게 온 것이다. 이런 내가 좋고, 늘 사랑으로 안내해 주시는 스님께 감사하며, 함께 정진해 가는 도반님들께 감사한다.

지금 이 순간 **마음노트**

참만남은
이해, 공감, 화자 중심, 역지사지이다

변화의
──────── 시작과
현재 진행 중

🍃　　　　'참만남과 나'라는 주제를 받고 그 동안의 여정
이 그려졌다. 그간의 길은 아프고 힘들었지만, 꼭 가야만 하는 길이
었다. 주제가 깊어서 찬찬히 깊게 들여다보고 싶었다. 참만남은 나
에게 어떤 의미가 있었을까? 스스로 질문해 보면 답을 하는 과정
이 울컥해지며 내가 얼마나 참만남 장을 좋아하는지 더 알아진다.

○ 진짜 나를 대면하며, 껍질을 벗다
　그동안 상담을 공부하면서 조금씩 나를 찾아간다고 생각했다.
뒤늦게 30대 후반에 학부 상담학과로 편입학해서 만학도로 상담

을 공부하며 누구보다 열심히 공부해 왔다고 자부했었다. 그런데도 내면에는 끝없는 괴로움이 내재해 있었다. 그것은 가짜인 채로 살았기에 진짜인 자기를 외면했기에 생긴 괴로움이었다.

그러한 내가 2017년 2월 대화 스님의 참만남 집단을 동기생 10명과 다른 집단원과 함께했다. 처음에 참만남 집단을 신청했을 때는 말로만 듣던 참만남 집단이 다른 집단과 뭐가 다른지, 스님은 어떤 분이신지 궁금함과 어쩌면 대학원 1년의 과정에서 겪었던 대인관계의 어려움이 해소될지도 모른다는 기대를 가지고 참여했다.

참만남 장은 대인관계에서 피해자인 줄로만 알았던 나를 무너뜨렸다. 그동안 내가 어떤 패턴으로 대인관계를 하는지 아무것도 모르던 나를 둘러싼 겉껍질을 철저하게 벗겨냈다. 아예 인식도 안 되어 있었기에 아프고 아팠지만, 그 안에서 진짜 내 모습을 드러냈을 때 내쳐지는 게 아닌 수용을 받으며, 엄청난 화해가 동기들과 이루어지게 되었다.

그렇게 참만남 장의 첫 경험을 통해 정말 나를 알고 싶어졌다. 이후의 참만남 심화 학습장은 나에게 엄청난 도전과 변화를 안겨 주었다.

○ 가족과의 화합이 이루어지다

기적이 일어났다.

절대로 다가가지지 않을 것 같던 친정 가족에게 내 마음이 열리기 시작했다. 나를 진실로 대면하기 시작하면서 부모님을 찾아뵙고 그동안 잘못했다고 용서를 구했다. 생명을 주신 부모님을 너무 오랜 세월 동안 미워했었다. 이미 주신 것이 많은데 끝없는 내 욕심을 채울 수 없었기에 나를 탓하기보다는 부모님을 원망하는 게 쉬웠다. 그런 나를 대면하며 부모님을 진심으로 만날 수 있었다.

올해 초 엄마는 조기 치매 진단을 받았다. 부모님이 살아계실 때 화해가 이루어진 것이 실로 얼마나 감사한지 모른다. 아직은 엄마가 나와 소통할 수 있기에 내가 얼마나 사랑받고 있는지 알 수 있는 귀한 시간을 경험하면서 이제는 부모님을 있는 그대로 받아들이는 기적을 맛보고 있다.

형제들과도 달라진 에너지의 교류를 느낀다. 언니와는 밀도 있는 대화를 나눌 수 있게 되었고, 오빠들과는 예전보다 한 걸음 더 가까워졌다. 아직도 진행 중인 마음이지만 변화는 이미 시작됐다.

○ 사람 사랑의 지향점이 장착되다

사랑해 주고 수용해 주는 경험을 스님과 함께하면서, 끝내는 사람 사랑이라는 지향점을 장착할 수 있었다. 예전의 나는 참 많이도 나를 학대 수준으로 자책했었다. 그래서 진짜 모습을 사람들이 알까봐 두려워 많은 겉껍질을 둘러서 포장하고 있었다. 사람도 나를 포장하기 위한 도구로 여기면서 나를 꾸며대느라 나도 나를 모를 정도였다. 나를 사랑하지 않는 내가 타인에 대한 사람 사랑의 존중이 있을 리가 없었다.

그러던 내가 스님의 사랑으로 힘을 내어 일어나기 시작하면서 나를 조금씩 사랑하기 시작했다. 참만남을 경험하며, 드디어 내게도 사람에 대한 진짜 사랑의 존중의 싹이 피어올랐다.

○ 관계미학을 경험하며 표현의 격이 높아지다

참만남 장은 구조화된 장으로 관계 미학을 연습하며 지향점이 분명한 장이다. 우리는 참만남 장에서 스님의 토막 강의를 듣기도 하고, 표현하며 연습하기도 한다. 그 원리는 관심의 지평 위에 민감하게 감지하고 공감 반응한다.

참만남 장을 할 때마다 느끼는 것은 표현의 중요성이다. 어떠한 마음이라도 진실한 내 마음을 표현하는 것이 주는 힘은 실로 놀랍다. 표현 후에 달라진 전과 후는 너무도 다르다. 마음의 찌꺼기가 해소되고, 에너지가 변화되어 온몸에서 풍기는 분위기가 바뀐다. 이것을 내가 경험해 보기도 하고, 도반님들의 변화를 눈으로 보기도 하면서 그 놀라운 힘을 경험했다.

이러한 표현은 첫째로는 화자 중심, 둘째로는 지금 내 마음을 표현하는 것이다. 얼마나 깊이 있게 화자 중심으로 했는지에 따라 상대가 받아들이는 것이 달라지는 것과 지금 내 마음을 표현한 것이 내 잔치로 끝나지 않도록 스님의 면밀한 지도로 경험하며 표현을 다듬고 손질해 가면서 격이 높아지는 경험을 할 수 있었다. 물론 오래 참만남을 해 오신 도반님들에 비할 바는 못 되지만, 예전의 내 모습에 비하면 괄목상대라 할 수 있다.

○ 사회적 안목이 키워지다

스님의 세상에 대한 깊은 이해와 사유의 힘은 참만남을 경험하는 내게도 수혜를 경험하는 내게도 수혜를 주었다. 근시안적 사고에 갇혀 나만 알던 내가 사회적 역할 속에서 나를 고민하기 시작했다. 여러 가지 세상을 떠들썩하게 하는 일들을 경험하면서 내 가치사고로 판단했었는데, 스님의 넓은 사회적 안목을 경험하며, 사회에서 일어나는 여러 가지 일들에 관심을 기울이게 되고, 나 중심이었던 이기심에서 한 톨씩 벗어나는 중이다. 아직도 턱없이 부족하지만 이게 마침표가 아니라 현재 진행형이라는 점에서 앞으로도 더욱 성장할 것을 기대한다. 기적은 이미 내 생활 곳곳에서 일어나고 있다.

♥ 스님, '참만남과 나'라는 주제로 그간의 경험을 적으며 울컥하게 감사의 마음이 올라옵니다. 얼마나 많은 기적을 경험했고, 그 기적들을 공유하며 함께 성장하는 기쁨을 누릴 수 있었는지 글로 다시 적어보며 이것이 다시 저의 것으로 경험되는 기쁨을 느끼는 감회가 큽니다. 이러한 모든 과정이 감사합니다. 사랑합니다. _()__()__()_

마음거울

멈추거나
———————— 쉴 수 없는
수행과정

상담자로서 교수로서 삶이 어언 30년이 다 된다. 그동안 상담수련 및 다양한 영성 프로그램 등을 누구보다도 열심히 참여했었고, 그곳에서의 핵심, 즉 마음을 바라보고, 알고, 관리하는 것이 무엇보다 중요함을 느껴왔다. 이러한 마음 수행은 일상에서 밥 먹듯이 습관화되는 것이 필요하지만 연수하는 것만으로는 늘 지속성이 부족해 아쉬웠다. 나는 내가 알고 있는 것들을 깊이 있게 체화하고 싶었고, 자연스럽게 마음 관리가 되어 지혜와 사랑이 묻어 있는 성숙한 사람이 되고 싶었다. 진정한 사람, 진정한 상담자, 교수가 되고 싶었다. 거짓됨이 없이~ 마음으로 함께하는~.

마음은 참 게으르다. 잊어버리기도 잘한다. 조금이라도 노력하지 않으면 원래 상태로 돌아가 있다. 또 실제로 몸으로 배우면서 실천하지 않으면 내 것이 되지 않는다. 하루아침에 이루어지는 것도 아니다. 꾸준한 노력이 필요하다. 그래서 참만남 장은 나에게 간절했으며 의미가 있었다.

대화 스님의 참만남 장은 마음 나누기만을 하는 단순한 집단 상담은 아니었다. 그것은 깊이 있는 수행과정이었다. 매주, 몇 년간 참만남 장에 발을 담가왔다. 이 장에서는 삶을 돌아보면서 마음은 어떠했는지, 관계는 어떠했는지, 공동체나 일터에서는 어떤 역할을 했는지를 살펴보고 반성하며, 삶의 원리를 배웠다. 소재는 달랐지만 매시간 반복해서 듣고 반성하며 깨우치는 수행과정의 연속이었다. 이 과정에서 하나씩 내면화되고 깊어져 갔다. 나는 조금씩 더 평화로워 가고 있으며, 지혜로워져 가고 있으며, 자비로워져 가고 있음이 문득문득 알아차려 진다. 행복하다. 그동안 소득들도 정리를 해 본다.

○ 나의 삶, 나의 행복, 나의 사랑

지금은 행복한가? 나(다른 사람)를 사랑하는가? 나의 삶을 사랑하는가? 스님의 참만남 장에서 이런 질문을 수없이 들었다. 심리학, 상담의 세계에 들어와서 나는 많이 변했다. 그러나 그런 질문들에 당당히 이야기할 정도의 삶을 살고 있지 못하였다. 여전히 되풀이되는 정서 패턴이 많았다. 그런 질문을 들을 때마다 자책하거나 부끄러움이 있었고, 그런 나에게 연민이 일었다. 많은 순간 부정적인 감정에 매몰되어 살고 있을 때가 많았다. 나(너)를 사랑하기보다는 질책하는 때가 많았고, 나(너)의 삶을 존중하지 않았다.

그러나 참만남의 장에서 희망을 느꼈다. 삶에 대한 가치관이 바로 서고, 무엇을 어떻게 실천하고 살아야 할지 인지적으로 깊이 정리 정돈하게 되었고, 정서적으로도 깊은 깨달음이 있었고, 행동적으로도 조금씩 실천해 가게 되었다. 그러나 반질반질 윤이 나듯 더 닦기 위해 이 공부를 계속하고 있으며, 그 공부 과정이 뿌듯하고 즐겁다.

○ 품격 있는 관계를 연습하는 장

나는 그냥~ 타고난 성품이 온순해서 관계에서 대체로 따뜻하다는 말을 듣곤 하였다. 그리고 성품 따뜻하고, 베풀기 좋아하는 어른들과 가족들 밑에서 자란 덕택에 남에게 큰 해 끼치지 않고 살았다. 그러나 그것이 사람을 사랑하는 것은 아니었다. 내 안에 사람을 사랑하는 온도는 낮았고, 때론 표현 못하고 감추어둔 적개심이 가득 찬 태도를 보이는 때가 많았다. 또한 어떻게 관심하고, 배려하고, 베풀어야 하는지를 알지 못하고 살아온 듯하다. 그러나 지금은 품격 있는 관계를 생각하게 되었고, 이런 관계에서 나의 역할이 무엇인지를 배우게 되었다. 감사·존중·나눔·사과·용서 등 관계에서 필요한 것들의 원리와 방법들이 통합되어 가고 있으며, 관계에서 기준점이 생겨 진정한 사랑을 하게 되고, 진정으로 베풀고, 진정으로 사과하면서 살아가려고 노력한다.

○ 내 안의 이기심과 욕심을 자각

문제 상황이나 불만 상황에서 순간 남을 비난하고, 상황 탓을 한다. 그러나 면밀하게 점검해 보면 내 문제 아닌 게 없다. 촌장님(대화 스님)의 '끝내는 탐·진·치'라는 말씀에 늘 엎드릴 수밖에 없다. 참만남을 하면서 나의 어리석음과 나의 이기심, 내 욕심을 더욱 면밀하게 보게 되었다. 어떤 상황이든 속마음을 자세히 들여다보면 나의 어리석음이고, 이기심이고, 욕심이었다. 학생들이나 가족들에게 불만스러워하는 상황을 보면 여지없이 나의 이기심과 욕심이었다. 이런 이기심과 욕심을 직면할수록 부끄럽고, 아팠다.

그러나 그것조차도 존중하고, 수용하면서 더 자유로워지고, 겸손해지고, 너그러워져 갔다. 그 소득의 혜택은 가족, 학생들, 내담자들에게 돌아가는 듯하다. 학생들에게 분별심이 많이 사라지고, 사랑으로 품는 에너지가 커지는 게 좋다. 내 학생들이 사랑스럽다. 내 딸들이 사랑스럽다.

○ 사람에 대해 깊이 알아가기

이제까지 나에게 머물렀던 주의를 도반님과 그분들의 역사에 관심을 두게 되었고 이해가 되고 사랑이 깊어져 갔다. 도반님들의 변화에 눈떠가고 기꺼이 찬탄하고 박수하게 되었다. 그것 자체가 기쁨이었으며, 연결이었다. 또한 오랫동안 상담을 해 온 터라 사람을 이해하는 데 이제까지 내가 어떤 점을 보지 못하고, 무엇이 부족했고, 보완할 점이 무엇인지를 스님의 장에서 깊이 배우는 시간이었다. 내가 이미 알고 있는 것들에다가 촌장님의 면밀한 사람에 대한 이해와 사랑의 태도를 보태고 배우는 과정은 정말 신나고, 신비한 과정이었다.

○ 인간 본성에 대한 시각

나라고 생각하는 많은 것들이 진짜 내가 아니다. 내가 만든 생각에 불과하다. 그러나 그러한 생각을 진짜 나라고 착각하며 괴로워하며 살아왔다. 나라고 할 만한 것은 아무것도 없다. 이전에 어렴풋하게 인식하고 알고 있었던, 우리가 다만 연기적 존재일 뿐이고, 순수의식이라는 존재에 대한 자각이 더 깊어져 갔다. 그러면서 편안해지고, 여유로워졌다. 이러한 인간관은 관계와 상담에서 크게 영향을 미쳤다. '그도 나도 연기적 존재, 무한순수 그런 존재네'라는 자각을 하면서 안내하게 되니 상담 과정도 더 힘이 있으며, 존재에 더 감사해지고, 더 사랑하는 마음이 생겼다.

○ 사회적 참여

어언 10년 동안 사회적으로 많은 일이 일어났다. 세월호, 국정농단 등. 부끄럽지만 이제까지 사회적 참여와 어른으로 해야 할 역할을 거의 하지 않은 듯하다. 그냥 법이나 규칙을 지키는 정도의 수준이랄까? 촌장님을 통해 세상에 대해, 사회에 대해 더 관심을 두고, 어떤 역할을 해야 하는지에 대한 자각을 하며, 사회적인 마음의 온도를 높여가고 있다.

○ 집단지도자로서 역량 개발

이제까지 나는 주로 개인 상담을 해 왔었다. 촌장님의 격려와 스님의 장 참여 경험으로 집단 상담자의 역할을 하기 시작했다. 사람 사랑 태도, 대원 정신, 나눔 철학과 방법 등 명쾌한 이론적 지식과 집단지도자로서 실제 본보기를 보면서 많이 배워 나가고 있다. 이러한 배움과 이전의 나의 경험을 바탕으로 집단 상담 진행을 해 가면서 아쉬움도 많이 보이지만 개인 상담과 다르게 얻는 것들이 크다. 이렇게 꾸준히 공부하고 다듬어 나가면서 거듭나고 있는 이런 내가 좋고, 자랑스럽다.

♥ 참만남을 하면서 소득들을 정리해 보면서 촌장님께 감사드립니다. 이 방법 저 방법 동원하여 어떻게 하면 우리들이 지혜로워질까, 자비로워질까, 사람 되게 할까 연구하시고, 잡아주시고, 몸소 실천으로 보여주시고, 베풀어 주신 이루 말할 수 없는 한없는 사랑에 감사드립니다. 또한 제자들이지만 이젠 어엿한 어른으로 성숙해 가시는 우리 도반님들, 사랑하고 감사합니다. 서로 깊은 교재가 되어 인간 이해의 폭을 넓히고, 커나갈 수 있게 함께해 주신 도반님들 고맙습니다. 곳곳에서 의젓하게 역할을 해 가시는 도반님들 자랑스럽습니다. 그리고 늘 응원 드립니다.

참만남 속에서의
거듭되는
나와의 만남

🍃　　　　　　　　2015년도 여름, 두 번째 사춘기?

그해는 유난히도 짜증스럽고 몇 해내 견디어오던 모든 것들로부터 더는 벗어날 수 없으리란 절망감에 다 던져버리고 싶은 마음과 싸우며 몸부림치고 괴로워하던 때였으며, 처음으로 상담을 접한 때였다.

나의 첫 상담 선생님께서 상담 공부를 추천하셨고, 난 내가 이 세상에 필요한 쓸모 있는 존재라는 사실을 확인해야만 살 수 있을 것 같았다. 살기 위해 선택한 비전공자의 상담심리학 석사과정, 정말 재미있었다. 답답했으나 선명하지 못했던 나의 모습이 점점 선명하게 보이는, 읽히는 재미가 있었다.

전북대학교 출신이셨던 우리 교수님께서는 집단 상담에 대한 흥미를 열어주셨고, 그 속에서도 대화 스님의 참만남 장의 가치와 지도자에 대한 존경심을 표하셨기에, 무한 신뢰 속에서 참가 신청을 했다. 그것이 2017년 1월.

너무도 짧은 시간이라 다른 도반님들께 부끄러운 마음이 들고, 참만남과 나라는 주제의 글을 감히 입에 올릴 자격이 있나 싶지만, 참만남을 통해 변화한 것들을 나눔으로써 그 순간들을 더 의미 있게 새기고 싶다.

첫 집단 상담을 앞두고 가슴이 답답하여, 내내 기다려온 집단 상담을 거부하고픈 마음마저 올라왔던 기억이 있다. 그런 느낌 후엔 집단 안에서 그러한 증상을 경험하곤 했다. 그리하여 알게 모르게, 무식한 대로 장에 나와서 표현을 할 수 있었다. 그때의 나는 참으로 경직되어 있었다. 무겁고 심각했다. 그것이 살아가는 좋은 방법이라 생각해 왔으나, 첫 집단 상담은 동기들 간의 교류 변화와 집단 속 나의 모습 재발견의 시간이었다.

심약한 정신력이라고 자평해 왔던 내가, 아주 빠른 시간 안에 내 상처를 극복해 내며 타인들을 살필 수 있는 상태임을 인지했을 때, 나에 대해 든든함이 생겼다. 가진 것이 없어서 항상 불안했던 내가 많은 것을 갖고 있다는 것을 인지하면서 느껴지는 내 안의 힘! 스님에 대한 신뢰감과 스님이 보내주시는 신뢰로 '나도 어쩌면…' 하고 바라며 긍정적인 기대감이 만발하면서 참만남에 참여하게 되었다.

○ 센 척, 괜찮은 척 가면 속의 나와의 조우

나는 깊은 내면의 아픔을 저 멀리 던져버려 놓고는 우선 살아보려 긍정적 에너지의 봉합만을 서두르다가 속으로 썩은 독소들로 잔뜩 부은 모습으로 살고 있으면서도 깨어 있지 못하였다.

그러다 보니 알게 모르게 여전히 주변 지인 또는 가족과의 갈등에 온 세상이 무너져 내리는 기분을 맛보았다. 전혀 괜찮지 않았었다는 것을 깨닫고 섣부른 용서나 화해의 태도는 지양하기로 하며 힘겨웠다. 한 예로 아버지에 대한 사랑을 부정하며 아버지에 대한 올라오는 미움을 너무도 쉽게 저버리며 내 감정을 내팽개쳐 버리려 했으나, 스님께서 지도하신 대로 충분히 미워할 수 있는 시간을 가진 뒤로 절로 아버지의 진짜 모습을 만나는 시간이 다가왔다.

그 시간 이후로 내가 만들어낸 생각들이 불러온 감정과 그로 인해 만들어지는 사건들에 대해 바로 보는 기회가 되었다. 오랫동안 둥둥 떠다니며 뿌리내리지 못하던 삶에서 나의 뿌리를 찾은 기분은 실로 다시 태어난 정도로 느껴지는 새 삶이 열린 기분이었다. 드디어 두 다리가 땅 위에 서 있으며 두 발은 땅을 짚은 기분이었다.

○ 랩으로 숨구멍을 다 막아두고
왜 숨이 안 쉬어지냐며 가슴 치던 삶

숨은 쉬고 있으나 제대로 호흡하지 못했다. 웃고 있으나 제대로 웃지 못했다. 꼭 그만큼의 마음으로 가면 쓰듯 살아왔고, 나도 속고 너도 속은 그 모습으로 살아왔다. 나마저도 속이며 괜찮은 듯 살아가는 내 마음을 노크해 주신 스님. 나만큼, 아니 몇 배는 더 울어주시던 스님의 눈물이 15년 넘도록 팽개쳐 두고 있던 인간 신뢰, 사랑 회복의 불씨가 되어 주셨다.

과거 어느 날부터 사람을 사랑할 수 없을 만큼 크게 상처받았고, 그 상처 준 자에 나 또한 포함되어 있었다. 나에 대한 용서를 시작으로, 나의 아픔에 대한 이해의 시작으로 해묵은 사랑 회복 에너지가 올라오며 다시 내 삶을 바로 세우고 싶은 마음을 먹게 되었다. 그렇게 원하고 원했던, 나보다 더 슬퍼해 주는 단 한 사람이, 이 세상에 계셨다. 포기하지 않고 고단했지만, 지금의 삶 견뎌오길 참 잘했다고 생각했다. 나 또한 누군가에게 그런 존재가 되어 줄 수 있을 만큼 공부하고 싶어서 스님의 참만남의 장에 함께하고 있다.

아직은 그리 길지 않은 시간이지만 내 삶에 스님과 참만남의 도반들이 선물해 준 향기로 인해 나도 오래 오래 아름다운 향기를 품은 사람이 되고 싶다. 그 향기가 내 삶에, 내 가족에게, 내가 만나는 사람들에게도 머물러질 수 있도록 만들기 위해 스님 주변을 나비처럼 가벼운 마음으로, 때로는 변태기를 거치는 애벌레처럼 환골탈태를 꿈꾸며 오래 갈 수 있도록 머무는 삶을 살고 싶다.

나의 아픔에 대한 이해의 시작으로 해묵은 사랑 회복 에너지가
올라오며 다시 내 삶을 바로 세우고 싶은 마음을 먹게 되었다.

우리 가족이
행복해졌어요!

○ 참만남을 만나게 된 계기

참만남은 늘 어렸을 때부터 나의 주위에 있었다. 나의 어머니는 내가 어렸을 때부터 참만남을 하셨다. 처음에는 단순히 부모님이 나랑 놀아줄 시간을 빼앗고 연락도 잘 안 되는 것이 속상하고 싫었다.

그러나 부모님이 참만남을 통해 서로를 깊게 만나가고, 나를 만나주며 변화해 가는 것이 좋았다. 부모님의 긍정적인 변화에 나도 참만남을 긍정적으로 생각하게 되었다. 내가 성인이 되고 난 후에 부모님은 내게 공부하는 것이 어떻겠느냐고 말씀하셨고, 나는 그렇게 참만남과 만나게 되었다.

○ 참만남이 나에게 준 것과 이루어 나갈 것

아무리 긍정적으로 생각했다고 해도, 어릴 때의 부정적인 감정 때문인지 나의 반항심 때문이었는지 처음에는 참만남을 하는 것이 썩 달갑지는 않았다. 좋은 것 같기는 하나, 어떻게 좋은 것인지도 모르겠고 감정이 메말라 있던 나에게는 이 감정의 교류가 오가는 장이 어색하고 낯설고 싫었다.

그러나 여러 번 심화 장에 참여하고, 개인 상담도 받고 하다 보니 내가 점점 변하고 있는 것이 느껴졌다. 평상시에 인간관계에 서툴러서 항상 힘들어하고 신경을 많이 썼는데, 이제는 말도 잘하고, 상대방과 조금은 관계할 수 있는 단계가 된 것 같아서 좋았다. 또한, 나의 어두운 면을 발견하고, 왜 이렇게 되었는지 탐색하고, 그런 나를 받아들이고 이해하는 과정이 나를 성장하게 했다. 나를 알아가는 과정이 힘들지만 즐거웠다.

참만남은 나에게 나를 만날 기회를 주었다. 나를 만나고 남을 어떻게 만나야 하는지에 대한 배움을 주었다.

참만남은 내게 큰 의미가 있다. 우리 가족을 행복하게 해 준 소중한 것이다. 참만남을 통해서 어머니, 아버지, 나, 동생이 앞으로도 행복을 향해서 나아갈 것이다. 나와 부모님, 동생의 마음을 치유해 주고 따뜻하게 만들어 주는 것이 참만남이다. 나는 이러한 행운이 우리 가족에게 주어진 것이 너무나도 감사하다. 나는 참만남을 통해 진정한 나를 만나고 알아가는 중이다.

나를 항상 사랑으로 대해 주시고, 이끌어 주시는 스님께 감사드립니다.

참만남은 나에게 나를 만날 기회를 주었다.
나를 만나고 남을 어떻게 만나야 하는지에 대한 배움을 주었다.

온전한
———————— 수용과 통찰
경험의 장

약 2년간 매주 참만남에 참여하다가 요즘 센터에 취직한 이후로는 바쁜 핑계로 2달에 한 번씩 참만남에 참여하고 있는 자칭 '참만남 게으름뱅이'가 '참만남과 나'라는 주제로 글을 쓰려니 먼저 쑥스러운 마음이 든다. 그러나 참만남에 얼마나 열심히 참여하고 있는지와 상관없이 '현재 참만남에 대한 나의 마음을 쓰면 되지 뭐'라고 생각하며 글을 쓰려고 하니 훨씬 마음이 편해진다.

내가 처음 참만남을 소개받던 때는 대학원에 입학했을 당시였다. 선배들이 "집단 상담 '동사섭'을 만드신 분이시고, 우리 이영순 교수님의 스승님이신 '대화 스님'께서 참만남 집단 상담을 진행해 주시는데, 정말 좋아~.'라는 이야기를 자주 하곤 했다. 이런 이야기를 처음 듣고는 '뭐, 그렇게나 좋겠어?'라는 생각과 '스님이 집단 상담을 한다고?' 하는 선입견이 있기도 하였다.

그런데 처음 참만남에 참여하고 난 후, 나는 참만남의 매력에 푹 빠지고 말았다. 참만남에 참여함으로써 받은 온전한 수용과 통찰의 경험은 나의 삶에 있어서 너무도 특별하고 소중한 경험이었기 때문이다. 이후에도 약 2년 간 매주 참만남 장에 참여하면서 정말로 많은 수확을 얻을 수 있었다. '만약 이렇게 참만남에 참여하지 않았더라면?'이라는 생각만으로도 아찔한 두려운 마음이 들 정도로 나에게 참만남은 정말 구원의 의미이다. 그 이유는 '나 자신만 주목받고 싶은 나', '어머니와의 관계가 자유롭지 못한 나', '자신감이 없는 나' 등 수많은 나의 부족한 모습들에 대하여 깨닫고, 수용받고, 변화할 수 있었기 때문이다.

이러한 변화 덕분에 일단 나 자신이 행복해진 것은 물론이고, 내담자들을 대상으로 상담을 할 때도 훨씬 온전한 마음으로 상담에 임할 수 있게 되었다. 평생 상담자로서 살아가고 싶어 하는 나에게는 참만남과의 만남은 정말 행운이었다고 말할 수 있겠다.

이런 의미에서 이러한 장을 만들어 주신 스님께 많은 감사함을 느끼고 있다. 스님께서 이러한 장을 만들어 주시지 않았더라면 나는 지금도 많이 힘들게 지냈을 것이다. 이러한 은혜를 어떻게 갚아야 할지, 평생 갚아도 다 갚지 못할 것 같아서 안타까운 마음이 든다. 그래도 차근차근 은혜를 갚아 나갈 것이다. 그리고 지금도 참만남을 운영해 주시면서 세상의 행복에 기여하시는 스님의 모습에 항상 감사함과 존경심을 느낀다. 아무튼, 내가 받은 은혜를 다 갚을 수 있도록 스님께서 항상 건강하시기를 바란다.

'만약 이렇게 참만남에 참여하지 않았더라면?'이라는 생각만으로도 아찔한 두려운 마음이 들 정도로 나에게 참만남은 정말 구원의 의미이다.

◆ 23

맘
김은선

10년째
—————— 행복

🌿　　　　　　　스님을 뵙고 개인 상담을 받으며, 집단 상담을
시작하고 참만남을 경험한 지, 10년 차에 접어들었다. 10년 전의
나를 떠올려보니 스스로 안쓰러울 만큼 생채기가 난 채로 고통스
러운 삶을 살고 있었음이 기억난다. 그리고 10년이 흐른 지금의 내
가 누리고 있는 이 행복은 스님께 배운 참만남이 준 선물이라고 감
히 말하고 싶다.

집단 상담을 시작으로 참만남 심화 장을 여러 해 하고, 최근의
월례 정진까지, 출산과 육아의 과정을 거치면서도 시간이 되는 한
스님께서 이끄시는 참만남 장에 참여하고자 하였다. 스님께서 이

끄시는 참만남 장은 나에게 사막 속 오아시스와 같았다. 과거의 상처들로 나의 현재가 흔들릴 때마다 그때 느껴지는 불안과 고통으로 몸부림칠 때마다 참만남 장에서 경험되는 소통의 에너지는 나를 따스하게 치유해 주었다. 처음은 살고자 했던 나의 필요로 인한 간절한 참여였지만, 시간이 지날수록 집단원과 함께 만들어가는 치유적 역동에 감화되며 참만남의 가치를 체험하게 되었다.

스님이 계신 곳에서는 늘 참만남이 이루어졌다. 나와의 참만남, 타인과의 참만남, 세상과의 참만남. 그것이 얼마나 좋은지, 우리는 눈물과 웃음을 서로 나누며 알아갔다. 눈뜬 봉사와 같던 우리들이 차근차근 스님의 안내를 받고 참만남의 원리들을 학습하며 사람을 살리는 소통의 경험들을 쌓아갔다. 스님의 과제와 설문을 통해서 자신의 위치를 돌아보고 훈련하며, 힘들고 지칠 때는 함께 가는 도반님들의 위로와 응원을 받았다. 세상은 결국 혼자라는 외로움의 병을 가졌던 내가, 세상은 결국 누군가와 함께 사는 것이라는 믿음을 갖게 되었다.

내 말을 들어주지 않을까 봐, 사람들에게 미움을 받을까 봐, 좋은 사람으로 포장하기 위해서, 온갖 두려움에 표현하지 않았던 마음들이 참만남 장에서 표현되고, 들키고, 알아봐 지면서 치유되었다. 일상에서 그냥 지나쳐지는 작은 마음들도 참만남 장에서 자신의 존재를 드러내고 가치를 인정받았다. 그것이 불러오는 효과가 한 사람의 인생을 바꿀 수 있는 에너지가 될 수 있음을 나는 눈으로 보고, 마음으로 느끼고, 몸으로 체험하였다. 결국 자신의 느낌에 정직해지고 표현에 당당해지는 순간, 자유라는 선물이 따라

마음거울

온다는 것을 알게 되었다. 스님께서는 치유보다 더 큰 행복을 누릴 수 있도록 무한 사랑의 신념을 알려주셨고, 그 신념으로 인해 나와 타인 그리고 세상이 모두 연결되어 있음을 알게 되었다. 이제는 참 만남을, 나의 정체인 무한 사랑을, 중중연기(重重緣起)를 알기 전으로 돌아가는 것은 상상할 수도 없을 정도로 나는 변화되었다.

어제 꿈에 나의 오물을 따스한 미소로 받아주시는 스님을 보며 나는 깨달았다. '끝내는 그것까지 수용해야 하는구나, 부끄러움도 고통스러움도 원망의 대상이 아닌 수용의 대상이구나, 그리고 그것이 가능하도록 곁에서 도와주시는 분이 우리 스님이시구나!' 무한의 나에 비하면 그 오물이야 티끌 하나일 뿐이라고, 스님께서 우리에게 간곡히 가르치시고자 했던 신념이 떠올랐다. 세상 누가 나에게 이런 말을 해 주었던가, 세상 누가 나의 오물을 기꺼이 받아 주던가, 세상 누가 나의 행복을 위해 이렇게 간절히 기도를 해 주었던가? 어머니보다 더 어머니 같으신 스님의 사람 사랑의 마음에 새삼 존경심이 인다. 삶의 모습 그 자체가 나의 경전이신 스님, 스님이 인연이 되어 주셨기에 누릴 수 있는 선물입니다. 감사합니다.
사랑합니다.

부끄러움도 고통스러움도
원망의 대상이 아닌 수용의 대상이구나

사랑을
배우고
실천하는 장

참만남은 내게 어떤 존재인가? 참만남은 내가 좀 더 성숙할 수 있도록 만들어 준 곳이다. 그리고 그 성숙은 단순한 성숙이 아니라 인격적·정신적 심지어 영적 차원의 성장을 포함하고 있다. 그래서 어떻게 보면 나는 참만남을 통해서 미숙했던 나를 내려놓고, 다시 태어났다고 말해도 과언이 아닐 것이다.

조금씩 성숙해지면서 내게 나타난 큰 변화는 삶의 태도이다. 참만남의 장은 세상살이의 한 축소판이기 때문에 내가 지금까지 고수해 왔던 삶의 태도를 평가해 볼 수 있게 되며, 그 과정을 통해 좀 더 나은 삶의 태도를 선택하도록 돕는다. 장을 통해서 혼자만의 안

위를 생각하는 삶의 태도는 그토록 바라오던 내 행복과는 더욱더 거리를 멀어지게 한다는 것을 절실히 알게 되었다. 그래서 깨달은 것들을 현실의 삶에서 실천하고자 노력했다.

그러나, 이전의 삶의 태도는 쉽게 바뀌지 않았다. 내 인생 전반에 녹아 있는 태도라 호흡과 같이 익숙했다. 조금만 주의를 두지 않으면, 깨어 있지 않으면 익숙한 태도가 나오기 마련이었다. 그래서 저지르고, 깨닫고, 또 하고, 깨닫기를 반복하였다. 사실 아직도 그 과정을 반복 중이다. 다행인 것은 나 혼자만을 생각하는 관점에서 벗어나 함께하는 삶이 더욱 행복할 수 있다는 것을 안다는 것이다. 그래서 넘어지더라도, 일어서서 다시 내가 선택한 새로운 삶의 태도를 장착하고 또 나아가고 있다. 이 과정이 반복되는 것이 때론 힘들고 고통스럽기도 하지만 성숙의 길이라는 것을 알기에 부단히 노력하게 만드는 것 같다.

한편, 장에서는 관계 미학을 교육받게 되는데, 어쩌면 그 관계 미학을 통해 세상의 본질에 대한 통찰을 기대하고 있는지도 모르겠다. 편의상 일상에서든, 장에서든, 나와 너를 구분하고 있지만, 더 큰 차원에서는 나와 너를 구분하는 것이 의미가 없고, 하나이기 때문이다. 이것이 바로 늘 스님께서 말씀하시는 세상의 본질인 것이다. 그래서 사실 우리는 관계 미학을 배우고, 익히고 있지만, 그 과정 자체가 본래의 모습으로 돌아가도록 돕는 것이라는 생각을 하게 되었다.

이렇게 장에서 내포한다고 생각한 근본적인 목적은 나의 삶의 태도와 직결되었고, 이는 내가 경험해 보지 못한 자유로움을 조금씩 맛보게 해 주었다. 그리고 이 자유로움은 내가 세상에 풍덩 뛰어들 힘을 갖도록 만들었다. 이전엔 늘 내가 가진 것들을 잃을까 봐 두려웠고, 혼자가 될까 불안하기도 했다.

하지만, 장에서 알려준 삶의 태도는 그 두려움과 불안은 내가 만든 허상이라고 말해 주었다. 우리가 가진 것들을 좋아할 것도, 잃어버려서 슬퍼할 것도 없다. 물은 언제나 흐르고 있고, 순환하고 있다. 다만, 내것에 집착하지만 않는다면, 그 물은, 사랑과 번영이라는 이름의 물은 누구에게나 흐를 것이라고 알려주었다. 그래서 나는 세상에 풍덩 빠져들 수 있게 되었다.

예전과 다르게 조금씩 행복감이 늘어나고 있다. 이 행복은 그곳에서의 경험이 없었다면 불가능했을 것이다. 또한 나를 성숙시켰다. 무엇보다 이 경험들의 핵심은 스님과 도반님들의 관심과 사랑이었다. 그래서 참만남 장은 세상의 본질을 깨닫는 장이기도 하지만 사랑을 배우고, 실천하는 장이라고도 바꿔 말할 수 있을 것 같다.

어느새 내 가슴 속엔 꿈이 생겼다. 지금까지 받은 사랑들을 충분히 돌려주며 사는 것이다. 언제, 어디서든 나와 인연이 되는 사람, 상황들을 애정과 관심으로 대하고, 사랑으로 품는 모습으로 사는 꿈 말이다. 아마 신이 있다면, 그리고 그 신이 계획하는 것이 있다면 내가 사랑을 베풀며 살도록 지금까지의 현실을 창조해 내지 않았을까 하며 감사 어린 생각을 해 본다. 만약 내 생각이 맞는다면, 앞으로 일들은 걱정하지 마시라고 응답하고 싶다.

참만남은
진솔, 용기, 자기수용이다.

관심하고
배려하며
사랑하는
내가 되는 과정

"명상의 집이라는 곳이 있는데 일 좀 도우러 가볼래요?"

같은 학교에 근무하고 있던 동 학년 선생님의 제안에 선뜻 그러겠다고 했다. 누군가의 일을 돕기 위해 나의 휴일을 반납하다니! 사실, 까칠하고 냉소적인 나로서는 이 결정을 했다는 게 지금 생각해 봐도 놀랍기도 하고 참 다행스럽다. 왜냐하면 이 선택이 나의 인생을 전반적으로 흔들었고 삶의 진로 변경이 되었기 때문이다. 그렇게 뭔가에 이끌려 오게 된 명상의 집에는 지금 나의 스승님이자 어머니와도 같으신 대화 스님이 계셨다. 그 인연을 계기로 매달 둘째 주 명상의 집 큰학교 월례 정진에, 넷째 주에는 참만남에 참여하게 되었다.

○ 참만남이란?

다들 참만남, 참만남, 참만남을 이야기하는데 나는 그 본질적인 의미를 깨닫지도 정립하지도 못한 채 그저 사람을 만날 수 있고 오면 기분 좋은 곳이라는 이유만으로 매달 오고는 했었다. 현재 육아 휴직 중인지라 인간관계가 가족의 틀에서 크게 벗어나지 못하고 있으니 교류가 고프고 아이에게서 벗어나 배움과 만남이라는 것을 해 보고 싶었다.

그런 나에게 경종을 울린 듯 9월 참만남의 설문명상지의 "참만남은 무엇인가?" 질문에 자신 있게 대답하지 못하는 부끄러운 일이 생겼다. 그 당시 내가 적은 답은 "나와 다른 사람과의 진정한 만남, 도반님들을 알아가고 소통하는 만남, 생생한 교류의 장"이었다. 지금 생각해 보니 나의 답은 50점 정도인데 그 이유는 '마음'이라는 핵심 키워드가 빠졌기 때문이다. 스님은 참만남이 어려운 것이 아니라고 하시며 간결하고도 명료하게 답을 제시해 주셨다.

"만남을 최고(Best)로 한다. 정성스럽게, 배려하며 마음으로 만나는 것이다."

나는 스님의 말씀에 적극 동의하면서, 참만남에 대한 의미가 명확하게 인지되는 경험을 했다. 공감·반응·화자 중심·역지사지 등등의 퍼즐 조각들이 자동으로 맞춰지는 느낌이 들었다. 그러면서 얼마나 시원해지고 후련했는지 모른다. 그러면서도 내가 지난 삶에서 해 온 많은 교류가 참만남이 아니었음이 깨달아지면서, 즉 교류했던 이웃들의 마음을 전혀 알지 못했던 장면들이 떠오르면서 안타깝고 마음이 무거워졌다. 또한 부끄럽고 반성이 되었다.

○ 왜 참만남인가?

참만남 수업을 통해 확실히 알게 된 것 하나가 '모든 사람은 자기를 표현하고 싶어 한다.'였다. 각자 표현의 양과 내용, 방식은 다를 수 있겠지만 표현하고 싶은 그 마음은 누구나 가지고 있다고 볼 수 있다. 누구든지 내 마음을 좀 알아달라는 사람에게 때로는 귀찮고 바쁘다고, 알고 싶지 않다고 무시하거나 거절한다면 그것은 가히 살인과도 같다고 스님께서 말씀하셨다. 나는 숱하게 보이지 않은 살인을 저질러왔음을, 그것도 가장 가까이에 있고 사랑하는 부모님·남편·자식·친구들에게 그랬음을 깨달으면서 내가 얼마나 무섭게 느껴졌는지 모른다. 참으로 어리석고 무식했구나, 내가 휘두른 칼에 많은 이들이 상처를 입고 다치는 것도 몰랐다니!

또한 간과하고 있었던 중요한 사실 중 하나가 나 자신도 표현하고 싶은 사람이라는 것이었다. 나의 마음과 생각을 표현했을 때의 그 시원함, 개운함은 이루 말할 수 없다. 특히 표현한 것을 누군가 내 마음으로 알아주고 받아들여 줬을 때는 날아오른 듯 기쁨이 되기도 하고, 지난 과거의 고단한 삶이 한순간에 녹아내리는 위로가 되기도 하였다. 이러한 경험도 참만남 속에서 기적처럼 일어난 것이었다.

마음거울

위의 사실들을 알고 나서 나는 더더욱 참만남 수업에 적극적으로 참여하게 되었다. 가끔 나를 중심으로 장이 펼쳐진다던가, 나의 사례가 교재가 될 때면 쥐구멍에 숨으며 도망치고 싶었다. 자존심이 상해서 몇 날 며칠을 우울하게 지냈던 적도 있었다. 나의 심리적 문제가 드러나서 그것을 직면해야 할 때는 참으로 힘들었다. 그렇지만 결국 나의 지향점(인격 성숙, 삶의 질 향상, 사람 사랑)이 참만남 속에 있음을 스스로 알고 있었기에 참만남을 열심히 배워 1mm라도 영적 성장을 이루어가야겠다는 다짐은 확고했고 흔들리지 않았다.

○ 참만남 장(場)에서 무엇을 배우나?

참만남에서는 '관심'을 아주 중요한 가치이자 덕목으로 삼는다. 관심하다 보면 그 사람의 표정·말·행동에서 마음이 감지되기 때문이다. 그리고 감지한 마음(나와 너의 마음)을 정성스럽고 배려하며 격(格)있게 표현을 한다. 참만남에서는 이러한 것들을 연습하고 배우는 장이라고 보면 된다. 이렇게 말을 하면 간단하게 느껴질 수 있겠지만 사실 그렇지 않다. 몇 번을 배운 대로 현실에 적용해 보려 했지만 내가 아닌 다른 사람의 마음을 관심하여 감지한다는 것은 매우 어려운 일이었다. 내가 지금까지 해 온 언행의 패턴과 습관뿐만 아니라 인간 심리에 대한 독서와 사색의 부족으로 다른 사람을 아무리 이해하고 마음을 감지하려 해도 안 될 때가 많았기 때문이다. 설령 어느 정도 마음을 감지했다 하더라도 제대로 표현을 못해서 오히려 하지 않느니만 못한 상황이 벌어지기도 했었다.

이런 아찔하고 민망한 실수와 실패의 연속이기는 하지만 그래도 이전보다는 나와 다른 사람의 마음에 관심하려 하는 온도가 조금이라도 높아졌음을 느낀다. 그리고 최대한 화자 중심으로 경청하려 애쓰는 나를 발견한다. '이 사람이 말하고자 하는 것은 무엇일까? 어떤 마음일까?'를 수 없이 되뇌고 질문하면서! 그리고 적절하게, 전달되게, 정성과 예를 다하여 표현하려 노력하고 있다. 이런 내가 낯설 때도 있지만 기특하기도 하며 이렇게 변해 가는 내가, 열려 가며 소통하려는 내가 참 좋다.

나는 이 글을 조금이라도 많은 사람이 참만남에 대한 가치를 깨닫고 실천하기를 바라는 마음에서 썼다. 참만남을 배운 지 얼마 되지 않았지만, 그 짧은 기간에 나의 삶이 좋게 나아가고 있음을 알리고 싶다. 그냥 좋게도 아니고 정말 좋게 변하고 있다. 참만남을 배우면서 이제 내 삶에서 가장 큰 핵심인 화두가 '마음'이 되었다.

내 마음과 다른 사람의 마음에 깨어 있고 이것을 표현하면 사람들이 많은 고통을 받는 인간관계 문제가 자연스럽게 해결이 될 수 있다. 아직 나도 현재진행형이다. 참만남에 성실히 참여하고 배우며 관계 인격을 다져 나갈 것이다. 이 글을 읽는 많은 분들도 그러실 수 있다면 참으로 좋겠다.

마지막으로 참만남의 지도자로서 사랑과 가르침을 무한으로 베풀어주시는 대화 스님께 감사드립니다. 사랑합니다.

사람이라는 정체성이 생기다

'참만남은 어렵다, 그리고 두렵다. 나와 다른 사람을 진정으로 만난다는 것은 어렵고 두려운 일이다. 하기 싫다. 꼭 해야 하나?' 처음 경험한 참만남에 대한 나의 생각이었다. 참만남을 통해 나의 그림자를 만난다는 것은 부족한 내 모습을 인정하고 받아들여야 하는 아픈 과정이라 생각했다. 그래서 더 두려웠다. 익숙한 길만 걷던 사람이 낯선 골목에서 길을 잃은 것처럼, 자신 있게 방향을 정해 한 걸음을 내딛지 못했다.

인격과 실력을 갖춘 좋은 상담자가 되고 싶었다. 쉽고 편안한 길이 있어도 새로운 방향을 가늠하고 익숙해진 지도를 수정해야 한다고 믿었다. 그렇게 2012년 2월의 겨울부터 지금까지 참만남이라는 여행을 하고 있다. 장을 통해 진정한 삶에 대해 생각하고, 사람을 향한 관심의 온도를 높여가며 사랑을 배우고 있다. 사회적으로 직장인이고 어른이지만 아직은 청춘이라 할 수 있는 시기, 그 한가운데서 이렇게 질 높고 소중한 공부를 한다는 사실이 뭉클하게 감사하다.

참만남 장을 통해 만난 나는 이기적이고 사랑이 부족한 사람이었다. 받아들이기 힘들었지만, 그저 내 모습이었다. 다른 사람은 관심이 없었다. 스스로 만든 어이없는 기준으로 사람을 평가하고 단정 짓고 판단했다. 삶과 사람을 이해하는 폭이 너무 좁고 내 세상에만 살았다. 힘든 삶을 흘겨보며 부정하고 싶었고, 외로움으로 자신을 가뒀다. 물기 젖은 축축한 우울함으로 살았다. 나를 사랑하는 주변의 소중한 사람들을 외면했다. 정신병이라 해도 되는 정도였다. 위로를 받을 수 있는 어떤 관계에 매몰되어 집착하는 삶을 살았다.

참만남은 천천히 나를 변화시켰다. 처음 한 세월을 의심하며 보냈다. 스님의 사랑과 지혜를 의심하고, 함께 공부하는 도반들의 진정성을 의심했다. 또 한 세월은 표현하지 못하고 시간을 보냈다. 스스로에 대한 신뢰감이 부족하고 마음을 살피는 것도 되지 않았다. 화자 중심으로 다른 사람에게 가 닿은 것도 전혀 되지 않았기 때문에 당연히 장에서 표현하지 못했다. 그러나 장은 지향점이 분명했다. 그 지향점이 좋았다. 스님은 지향점을 삶으로 보여주셨고, 장에서도 세밀하게 알려 주셨다. 수행하는 사람이라는 정체성이 생졌다. 조금씩 성장·변화해 가는 자신을 보며 울며 감동했다. 함께 해 가는 도반들이 좋았다. 제자들과 함께 공부하시는 교수님들을 존경하고 친밀하게 느꼈다. 그렇게 사람에 대한 사랑이 조금씩 생겨나고 밀려왔다.

지난 7년의 세월 동안 한 사람으로 또 상담자로 성장하고 성숙해 가는 과정을 치열하게 겪었다. 참만남 장은 유기체처럼 살아 있고 예술작품처럼 감동적이다. 같은 도반들과 함께하지만 항상 다른 삶이 펼쳐진다. 여러 번 배운 것이지만 항상 다르게 와 닿는다. 스님이 안내해 주시는 장이기에 그렇다. 스님의 사랑과 인연에 감사하다. 제자들을 향한 사랑에 감사하고 감사하다.

참만남의 길을 열어주시고 함께 공부하시는 교수님, 삶의 스승이고 어버이이신 스님, 도무지 움직일 것 같지 않은 큰 돌덩이 같은 저를 묵묵히 기다려 주시고 사랑해 주셔서 마음 담아 감사합니다. 사랑합니다.

나와 너의
참만남,
앞으로의 과제

나이 40이 되는 문턱에서 참만남을 만났다.

단란한 가족에 고등학교 교사라는 안정된 직업도 있고, 양가 부모님 건강하게 계시고, 정기적으로 만나는 친구 모임도 여럿 있고 나는 사실상 겉으로는 전혀 문제없어 보인다.

'대화 스님과 함께하는 1박 2일 참만남 행복 여행'이라면 그저 다 같이 둘러앉아 스님 앞에서 자기 얘기하는 거겠지, 그러고 나면 속 시원하고 행복하려나 나름의 상상을 했다. 소개해 주신 마하연 님이 무색할 정도로 "나같이 행복하고 건강하게 사는 사람이 어디 있어."라고 하며 시작 전부터 참석이 껄끄러웠다. 그리고 이왕 하게 된 마당에는 그래 내가 얼마나 건강한지 체크도 하고 자랑도 좀 해 보자 하는 심산이었다. 참 포복절도할 일이다.

그런데 시간이 흐를수록 다른 사람의 이야기를 들으면서 목까지 울음이 차올랐다. 최근 몇 년 동안, 30대 이후 나는 거의 울어본 적이 없었다. 구체적으로 떠오르는 것도 없이 아무리 침을 삼켜도 울음이 내려가지도 내뱉어지지도 않은 채 첫 만남이 끝났다. 똥이 들어간 것도 아니고 나온 것도 아니면 또 시도를 해 봐야 하는 거다. 그렇게 참만남을 만났고 만 2년이 되었다.

그 당시 나는 행복하고 건강했던 것이 아니고 그런 사람이라고 믿고 싶은 거였다. 나는 나이를 먹는 것이 두렵고, 늙는 것이 무섭고, 죽는 것이 무서운 만성 불안증 환자였다. '나는 아직 젊은데, 미래를 지향하며 살아도 될 텐데 왜 틈만 나면 과거의 기억에 매몰되고 과거에 사는 사람 같을까?' 하는 생각을 하며 우울해 했다.

○ 나와의 참만남

나 사랑하기

행복해지고 싶은데 방법을 몰랐다. 행복한 척하고 살려니 동티가 났다. 행복으로 가는 첫 단계는 나와의 참만남이다. 현재의 나를 있게 한 과거의 나와 만나서 수용하고 안아주지 못해 틈만 나면 과거로 돌아가 후회하고, 자책하고, 미워하는 일이 반복되었다. 꿈에서도 반복되었다. 내 공부 주제 1순위가 엄마다. 성직자처럼, 마더 테레사처럼 사시는 엄마의 시달림 때문에, 엄마처럼 살지 못하는 데서 오는 자기 불신감과 패배감 때문에 나는 나를 미워하고 살았다.

엄마처럼 살지 않아도 된다고, 나는 나 자체로 존귀하다고, 이 생각이 나를 구원으로 이끌었다. 나를 수용하고 사랑하는 방법을 배우고 나는 깃털처럼 가벼워지기 시작했다.

내 욕망과 마주하기

참만남에서 만난 나는 아직도 그리워하고 잊지 못하는 남자가 있었다. 잊었다고 생각하고 있었는데! 남편에 대한 죄책감 때문에 나는 과거를 잊은 사람이어야 했다. 그래서 잊었다고 내 감정을 외면했다. 그러다가 그 사람과의 추억과 접속이 되면 나는 나도 모르게 끝없이 우울해졌다.

또 더 만나가 보니 내가 사랑했던 것은 '그 사람'이 아니었다는 충격적 진실과 마주했다. 그 사람이 가지고 있는 배경을 사모했다. 사람들이 떠받들고 존경하는 위치와 부(富), 그것들 다 마다하고 자기 길을 꿋꿋하게 걸어갈 그 사람의 지성과 품성.

그에게 버림받고 내가 택한 남편은 그 사람 못지않은 사람이어야 했다. 내 욕심과 욕망을 만족시켜 줄 액세서리 같은 존재로 남편을 택한 것이다. 왜 내가 가끔 우울증에 빠졌는지 이유를 알았다. 그 사람과 끊임없이 남편을 비교하고, 내 욕망을 충족시켜 주지 않는 남편이 미웠다. 내 잘못된 선택에 대한 자책이었다. 나는 남편을 사랑해서 결혼한 것이 아니었다.

여기까지 수용하는 데 꽤 몸살을 앓았다. 그러나 수용하고 난 후 나는 나에 대한 자책감, 남편에 대한 죄책감, 그 사람에 대한 환상에서 빠져 나왔다. 정확히 말하면 빠져 나오는 중이다. 내가 속물임을 인정하고, 명예욕과 물욕을 다스리고 정화해 가고 있다. 정확한 지점을 향해 화살을 쏘는 것, 그것이 주는 속 시원함을 같이 겪고 있다.

내 기질 알아가기

나는 엄마를 어마어마하게 사랑하고 존경한다. 나도 엄마처럼 살고 싶었다. 몸과 마음의 힘듦과 고단함과 귀찮음은 절대적 가치 앞에서는 그냥 참아지는 분이다. 엄마의 가치 지향적·의미 지향적 성향이 너무나 위대해 보였다. 나는 그 끄트머리라도 닮고 싶었다. 그래서 내 인생 내내 시달렸다.

그동안 심리학에 대해 몰상식했던 나는 참만남으로 내 기질을 알게 되었다. 엄마와는 너무도 다른 재미 지향적인 사람이었다. 재미가 없으면 가치고 의미고 다 버리고 다른 재미를 향해 고개를 획 돌릴 수 있는 사람이었다. 그러니 힘들고 귀찮으면 못 따라갈 수밖에 없었고, 시달렸을 수밖에 없었던 것이다.

이런 나를 알고 쫓아가지 못해 낙오했던 무수한 기억들이 떠올라 많이 울어야 했다. 나는 내 기질대로 다른 방식으로, 혹은 천천히 해 나가야 하는 사람이라는 것을 인정하고 난 후 더 자유롭고 여유로워진 나를 경험한다.

○ 너와의 참만남

나는 사람에게 우호적이고, 사람과의 관계에 무리가 없고, 적이 없고, 만남이 어렵지 않아서 스스로 관계를 참 잘하는 사람이라고 생각했다. 두 번째로 포복절도할 일이다. 갈등을 회피하고 싶은 심리가 겉으로 평화주의자인 척 가면을 쓰고 있었음이 금방 탄로 났다.

철학으로, 가치관으로 세워야 한다

"사람과 더불어 살면서 어떤 사람이 되고 싶은가요? 나를 만나는 사람들이 조금이라도 행복하고 유익을 얻을 수 있다면 좋지 않겠어요. 사람에게 관심하고, 사랑을 담은 말과 행동을 하고, 존중과 자비로 응원하고, 용기 있게 표현하고, 이해하도록 노력하는 삶어때요. 이것을 지향점으로 삼고 인격을 지향해 간다면 좋지 않겠어요."라는 스님의 말씀은 묘하고도 격렬하게 공감·설득되는 부분이 있어 정말 그렇게 살아봄 직하게 한다.

'관심하라'는 참만남의 도그마이다. 예수님의 '사랑하라'와 같다. 관심의 도그마 위에 관심 온도를 높이고, 감지하고, 표현하고, 공감하고, 반응하고, 이해하고, 박수하는 일은 부단한 노력과 연습을 통해 내 살과 피처럼 만들어 가야 한다. 그래서 철학으로 세우고 수양이 필요한 것이다. 참만남 수업이 집단 상담으로만 규정할 수 없는 이유가 이것인 것 같다. (집단 상담을 해 본 적도 없지만^^) 그래서 함께 참만남을 수업하는 우리는 서로 도반이고 수행자다.

내가 사람에게 우호적이긴 하지만 관심하고는 다른 영역이었다는 것을 깨닫는 순간 관심의 개념을 파악했다. 평소 질문이 많은 나는 그것이 관심이라고 생각했다. 그런데 소그룹 참만남을 하면서 내 질문에 상대방이 불편해 한다는 것을 느꼈다. 화자 중심의 관심이 아니라 내 호기심 충족의 대상으로서의 관심이었다는 것을 깨달았다. 관심의 표현입네 하는 가면으로, 혹은 첫 만남의 어색함을 극복하고 싶은 조급함으로, 그리고 호기심 충족으로 인한 만족으로 자주 써먹는 패턴이었다. 나에게는 대단한 발견이었는데 그 후로 관심도를 점검하는 지표가 되었다.

너와의 참만남의 비결은 나와의 참만남

상대방의 가슴에 가서 귀를 기울이는 일은 어떤 때는 너무 쉽고, 어떤 때는 아무리 해도 되지 않았다. 당연했다. 내가 내 마음을 외면하고 수용하지 못하고 불안한 상태면 상대방에게 가는 에너지도 그랬다. 반대로 내 느낌에 활짝 열려 있고 수용하고 사랑하면 평안한 상태가 되며 상대방에게 사랑과 관심의 에너지가 저절로 가 닿았다. 나를 포용하고 욕심을 비우는 수준만큼 상대를 포용하는 품도 깊고 넓고 높아지리라 생각한다. 그러나 '줄탁동시'다. 안으로 비우고 밖으로 베푸는 일, 동시에 힘써갈 일이다.

내가 참만남 수업을 시작하면서 가장 큰 수혜자는 두 딸과 우리 반 아이들이다. 품어지는 만큼 사랑과 관심도 커지고, 돌아오는 것은 감동이고 기적이다. 물론 넘어질 땐 뼈아픈 점검표가 되기도 한다. 아침의 내 마음 상태에 따라 그날 가족과 학생들에게 미치는 에너지를 생각하면 아찔하다. 오염시킬 것인가, 정화할 것인가의 선택이 분명해진다. 이런 배움과 깨달음 너무 재밌고 즐겁다.

○ 앞으로의 과제

고백하자면 지금은 가치관이나 철학을 세웠기 때문에 참만남 인격 지향을 해 가는 과정은 아니다. 재미있고, 멋있어 보이고, 무엇보다 불안증이 없어지기 때문이다. 인지적으로 알고 있으나 가치지향이 약한 나는 매 순간 그것을 인식하면서 의지적으로 만들어가야 하는 것이 과제이다. 그 과제가 무겁고 부담되기는 하지만 나에게는 스님도 계시고 도반들도 있고, 마음 친구들도 있다. 엄마도 있다. 그래서 의지가 난다. 한 땀 한 땀 잘 정진해 가 볼 것이다.

마음거울

삶에 깨어 있기,
모든 삶 존중하기,
사랑(관심)하자

내가 얼마나 미숙하고 촌스러운 교류를 하고 있는지 알려줬다는 면에서 참만남은 나에게 오동나무 회초리였다.

나는 혼자 노는 것에 익숙했다. 심심함과 친했다. 주위 관계를 끊었다고 할 수도 없지만 했다고도 할 수 없다. 상상력과 만화 그것이 내 친구였다. 내 생각을 남에게 보여주는 일방성, 그것이 청소년기 나의 소통이었다.

군대에 다녀온 후 비로소 친구가 생겼다. 내 관심사가 아니라도 친구가 좋아하기에 집중하고 귀를 기울일 수 있었다. 평소엔 절대 하지 않을 미친 짓도 친구가 하자고 하면 즐겁게 할 수 있었다. '같이 노는 건 즐거운 거구나'(지금 생각하면 참 얄팍한) 그 생각을 가지고 난 관계 찬양론자가 되었다. 누군가 없으면 허전하다. 외롭다는 감정을 직접 느낀 것도 이맘때였다.

나는 가치판단에 앞서 각자의 입장이 이해되는 편이다. 남들에겐 "누가 잘못 했네~", "누가 못됐네~", "그건 이상하네~" 소리를 들었을 얘기도 나에겐 "아~그럴 수 있겠다."라고 들으니 주변에서 내게 해 준 말은 "이야기를 참 잘 들어 준다."였다. 그래서 생각했다. 나는 상담을 참 잘하는구나! 참만남을 시작한 당시 나의 수준은 이랬다. 자신감이 있었고, 새로운 것을 배운다는 호기심과 흥미로 가득했다.

참만남을 지도하시는 대화 스님은 놀라운 분이셨다. 부분이면서 동시에 전체인 분이었다. 집단에 흐르는 역동을 예리하게 잡아 이끄시는 리더십을 가짐과 동시에 개개인의 마음에도 1:1 마크를 하는 듯 명민하게 깨어 계셨다. 집단원으로 참여하며 더할 나위 없이 고급스러운 자기표현을 하셨고, 스승으로서는 제자의 환부를 날카롭게 도려내셨다. 이내 부모처럼 제자의 아픔과 성장에 눈물 흘리시며 따스한 약을 발라주셨다. 완벽에 가까운 분이셨다.

참만남을 시작했던 첫 시간을 기억한다. 마냥 즐거웠다. 스님이 멋졌고, 집단에서 다뤄지는 주제가 웃겼다. '상담의 대가는 이런 주제를 이렇게 다루는구나! 저 수준이 되기까지 내게 필요한 기법은 뭐가 있지? 배워야지!' 넘치는 자신감으로 스님의 하나하나를 표방하기가 내 목적이었다. 관계? 관심 없었다. 이미 나는 잘하니까.

그 후 나의 참만남은 도반님들이 다 아시다시피 좌절의 연속이었다. 잘하고 싶다고 생각한 무엇이든 잘하게 되었던 내가 항상 '못'했다. 그리고 내가 택한 방법은 부끄럽게도 도망이었다. 참 좋아하는데 가깝게 지내거나, 수업을 듣기는 거북스러운 선생님이 있지 않은가. 내겐 참만남을 진행하시는 스님이 그러했다. 참만남이 회초리라면 스님은 선도부장 선생님이셨다. 자기가 뭐라도 되는 줄 알고 까불던 학생에게 부장 선생님의 옳고 바른 매질은 정신을 번쩍 들게 했다. '아, 아무리 잘났어도 난 일개 학생에 불과했구나.'라고.

당시 오동나무 회초리는 '나는 별 볼 일 없구나', '나는 관계를 못하는 사람이구나!', '난 타인에게 관심이 없는 사람이구나' 등 나의 한계를 직면시키는 역할이었다. 아팠다.

○ 참만남이란 무엇인가?

자문을 통해 글의 줄기를 잡아 본다. 몇 가지 깨달음이 있다. 이것을 정리하며 글을 정리하겠다. 만남은 사람과 사람 간의 관계이다. 스님의 참만남 수업은 그것을 해 나가기 위한 연습과 실습의 장이다. 관계는 왜 필요한가? 살아가면서 필수라 해도 과언이 아닐 만큼 중요한 비중을 차지하고 있기 때문이다. 즉 관계는 삶과 연관되어 있다. '잘' 살기 위해 관계가 필요하다.

그러나 미숙한 관계 기술은 도리어 삶에 마이너스로 작용한다. 그래서 꾸준히 연습을 하면서까지 해야 하는 것이다. (적어도 내 눈엔) 만사에 형통하신 스님께서 참만남을 이리도 중요하게 여기시는 건 그만큼 관계가 삶에 미치는 중요성을 대변하는 것이다.

여기까지가 당시 피상적인 관계 만족에 취해 있던 내가 했던 참만남의 이해였다. 세월과 경험의 도움일까? 지금은 여기서 한 발자국 더 이해된다. 그리고 이해만큼 마음속에 소중하게 적립되었다. 왜 '참'으로 만나야 하는가? 하는 대목이다.

피상적인 만남과 참만남은 무엇이 다를까? 이에 앞서 내가 알게 된 사실은 '인간은 근본적으로 외로운 존재'라는 것이다. 사랑하는 이와 관심사를 공유하고 식사를 함께해도, 다수의 관심과 주목을 받아도 채울 수 없는 본질적 외로움이 있다. 이것을 채울 수 있는 건 자기 자신밖에 없다. 남을 통해 채우려고 하면 할수록 늘어나는 건 기대와 욕심이다. 그로 말미암아 돌아오는 결론은 실망, 나아가 원망이다. 즉 피상적 만남의 목적은 외로움의 해소이지만 결과는 허무함이다. 악순환이다.

대화 스님의 참만남 수업 안내는 괄목상대의 정신으로 상대방의 마음에 청진기를 댄 것처럼 깊게 관심한다. 그 관심이 건드리는 건 그 사람의 본질, 즉 외로움이다. 멋진 관계인 참만남은 대상자의 삶을 구원해 준다. 스님의 참만남은 개개인을 이토록 따스하게 안아주는 장이었다. '같은 말을 해도 스님의 말과 행동에는 울컥 눈물이 터져 나온 이유가 이것 때문이었구나.' 알게 되면 짜릿한 소름이 돋는다.

나조차도 알지 못하는 나의 심장을 읽어주고 안아주는 그런 사람이 있다면 그 가치는 이루 말할 수 없다. 내 인생에 스님을 만난 것은 이토록 감사한 일이다. 쭉 적다 보니 스님 말씀이 귀에 들리는 듯하다.

"받으면 이렇게나 감동적인 이 만남을 너도 누군가에게 할 수 있다면 정말 좋지 않겠니?"

스님께 배운 '삶에 깨어 있기', '모든 삶 존중하기', '사랑(관심)하자'는 내 삶의 변하지 않는 1번 신념이다. 여전히 내게 참만남은 어렵고 그래서 미숙하다. 그러나 그 가치와 필요성을 알기에 여전히 난 일상에서 참만남 걸음마를 해갈 것이다.

그동안 사는 데 바빠 헤집어져 있던 생각을 정리할 수 있었다. 이번 수기 대회(?)에 감사하고, 참가를 결심한 내게도 칭찬한다. 스님, 항상 감사드리고 사랑합니다.

"받으면 이렇게나 감동적인 이 만남을
너도 누군가에게 할 수 있다면 정말 좋지 않겠니?"

내게 이런 인연이 맺어짐에 늘 감사한다.

좋은 인연으로 거듭날 수 있도록 이끌 수 있는

소양 역시 진정 감사히 여긴다.

오늘도 내일도 날마다 기도와 정진, 그리고 사람 사랑의 업무에

나름의 최선을 다한다. 그 결실의 한 소쿠리를 이렇게

한 권의 책으로 엮어보고자 하는 지금의 마음, 고맙고 설렌다

마음거울
- 그림자와 떠나는 치유 여행

초판 1쇄 발행 | 2019년 2월 25일
초판 4쇄 발행 | 2021년 2월 25일

지은이 | 대화(大和)

펴낸이 | 윤재승
펴낸곳 | 민족사

주간 | 사기순
기획편집팀 | 사기순, 최윤영
영업관리팀 | 김세정

출판등록 | 1980년 5월 9일 제1-149호
주소 | 서울 종로구 삼봉로 81 두산위브파빌리온 1131호
전화 | 02)732-2403, 2404 팩스 | 02)739-7565
홈페이지 | www.minjoksa.org
페이스북 | www.facebook.com/minjoksa
이메일 | minjoksabook@naver.com

ⓒ 대화 2019

ISBN 979-11-89269-16-6 (03180)